# 쑥쑥! 초급 라오스어

# 쑥쑥! 초급 라오스어

**초판 1쇄 발행** 2022년 10월 20일
**초판 2쇄 발행** 2024년 11월 5일

**지은이** 김수은
**발행인** 박연관
**기획** 신선호
**편집장** 장혜정
**도서편집** 박미현
**디자인** 최재영
**인사행정** 이근영 김지은
**재무회계** 안소영 강재린
**출판행정** 김가은
**캐릭터** 김세원
**발행처** 한국외국어대학교 지식출판콘텐츠원
02450 서울특별시 동대문구 이문로 107
전화 02)2173-2494~7
FAX 02)2173-3363
홈페이지 http://press.hufs.ac.kr
전자우편 press@hufs.ac.kr
출판등록 제6-6호(1969. 4. 30)
**인쇄·제본** (주)파일투프린트 02)2285-0620

ISBN 979-11-5901-912-8 [13730] 정가: 23,000원

* 잘못된 책은 교환하여 드립니다.



HUINE 은 한국외국어대학교출판부의 어학도서, 사회과학도서, 지역학 도서 Sub Brand이다. 한국외대의 영문명인 HUFS, 현명한 국제전문가 양성(International+Intelligent)의 의미를 담고 있으며, 휴인(携引)의 뜻인 '이끌다, 끌고 나가다'라는 의미처럼 출판계를 이끄는 리더로서, 혁신의 이미지를 담고 있다.

이 책의 음원(mp3)은 한국외국어대학교 지식출판콘텐츠원 홈페이지(press.hufs.ac.kr) 게시판-자료실에서 다운받아 사용하시기 바랍니다.

# 쑥쑥 ສຸກສຸກ!

# 초급 라오스어

김수은 지음

HU:iNE

# ສະບາຍດີ

싸바이디, 안녕하세요.

라오스는 동남아시아의 내륙 국가로 정식 명칭은 라오인민민주공화국 (Lao PDR, Lao People's Democratic Republic)입니다. 1995년 한국과 국교를 재개하였으며 ODA, 인프라 건설, 경제 협력 등 밀접한 관계를 이어가고 있습니다. 특히 최근에는 빼어난 자연과 유네스코 세계문화유산인 루앙프라방 등이 유명해지면서 라오스는 한국인들이 많이 찾는 관광지이기도 합니다.

그럼에도 불구하고, 한국에서 라오스어를 배울 수 있는 기회나 초급 학습자에게 적합한 독학 교재는 매우 부족한 실정입니다. 이 책은 라오스인의 한국어 학습에 대해 다년간 연구하고 현재 한국외국어대학교 태국어과에서 라오스어 교육을 담당하고 있는 저자가, 라오스어의 언어학적 특징과 한국어와의 차이점을 바탕으로 체계적으로 구성하여 처음 라오스어를 공부하려는 한국인 독자들이 이해하기 쉽게 집필한 라오스어 교재입니다.

이 책은 총 15과로 구성되어 있으며 처음 라오스어를 배우는 학습자들이 라오스어 학습의 기본이 되는 네 가지 요소 즉 발음, 문법, 회화, 어휘의 기초를 배울 수 있도록 배치하였습니다. 먼저, 예비과에서는 라오스어의 언어적 특징을 설명하고 문자와 발음을 배울 수 있게 하였습니다. 이어지는 1~14과에서는 회화와 중요 문법을 설명합니다. 특히 학습자들이 단어를 바꿔가며 필수 문형을 반복 연습하여 다채로운 표현을 익힐 수 있도록 하였습니다. 또한, '문화 들여다보기' 코너를 통해 라오스의 전통과 사회, 문화에 대해서도 배울 수 있도록 고려했습니다.

라오스어는 변화의 언어입니다. 모든 언어가 시간에 따라 변해가지만, 라오스어는 특히 변화가 빠르고 유연한 언어입니다. 라오스어는 지역별 방언의 차이가 상당히 크며 표준 발음이 확고히 정립되어 있지 않습니다. 이 때문에 동일한 단어라도 표기(장, 단모음 및 성조)를 달리 하는 경우가 더러 있습니다. 한편으로는 이웃한 태국어의 영향도 크게 받고 있어 도시의 젊은이들은 태국식 어휘나 표현을 더 자연스럽게 여기기도 합니다. 이러한 면모 또한 라오스어의 특징이라고 할 수 있으며, 이 교재에서 다루는 발음, 문법, 어휘도 이러한 변화의 흐름 위에 있음을 감안하여 주시기 바랍니다.

이 책이 나오기까지 수고해 주신 한국외국어대학교 지식출판원 관계자분들께 진심으로 감사드립니다. 감수자이신 Soulivieng NANTHACHAK선생님과 성조 기입 작업으로 수고해 준 태국어과 주현욱 조교에게도 깊은 감사의 마음 전합니다. 이 책이 라오스와 라오스어에 관심을 가진 여러분에게 조금이나마 도움이 될 수 있으면 저자로서는 더할 나위 없는 큰 보람이 될 것입니다. 감사합니다.

2022년 10월

김수은

## 차례

머리말 ·· 4

교재구성표 ·· 8

예비과 ຕົວອັກສອນລາວ 라오스 문자 ·· 15

01 ຂ້ອຍຊື່ນ້ອຍ 제 이름은 너이입니다. ·· 29

02 ອັນນີ້ແມ່ນຫຍັງ? 이것은 무엇입니까? ·· 47

03 ຜູ້ນີ້ແມ່ນໃຜ? 이 사람은 누구입니까? ·· 65

04 ຕະຫຼາດຢູ່ໃສ? 시장이 어디에 있습니까? ·· 83

05 ເຈົ້າອາຍຸຈັກປີ? 당신은 몇 살입니까? ·· 101

06 ຕອນນີ້ຈັກໂມງ? 지금 몇 시예요? ·· 121

07 ຂໍກາເຟເຢັນຈອກໜຶ່ງ 시원한 커피 한 잔 주세요. ·· 141

08 ອັນນີ້ເທົ່າໃດ? 이것은 얼마입니까? ·· 161

**09** ຂ້ອຍກຳລັງຮຽນຢູ່ 저는 공부를 하고 있어요. ·· 181

**10** ອາດຈະຄາວຽກ 바쁠지도 몰라요. ·· 197

**11** ຈະເຊັກອິນເມື່ອໃດ? 언제 체크인하실 겁니까? ·· 217

**12** ຂ້ອຍເຄີຍໄປຫຼວງພະບາງ 저는 루앙프라방에 가 본 적이 있어요. ·· 237

**13** ໄປສະໜາມບິນໃຊ້ເວລາດົນປານໃດ? 공항까지 가는 데 시간이 얼마나 걸려요? ·· 259

**14** ຫ້າມກິນເຫຼົ້າຈົນຫາຍເຊົາ 병이 나을 때까지 음주는 금지입니다. ·· 279


## 부록


연습문제 정답 ·· 298

자모음 쓰기 연습 ·· 303

## • 교재구성표

| 단원 | 내용범주 | 주요 구문과 문법 |
|---|---|---|
| 예비과<br>ຕົວອັກສອນລາວ<br>라오스 문자 | 라오스 문자 | • 자음<br>• 모음<br>• 종자음<br>• 성조<br>• 발음의 예외<br>• 기타 |
| 01<br>ຂ້ອຍຊື່ນ້ອຍ<br>제 이름은 너이입니다. | 인사와 자기소개 | • 인칭대명사<br>• 라오스어의 문장과 구<br>• 이름이 ~이다: ຊື່<br>• 의문사(무엇) ຫຍັງ<br>• 위치를 나타내는 표현: ຈາກ + 장소<br>• ກໍ의 의미와 쓰임 |
| 02<br>ອັນນີ້ແມ່ນຫຍັງ?<br>이것은 무엇입니까? | 사물의 명칭 | • 지시대명사<br>• ~이다(1): ແມ່ນ<br>• '네/아니요'의문문: 의문조사 ບໍ(ບໍ່)<br>• 부정소 ບໍ່<br>• 소유 표현 ຂອງ |
| 03<br>ຜູ້ນີ້ແມ່ນໃຜ?<br>이 사람은 누구입니까? | 가족, 직업 | • 의문사(누구) ໃຜ<br>• ~이다(2): ເປັນ<br>• 소유 표현 ມີ<br>• 확인의문문<br>• 완료 표현 ແລ້ວ |
| 04<br>ຕະຫຼາດຢູ່ໃສ?<br>시장이 어디에 있습니까? | 장소, 위치 | • 존재 표현 ຢູ່<br>• 의문사(어디) ໃສ<br>• 장소전치사<br>• ~(으)러 가다/오다: ໄປ/ມາ + 동사<br>• 미래 표현 ຊິ |
| 05<br>ເຈົ້າອາຍຸຈັກປີ?<br>당신은 몇 살입니까 | 나이 | • 숫자<br>• 분류사<br>• 의문사(몇) ຈັກ<br>• ~살(세)이다: ອາຍຸ<br>• 날짜 표현 |

| 대화 1 | 대화 2 | 어휘 | 표현 | 라오스 문화 |
|---|---|---|---|---|
| | | | | 라오스 개관 |
| 처음 만나<br>인사하기 | 자기 소개하기 | 국가<br>기본 동사<br>기본 형용사 | 인사 | 라오스의 인사 |
| 사물의 명칭<br>묻고 답하기 | 가구에 대해<br>말하기 | 문구<br>잡화/액세서리 | | 라오스의 상징물:<br>국기, 국장, 국화 |
| 가족 소개하기 | 가족 관계<br>묻고 답하기 | 가족관계<br>직업 | | 라오스의 민족 |
| 장소 묻기 | 사물의<br>위치 묻기 | 장소 | 길 묻기 | 라오스의<br>주요 도시와 관광지 |
| 나이와 생일<br>묻고 답하기 | 생애사건의<br>연도 묻고<br>답하기 | 분류사<br>달/월 | | 라오스의 가족 |

| 단원 | 내용범주 | 주요 구문과 문법 |
| --- | --- | --- |
| 06<br>ຕອນນີ້ຈັກໂມງ?<br>지금 몇 시예요? | 하루 일과 | • 시간 표현<br>• 요일 표현<br>• 시간의 경과 관련 표현<br>• 선행/후행 표현<br>• ທຸກ+분류사 |
| 07<br>ຂໍກາເຟເຢັນຈອກໜຶ່ງ<br>시원한 커피 한 잔 주세요. | 식당 | • 희망 표현 ຢາກ<br>• 요청 표현 ຂໍ<br>• 부탁 표현 ຊ່ວຍ/ກະລຸນາ<br>• 대동사 ເອົາ<br>• 의문사(어느) ໃດ<br>• 호칭어 |
| 08<br>ອັນນີ້ເທົ່າໃດ?<br>이것은 얼마입니까? | 쇼핑 | • 의문사(얼마) ເທົ່າໃດ<br>• 단위 표현 ລະ<br>• 정도부사 및 상태 강조 표현<br>• 부동사 ເບິ່ງ<br>• 가능 표현(1) ໄດ້<br>• 다양한 어조사 |
| 09<br>ຂ້ອຍກຳລັງຮຽນຢູ່<br>저는 공부를 하고 있어요 | 학업 | • 의문사 ແນວໃດ<br>• 진행 표현 ກຳລັງ<br>• 의무 표현: ຕ້ອງ, ຄວນ<br>• 명사형 접두어 ການ, ຄວາມ<br>• 기원 표현 |
| 10<br>ອາດຈະຄາວຽກ<br>바쁠지도 몰라요. | 전화 통화 | • 의문사 ເປັນຫຍັງ<br>• 이유/원인 표현 ເພາະ, ຈຶ່ງ<br>• 비교 표현 ກວ່າ<br>• 최상 표현 ທີ່ສຸດ<br>• 추측 표현 ຄົງຈະ, ອາດຈະ |
| 11<br>ຈະເຊັກອິນເມື່ອໃດ?<br>언제 체크인하실 겁니까? | 호텔 | • 의문사 ເມື່ອໃດ<br>• 선택의문문<br>• 여러가지 전치사<br>• 가능 표현(2) ເປັນ<br>• 부동사 ໄວ້ |

| 대화 1 | 대화 2 | 어휘 | 표현 | 라오스 문화 |
|---|---|---|---|---|
| 시간 묻고 답하기 | 하루 일과 말하기 | 평소 생활 | 상점 영업 시간 묻기 | 라오스의 불교와 탁발 공양 |
| 음식 주문하기 | 디저트 주문하기 | 음식<br>맛 | 식당 표현 | 라오스의 음식 |
| 시장에서 과일 구매하기 | 옷 가게에서 가격 흥정하기 | 여러 가지 형용사<br>여러 가지 색깔 | 단위 표현 | 라오스의 전통 의복, 씬(ສິ້ນ) |
| 시험에 대해 말하기 | 공부 방법 말하기 | 과목 | 수업 표현 | 라오스의 교육 |
| 통화 요청하기 | 일정 묻고 약속 정하기 | 통신 수단 | 통화 표현 | 라오스의 지형과 기후 |
| 객실 문의하기 | 호텔 시설 이용하기 | 호텔 및 객실 비품 | 부대시설 이용 관련 표현 | 라오스인의 이름: 본명과 별명 |

| 단원 | 내용범주 | 주요 구문과 문법 |
|---|---|---|
| **12**<br>ຂ້ອຍເຄີຍໄປຫຼວງພະບາງ<br>저는 루앙프라방에<br>가 본 적이 있어요. | 여행 경험 | • 경험 표현 ເຄີຍ<br>• 추측 표현 ເປັນຕາ, ໜ້າ<br>• 수여 표현 ໃຫ້<br>• 가정 표현 ຖ້າ<br>• 관계대명사 ທີ່ |
| **13**<br>ໄປສະໜາມບິນໃຊ້ເວລາດົນ<br>ປານໃດ?<br>공항까지 가는 데 시간이<br>얼마나 걸려요? | 교통 | • ທັງ A ແລະ B<br>• 간접 표현 ວ່າ<br>• 연속 동사 구문<br>• 결과 표현 ກໍເລີຍ<br>• 사동 표현 ໃຫ້ |
| **14**<br>ຫ້າມກິນເຫຼົ້າຈົນຫາຍເຊົາ<br>병이 나을 때까지 음주는 금지입니다. | 건강, 진료 | • 수동 표현(1) ຖືກ<br>• 수동 표현(2) ໄດ້ຮັບ<br>• 동사 + ໄປ/ມາ<br>• 방향동사 ຂຶ້ນ, ລົງ<br>• 금지 표현 ຢ່າ, ຫ້າມ |

| 대화 1 | 대화 2 | 어휘 | 표현 | 라오스 문화 |
|---|---|---|---|---|
| 여행 경험 말하기 | 여행 관련 조언하기 | 관광 | 항공편 관련 표현 | 라오스의 축제 |
| 항공권 예약하기 | 택시 이용하기 | 교통수단 | 교통 안전 관련 표현 | 라오스의 교통수단 |
| 건강 상태 말하기 | 병원 진료받기 | 신체<br>병, 증상 | | 신체와 쿠완, 그리고 바씨쑤쿠완 |

# ຕົວອັກສອນລາວ

## 라오스 문자

## • 라오스어 개관

라오스어는 인도차이나반도에 위치한 라오스인민민주공화국(이하 라오스)의 국가 공용어로, 라오스 국민의 주류를 이루고 있는 라오족의 언어입니다. 현지어로는 "ພາສາລາວ 파- 싸- 라-오 (ພາສາ: 언어, ລາວ: 라오)"라고 불리기 때문에, 엄밀히는 '라오어'라고 부르는 것이 맞습니다. 그러나 한국에서는 '라오스어'로 통용되고 있으므로, 이 교재에서도 '라오스어'로 칭하겠습니다.

라오스어는 중국 남부, 동남아시아 등지에 분포된 따이-까다이(Tai-Kadai) 어족에 속하여 태국어와 많은 유사성을 가지며, 특히 라오스와 인접한 태국 북동부 지방 방언은 라오스어와 거의 동일하다고 할 수 있습니다. 라오스어의 특징은 다음과 같습니다.

### (1) 고립어

어형의 변화나 접사가 없고, 어순에 의해 단어의 기능이 결정됩니다.

### (2) 성조어

같은 음가를 갖더라도 음의 높낮이에 따라 의미가 달라집니다. 라오스어에는 총 6~8개의 성조가 있습니다.

✔ 라오스어는 각 지방마다 현저한 차이를 가지며, 특정 지방어가 '표준어'로서 강력하게 규범화되지 않았습니다. 또한 젊은 세대는 태국의 대중 미디어를 향유하면서 현대 라오스어는 태국어의 영향을 강하게 받고 있습니다. 즉 지역 차뿐만 아니라 개인차도 매우 큰 언어입니다. 따라서 하나의 규칙/규범으로 전체 라오스어를 아울러 설명하는 것은 불가능합니다. 국내외 라오스어 교재 및 연구 저작마다 라오스어 성조에 대한 설명이 제각각인 것도 이 때문입니다.

### (3) SVO어순

주어-동사-목적어의 어순을 가집니다. 또한 한 음절은 $C_1V(V)(C_2)^T$로 구성됩니다(C: 자음, V: 모음, T: 성조). 즉 음절의 최소 단위는 [자음+모음]이며, 최대 단위는 [자음+모음+종자음(한국어의 받침소리)]입니다. 음절의 자음(초자음)과 종자음은 각각 한 개만 올 수 있습니다. 모음은 단모음(monophthong)이나 이중모음(diphthong) 또는 특수모음이 올 수 있습니다.

모음은 자음의 앞, 뒤, 위, 아래에 위치할 수 있으며, 종자음은 그 뒤에 붙습니다.

성조 부호는 초자음 위에 위치하며, 초자음 위에 모음이 있을 경우에는 그 위에 위치합니다.

| | | | |
|---|---|---|---|
| | 성조 부호(T) | | |
| | 모음(V) | | |
| 모음(V) | 초자음($C_1$) | 모음(V) | 종자음($C_2$) |
| | 모음(V) | | |

## • 라오스 문자

### 자음(ພະຍັນຊະນະ 파냐사나)

라오스어의 자음은 기본 자음 27자, 특수 자음 6자로 총 33자로 이루어져 있습니다. 각각의 자음은 [음가+그 자음으로 시작되는 대표 단어]로 이루어진 이름을 갖고 있습니다.

| ກ<br>꺼- 까이 | = | 음가+모음 /ɘ/<br>/ㄲ/ + /ㅓ-/<br>꺼- | + | 대표 단어<br>ໄກ່<br>까이 |
|---|---|---|---|---|

## 기본 자음의 명칭

| 순서 | 자음 | 명칭 | | 뜻 | 음가 | |
|---|---|---|---|---|---|---|
| | | | | | 초자음 | 종자음 |
| 1 | ກ | ໄກ່ | 꺼- 까이 | 닭 | [ㄲ] | [ㄱ] |
| 2 | ຂ | ໄຂ່ | 커- 카이 | 알 | [ㅋ] | |
| 3 | ຄ | ຄວາຍ | 커- 쿠와-이 | 물소 | [ㅋ] | |
| 4 | ງ | ງົວ | ㅇ어- ㅇ우-아 | 소 | [ㅇ어] | [ㅇ] |
| 5 | ຈ | ຈອກ | 쩌- 쩌-ㄱ | 컵 | [ㅉ] | |
| 6 | ສ | ເສືອ | 써- 쓰-아 | 호랑이 | [ㅆ] | |
| 7 | ຊ | ຊ້າງ | 서- 사-ㅇ | 코끼리 | [ㅆ/ㅅ] | |
| 8 | ຍ | ຍຸງ | 녀- 늉 | 모기 | [니] | [이] |
| 9 | ດ | ເດັກ | 더- 덱 | 아이 | [ㄷ] | [ㄷ] |
| 10 | ຕ | ຕາ | 떠- 따- | 눈 | [ㄸ] | |
| 11 | ຖ | ຖົງ | 터- 통 | 주머니(가방) | [ㅌ] | |
| 12 | ທ | ທຸງ | 터- 퉁 | 깃발 | [ㅌ] | |
| 13 | ນ | ນົກ | 너- 녹 | 새 | [ㄴ] | [ㄴ] |
| 14 | ບ | ແບ້ | 버- 배- | 염소 | [ㅂ] | [ㅂ] |
| 15 | ປ | ປາ | 뻐- 빠- | 물고기 | [ㅃ] | |
| 16 | ຜ | ເຜິ້ງ | 퍼- 프ㅓㅇ | 벌 | [ㅍ] | |
| 17 | ຝ | ຝົນ | 퍼(f)- 폰 | 비 | [ㅍ] | |
| 18 | ພ | ພູ | 퍼- 푸- | 산 | [ㅍ] | |
| 19 | ຟ | ໄຟ | 퍼(f)- 파이 | 불 | [ㅍ] | |
| 20 | ມ | ແມວ | 머- 매-오 | 고양이 | [ㅁ] | [ㅁ] |
| 21 | ຢ | ຢາ | 여(y)- 야- | 약 | [이] | |
| 22 | ຣ | ຣາດາ | 러- 라다 | 레이더(Radar) | [ㄹ] | |
| 23 | ລ | ລີງ | 러- 리-ㅇ | 원숭이 | [ㄹ] | |
| 24 | ວ | ວີ | 워- 위- | 부채 | [우/오] | [우/오] |
| 25 | ຫ | ຫ່ານ | 허- 하-ㄴ | 거위 | [ㅎ] | |
| 26 | ອ | ໂອ | 어- 오- | 그릇 | [ㅇ] | |
| 27 | ຮ | ເຮືອນ | 허- 흐-안 | 집 | [ㅎ] | |

초자음일 때:
모음과 결합하여
냐, 녀, 뇨, 뉴…

종자음일 때:
선행 모음 뒤에서
반모음(반자음)
[-이]로 발음

모음과 결합하여
야, 여, 요, 유…

초자음일 때:
모음과 결합하여
와, 워, 외, 위…

종자음일 때:
선행하는 모음 뒤
에서 반모음(반자
음) [-오/우]로 발음

## 자음의 분류

라오스어 자음은 고자음, 중자음, 저자음으로 분류됩니다. 어떤 자음이냐에 따라 성조가 결정되므로 완전히 이해해야만 정확한 성조를 발음할 수 있습니다.

| | |
|---|---|
| 고자음 (ອັກສອນສູງ 악 써-ㄴ 쑤-ㅇ, 6자) | ຂ ສ ຖ ຜ ຝ ຫ (+특수 자음 ຫງ ຫຍ ໜ ໝ ຫຼ ຫວ) |
| 중자음 (ອັກສອນກາງ 악 써-ㄴ 까-ㅇ, 8자) | ກ ຈ ດ ຕ ບ ປ ຢ ອ |
| 저자음 (ອັກສອນຕ່ຳ 악 써-ㄴ 땀, 13자) | ຄ ງ ຊ ຍ ທ ນ ພ ຟ ມ ຣ ລ ວ ຮ |

| | | | | | | | |
|---|---|---|---|---|---|---|---|
| | ກ [k] | ຂ [k$^h$] | ຄ [k$^h$] | ງ [ŋ] | | | |
| | ຈ [c] | ສ [s] | ຊ [s] | ຍ [ɲ] | | | |
| ດ [d] | ຕ [t] | ຖ [t$^h$] | ທ [t$^h$] | ນ [n] | | | |
| ບ [b] | ປ [p] | ຜ [p$^h$] | ຝ [f] | ພ [p$^h$] | ຟ [f] | ມ [m] | |
| | ຢ [y] | ຣ [l] | ລ [l] | ວ [w] | ຫ [h] | ອ [ʔ] | ຮ [h] |
| | ຫງ [ŋ] | ຫຍ [ɲ] | ຫນ / ໜ [n] | ຫມ / ໝ [m] | ຫລ / ຫຼ [l] | ຫວ [w] | |

✔ 특수 자음:

고자음ຫ[h]와 저자음이 결합한 형태로, 저자음을 고자음화하고 ຫ의 음가는 발음되지 않음

## 모음(ສະຫຼະ 쌀라)

라오스어 모음은 총 28개입니다. 기본 모음 9쌍과 이중 모음 3쌍, 4개의 특수 모음이 있습니다. 기본 모음과 이중모음은 하나의 음가마다 장모음, 단모음으로 쌍을 이루고 있습니다, 아래 각 모음의 표기에서 X는 자음, +는 종자음이 들어가는 위치를 표시한 것입니다.

### 기본모음

| 발음 | 단모음 | | 장모음 | | 발음 |
|---|---|---|---|---|---|
| | 종자음이 없는 경우 | 종자음이 있는 경우 | 종자음이 없는 경우 | 종자음이 있는 경우 | |
| [아] | Xະ | Xັ+ | Xາ | | [아-] |
| [이] | Xິ | | Xີ | | [이-] |
| [우] | Xຸ | | Xູ | | [우-] |
| [으] | Xຶ | | Xື | | [으-] |
| [에] | ເXະ | ເXັ+ | ເX | | [에-] |
| [애] | ແXະ | ແXັ+ | ແX | | [애-] |
| [오] | ໂXະ | Xົ+ | ໂX | | [오-] |
| [어] | ເXາະ | Xັອ+ | Xໍ | Xອ | [어-] |
| [으ㅓ(ə)] | ເXິ | | ເXີ | | [으ㅓ-(ə)] |

### 이중모음

| 발음 | 단모음 | | 장모음 | | 발음 |
|---|---|---|---|---|---|
| | 종자음이 없는 경우 | 종자음이 있는 경우 | 종자음이 없는 경우 | 종자음이 있는 경우 | |
| [이야] | ເXັຍ | Xັຽ+ | ເXຍ | Xຽ+ | [이-야] |
| [으아] | ເXຶອ | | ເXືອ | | [으-아] |
| [우아] | Xົວະ | Xັວ+ | Xົວ | Xວ+ | [우-아] |

### 특수모음

특수모음은 단모음 [아]와 종자음 ຍ(-이), ມ(-ㅁ) ວ(-오)가 결합한 형태의 모음입니다. 종자음이 또 붙을 수 없습니다. 단모음이지만 생음(모음성이 강한 종자음)이 결합된 것이므로 성조 계산 시에는 장모음으로 간주합니다(p.23 성조 참조). 이 중 ໄx(ໄມ້ມາຍ, 마̂이 마́-이 )와 ໃx(ໄມ້ມ້ວນ, 마̂이 무̂-안 )는 본디 다른 음가를 가졌으나, 현대 라오스어에서는 둘 다 [아이]로 발음됩니다(일부 지방 제외). ໄx 가 좀 더 두루 사용되며, ໃx는 특정 단어에만 제한적으로 사용됩니다.

| ໄx<br>ໃx | xໍາ | ເxົາ |
|---|---|---|
| [아이] | [암] | [아오] |

## 종자음(ຕົວສະກົດ 뚜-아 싸 꼳)

라오스어의 종자음은 자음과 모음의 뒤에 붙어 하나의 음절을 구성하는 자음으로, 한국어의 '받침소리'와 같습니다. 라오스어에서 종자음으로 사용될 수 있는 자음은 ກ, ນ, ດ, ມ, ບ, ງ, ຍ, ວ뿐입니다. 이들은 각각 한국어의 [ㄱ, ㄴ, ㄷ, ㅁ, ㅂ, ㅇ, 이, 오/우]에 해당합니다.

### 한국어와 라오스어 종자음의 비교

한국어의 '받침소리'가 [ㄱ, ㄴ, ㄷ, ㄹ, ㅁ, ㅂ, ㅇ]임을 상기해 볼 때, 한국어와 라오스어의 종자음은 두 가지 차이를 가집니다.

1. 라오어에는 [ㄹ]의 받침소리는 존재하지 않고, 외래어의 [ㄹ] 받침소리는 [ㄴ]으로 대체됩니다. (예: Ball → ບານ [반-])
   때때로 외래어 고유의 철자를 살리기 위해 ລ 러- 리-ㅇ 을 종자음으로서 표기하는 경우가 있지만 엄밀히 따지면 라오어 표준어 표기법에는 어긋난 것입니다. 발음 또한 [ㄹ]이 아닌 [ㄴ]으로 발음됩니다.
2. 한국어와 달리, ຍ[-이]와 ວ[-오/우]가 종자음으로서 하나의 음절을 이룹니다. 종자음일 때의 ຍ[-이], ວ[-오]는 모음일 때의 명확한 xິ/xີ[이], ໂxະ/ໂx[오] 소리보다는 약하고 흐릿합니다. 또한 종자음 ວ[-오/우]는 [우]와 [오]의 중간 소리로, 선행 음절에 따라 [우]에 가깝게 들리기도 하고, [오]에 가깝게 들리기도 합니다.

### 생음과 사음

라오스어의 종자음은 생음(生音, ຕົວສະກົດເປັນ 뚜-아 싸 꼳 뻰)과 사음(死音, ຕົວສະກົດຕາຍ 뚜-아 싸 꼳 따이)으로 분류됩니다. 생음은 열린 소리 즉 유성음으로서, 자음이지만 모음과 비슷한 성격을 지녀 성조 규칙에 있어서도 장모음과 동일한 규칙을 따릅니다. 사음은 닫힌 소리 즉 무성음에 해당합니다.

| 생음 | | 사음 | |
|---|---|---|---|
| ງ | [ㅇ] | ກ | [ㄱ] |
| ຍ | [이] | ດ | [ㄷ] |
| ນ | [ㄴ] | ບ | [ㅂ] |
| ມ | [ㅁ] | | |
| ວ | [오/우] | | ★ |

## 성조(ວັນນະຍຸດ 완́나늇)

라오스어는 성조어로서, 한국어와 달리 음의 높낮이가 단어의 의미를 다르게 합니다. 라오스어의 모든 음절은 성조가 있습니다. 라오스어의 성조는 6성~8성으로 분류되는데, 이 교재에서는 6성으로 분류하고 라오스 국립대 출판 『ພາສາລາວສຳລັບຄົນຕ່າງປະເທດ』(Basic Spoken Lao for Foreigners, 2012)에서 제시된 성조 번호를 따랐습니다.

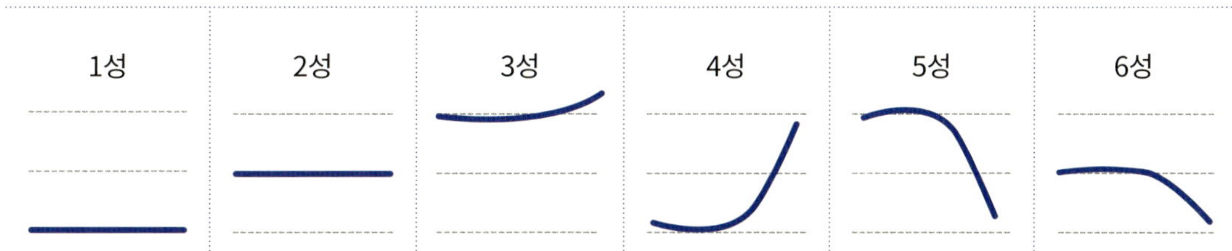


### 무형 성조

라오스어의 성조는 자음의 종류(고자음/중자음/저자음), 모음의 길이(장모음/단모음), 종자음의 종류(생음/사음) 등에 따라 결정될 수도 있습니다. 이처럼 따로 성조 부호가 표시되지 않는 성조가 무형 성조입니다. 무형 성조의 경우 고자음과 중자음이 동일한 규칙을 따릅니다.

- ✔ [단모음+생음]은 장모음과 동일한 규칙을 따르며, 종자음 없이 단모음만 올 때에는 [단모음+사음]의 규칙을 따릅니다. 그러나 대개 앞뒤 음절의 영향을 받아 중평조(2성)으로 발음됩니다(p.25 성조 조화 참조).
- ✔ 라오스의 성조 규칙은 완전히 통일, 규범화되지 않았으며 여러 견해들이 공존하고 있습니다.

| | 장모음<br>장모음 + 생음<br>단모음 + 생음 | 단모음<br>단모음 + 사음 | 장모음+사음 |
|---|---|---|---|
| 고자음 | ຂາ, ຂາງ | ຂັດ | ຂາດ |
| | 카ˇ-, 카ˇ-ㅇ (4성) | 칻́ (3성) | 카̀-ㄷ (6성) |
| 중자음 | ກາ, ກາງ | ກັດ | ກາດ |
| | 까ˇ-, 까ˇ-ㅇ (4성) | 깓́ (3성) | 까̀-ㄷ (6성) |
| 저자음 | ຄາ, ຄາງ | ຄັດ | ຄາດ |
| | 카́-, 카́-ㅇ (3성) | 칻 (2성) | 카^-ㄷ (5성) |

1성: 저평조(low level) [ _ ]
2성: 중평조(mid level) [ ]
3성: 중고조(high rising) [ / ]
4성: 상승조(low rising) [ ∨ ]
5성: 하강조(high falling) [ ∧ ]
6성: 저강조(low falling) [ ＼ ]

## 유형 성조

성조 부호(ເຄື່ອງໝາຍວັນນະຍຸດ 크-앙 마-이 완 나 늎)를 사용하여 나타내는 성조를 유형 성조라고 합니다. 총 4개의 성조 부호가 있으며, 초자음에 붙어 성조를 결정합니다.

| x່ | x້ | x໊ | x໋ |
|---|---|---|---|
| ໄມ້ເອກ<br>[마이 에-ㄱ] | ໄມ້ໂທ<br>[마이 토-] | ໄມ້ຕີ<br>[마이 띠-] | ໄມ້ຈັດຕະວາ<br>[마이 짠 따 와-] |

초자음에 ໄມ້ເອກ 마이 에-ㄱ 이 붙으면 2성입니다(중/고/저자음, 장/단모음 동일).

초자음에 ໄມ້ໂທ 마이 토- 가 붙으면 고자음은 6성, 중자음과 저자음은 5성입니다(장/단모음 동일). 무형/유형 성조를 종합하여 표로 제시하면 다음과 같습니다.

| | 종자음 없음(또는 생음 종자음) | | | 사음 종자음 | |
|---|---|---|---|---|---|
| | 성조부호 없음 | x່ [마이 에-ㄱ] | x້ [마이 토-] | 단모음+사음 | 장모음+사음 |
| 고자음 | ຂາ<br>카- (4성) | ຂ່າ<br>카- (2성) | ຂ້າ<br>카- (6성) | ຂັດ<br>칻 (3성) | ຂາດ<br>카-ㄷ (6성) |
| 중자음 | ກາ<br>까- (4성) | ກ່າ<br>까- (2성) | ກ້າ<br>까- (5성) | ກັດ<br>깓 (3성) | ກາດ<br>까-ㄷ (6성) |
| 저자음 | ຄາ<br>카- (3성) | ຄ່າ<br>카- (2성) | ຄ້າ<br>카- (5성) | ຄັດ<br>칻 (2성) | ຄາດ<br>카-ㄷ (5성) |

- ✔ ໄມ້ຕີ 마이 띠- 와 ໄມ້ຈັດຕະວາ 마이 짠 따 와- 는 중자음에만 붙으며, 외래어나 특별한 억양을 표시할 때 등에만 제한적으로 쓰입니다. 대개 ໄມ້ຕີ 마이 띠- 는 3성, ໄມ້ຈັດຕະວາ 마이 짠 따 와- 는 4성으로 발음됩니다.
- ✔ 종자음 없이 [초자음+단모음]의 조합에서는 성조 부호가 붙지 않습니다.
- ✔ 'ກ, ດ, ບ'(사음 종자음)은 단모음과 조합했을 때에는 성조 부호가 붙지 않습니다(일부 예외 있음).

### 연습

- ໄກ (멀다) 까이 (4성)
- ໃກ້ (가깝다) 까이 (5성)
- ພໍ (충분하다) 퍼- (3성)
- ພໍ່ (아버지) 퍼- (2성)
- ເຊົ່າ (임대하다) 사오 (2성)
- ເຊົ້າ (아침) 사오 (5성)

## 발음의 예외

**복합자음**(ພະຍັນຊະນະຄວບ 파 냔 사 나 쿠-압)

라오스어는 한 음절에 한 개의 초자음만 올 수 있습니다. 그러나 ວ 워- 위- 는 다른 자음과 결합된 형태로 표기되는 경우가 있습니다. 이를 복합자음이라고 합니다. 형태는 마치 한 음절에서 두 개의 자음이 연속으로 발음되는 것처럼 보이지만, 실제는 초자음과 모음 사이에서 [초자음 + ㅜ + 오/우 + 모음]으로 발음됩니다. 즉 ວ로 인해 [ㅜ + 오/우] 소리가 추가되는 것입니다. 이때 성조는 ວ 앞에 붙은 초자음의 성조를 따릅니다.

ຂາ [카-] ຂວາ [쿠와-]
ໄກ [까이] ໄກວ [꾸와이]
ຄາມ [카-ㅁ] ຄວາມ [쿠와-ㅁ]

**성조 조화**

후속 음절이 없을 때나 특정 음절을 강조할 때에는 성조가 명확하게 발음됩니다. 그러나 음절이 단독으로 발음되지 않을 때에는, 앞뒤 음절의 영향을 받아 성조의 고저차가 줄어들고 평활화(equalization)됩니다. 예를 들어 어떤 음절이 상승조(올라가는 성조)더라도, 후속 음절이 높은 음절에서 시작하지 않는 경우에는 성조가 올라가지 않습니다. 반대로 어떤 음절이 하강조(내려가는 성조)라고 할지라도 후속 음절이 낮은 음역에서 시작되지 않는 경우에는 성조는 내려가지 않습니다.

다음은 성조 조화와 관련한 음운 현상들입니다.

(1) 중자음 또는 고자음에 성조 기호 없이 장모음 또는 생음 종자음이 오는 경우는 후속 음절의 성조와 관계없이 항상 저평조(1성)가 됩니다.
ກາ [까-] (단독 음절로 발음될 때는 4성)
ການ້ຳ [까- 남] (후속 음절 ນ້ຳ의 영향으로 1성으로 변화)

(2) xະ, x̊, xຸ등의 단모음이 종자음 없이 다음절어의 처음이나 중간에 오면 초자음의 종류와 관계없이 중평조(2성)가 됩니다.
ຖະ [타] (단독 음절로 발음될 때는 3성)
ລັດຖະບານ [랃 타 바-ㄴ] (다음절어의 중간에 위치하여 2성으로 변화)

**라오스어 발음, 표기상의 변화**

라오스어는 발음이나 쓰기 규칙 등이 계속 변화하고 있습니다. 장모음이 단모음으로 바뀌거나, 성조나 어휘가 태국의 영향을 강하게 받으면서 표기법에도 이러한 변화가 반영되고 있습니다. 라오스어의 변화는 현재형이며, 앞으로도 이어질 것으로 보입니다. 라오스어 학습자들은 이러한 점들을 충분히 감안하며 학습에 임해야 할 것입니다.

## 기타

**라오스어 숫자**(ຕົວເລກລາວ 뚜-아 레-ㄱ 라-오)

라오스에서는 아라비아 숫자와 라오스 고유 숫자 표기가 혼용됩니다.

| ໑ | ໒ | ໓ | ໔ | ໕ | ໖ | ໗ | ໘ | ໙ | ໑໐ |
|---|---|---|---|---|---|---|---|---|---|
| 능 | 써-ㅇ | 싸-ㅁ | 씨- | 하- | 혹 | 쩯 | 빼-ㄷ | 까오 | 씹 |
| 1 | 2 | 3 | 4 | 5 | 6 | 7 | 8 | 9 | 10 |

## • 라오스 개관

| | |
|---|---|
| 국명 | 라오인민민주주의공화국 (1975년 12월 2일 수립)<br>Lao People's Democratic Republic, ສາທາລະນະລັດ ປະຊາທິປະໄຕ ປະຊາຊົນລາວ |
| 수도 | 비엔티안 (Vientiane, ວຽງຈັນ) |
| 면적 | 236,800 km² (한반도의 1.1배) |
| 위치 | 북위 14.1-22.3도, 동경 100-108도에 위치한 내륙국가<br>미얀마(238km), 캄보디아(555km), 중국(475km), 태국(1845km), 베트남(2161km) 등 5개국과 접경 |
| 지형 | 국토의 대부분은 험준한 산; 일부 평야 및 고원<br>최고점: 푸비야산 2,817m, 최저점: 메콩강 70m, 평균 고도 710m) |
| 기후 | 열대 몬순 기후<br>우기 (5월~10월), 건기 (11월~4월) |
| 인구 | 7,574,356명 (2021년 7월 기준)<br>평균 연령: 남성: 23.7세 / 여성: 24.4세(2020년 추정)<br>인구 증가율: 1.46%(2021년 추정)<br>출생률: 22.74명/인구 1,000명(2021년 추정) |
| 인종 | 공식 종족 50개 (2018년 12월 라오스 국회 채택)<br>Lao 53.2%, Khmou 11%, Hmong 9.2%, Phouthay 3.4%, Tai 3.1%, Makong 2.5%, Katong 2.2%, Lue 2%, Akha 1.8%, other 11.6% (2015년) |
| 종교 | 불교 64.7%, 기독교 1.7%, 무교 31.4%, 기타 2.1% (2015년)<br>(라오스는 헌법상 종교의 자유를 인정하고 있으나, 포교는 허용하지 않고 있음) |
| 언어 | 라오스어(라오어) |
| 시차 | -2시간 (한국보다 2시간 늦음) |

출처:
The World Factbook(Central Intelligence Agency, 2020) https://www.cia.gov/the-world-factbook/countries/laos/
라오스 개황(외교부, 2019) https://www.mofa.go.kr/www/brd/m_4099/view.do?seq=367584

ບົດທີ

01

# ຂ້ອຍຊື່ນ້ອຍ

## 제 이름은 너이입니다

학습목표

1. 라오스어 인사말로 인사를 나눌 수 있다.
2. 라오스어 문장의 기본 구조를 알고 간단한 자기소개를 할 수 있다.
3. 상대의 이름과 출신지를 묻고 답할 수 있다.

## 대화 1

유진과 쏨사이가 처음 만나 인사를 합니다.

ຢູຈິນ: ສະບາຍດີ.
유- 찐: 싸 바-이 디-

유진: 안녕하세요.

ສົມຊາຍ: ສະບາຍດີ.
쏨 사-이: 싸 바-이 디-

쏨사이: 안녕하세요.

ຢູຈິນ: ຂໍໂທດ, ເຈົ້າຊື່ຫຍັງ?
유- 찐: 커- 토-ㄷ 짜오 스- 냥?

유진: 실례지만, 당신의 이름은 무엇입니까?

ສົມຊາຍ: ຂ້ອຍຊື່ສົມຊາຍ. ເຈົ້າເດ?
쏨 사-이: 커-이 스- 쏨 사-이 짜오 데-

쏨사이: 제 이름은 쏨사이입니다. 당신은요?

ຢູຈິນ: ຂ້ອຍຊື່ຢູຈິນ. ຍິນດີທີ່ໄດ້ຮູ້ຈັກ.
유- 찐: 커-이 스- 유- 찐 닌 디- 티-다이 후- 짝

유진: 제 이름은 유진입니다. 만나서 반가워요.

## 어휘

|  |  |  |  |
|---|---|---|---|
| ສະບາຍດີ [싸 바-이 디-] | 안녕하다, 평안하다, 안녕하세요 | ເຈົ້າ [짜오] | 너(당신) |
| ຂໍໂທດ [커- 토-ㄷ] | 실례합니다/죄송합니다 | ຫຍັງ [냥] | 무엇 |
| ຂ້ອຍ [커-이] | 나/저 | ເດ [데-] | ~는요? |
| ຊື່ [스-] | 이름, (이름을) ~라고 부르다 | ຍິນດີ [닌 디-] | 기쁘다 |

## 활용 표현

ຂ້ອຍຊື່~.

커-이 스-

저는 ~라고 합니다/제 이름은 ~입니다.

ຍິນດີທີ່ໄດ້ຮູ້ຈັກ.

닌 디- 티- 다이 후- 짝

만나서 반갑습니다/기쁩니다.

## 대화 2

유진과 제임스가 자신을 소개합니다.

ຢູຈິນ: ຂ້ອຍມາຈາກເກົາຫຼີ.
유- 찐: 커-이 마- 짜-ㄱ 까올 리-

유진: 저는 한국에서 왔어요.

ຂ້ອຍຮຽນພາສາລາວ.
커-이 히-얀 파- 싸- 라-오

저는 라오스어를 공부해요.

ເຈມ: ຂ້ອຍກໍຮຽນພາສາລາວຄືກັນ.
쩨-ㅁ: 커-이 꺼- 히-얀 파- 싸- 라-오 크- 깐

제임스: 저도 라오스어를 공부해요.

ຂ້ອຍຊື່ເຈມ, ມາຈາກອັງກິດ.
커-이 스- 쩨-ㅁ 마- 짜-ㄱ 앙 낃

제 이름은 제임스이고, 영국에서 왔어요.

ຮຽນພາສາລາວນຳກັນເດີ.
히-얀 파- 싸- 라-오 남 깐 드ㅓ-

함께 라오스어를 공부해요 (합시다).

## 어휘

|  |  |  |  |
|---|---|---|---|
| ມາ [마-] | 오다 | ລາວ [라-오] | 1. 라오스, 라오스의<br>2. 그(그녀) |
| ຈາກ [짜-ㄱ] | ~로부터 | ອັງກິດ [앙 낃] | 영국, 영국의 |
| ຮຽນ [히-얀] | 공부하다 | ກໍ [꺼-] | 또한 |
| ເກົາຫຼີ [까올 리-] | 한국, 한국의 | ຄືກັນ [크- 깐] | 같다, 마찬가지다 |
| ພາສາ [파- 싸-] | 언어 | ນຳກັນ [남 깐] | 함께 |

## 활용 표현

**ຂ້ອຍມາຈາກ ~ :**
커-이 마- 짜-ㄱ

저는 ~에서 왔습니다.

**ຂ້ອຍ ກໍ ~ ຄືກັນ:**
커-이 꺼- 크-깐

저 또한 마찬가지로 ~니다.

# 문법

## • 인칭대명사

라오스의 인칭대명사는 1, 2, 3인칭으로 구분됩니다. 2인칭 존대 표현인 ທ່ານ 타-ㄴ 은 이름 앞에 붙어 3인칭을 높여 부르는 데도 사용됩니다(예: ທ່ານ ອາລຸນ 타-ㄴ 아-룬 =아룬 님). 3인칭 ມັນ 만 은 동물, 사물을 지칭할 때 쓰며, 사람에게 사용하면 모욕적인 표현이 되므로 주의해야 합니다.

| | 단수 | | | 복수 |
|---|---|---|---|---|
| | 존대 ← | 보통 | → 하대 | 존대 ← 보통 → 하대 |
| 1인칭 (나/저) | ຂ້າພະເຈົ້າ<br>카- 파 짜오 | ຂ້ອຍ<br>커-이 | ເຮົາ / ກູ<br>하오 / 꾸- | 단수 인칭대명사 앞에 ພວກ 푸-악 을 붙입니다.<br>(예: ພວກຂ້ອຍ 푸-악 커-이 = we) |
| 2인칭 (너/당신) | ທ່ານ<br>타-ㄴ | ເຈົ້າ<br>짜오 | ໂຕ / ມຶງ<br>또 / 믕 | |
| 3인칭 (그/그녀) | ເພິ່ນ<br>프ㅓㄴ | ລາວ<br>라-오 | ມັນ<br>만 | ເຂົາເຈົ້າ<br>카오 짜오 |

## • 라오스어 문장: 주어+서술어+목적어/보어

라오스어는 주어 다음에 서술어(동사, 형용사, ~이다)가 위치하여 주어의 동작이나 상태를 서술합니다. 라오스어는 한국어와 달리 어형 변화가 없습니다. 또한, 한국어의 '은/는, 이/가, 을/를' 등에 해당하는 조사도 없습니다. 따라서 단어의 문장 속 위치에 따라 단어의 문장성분이 결정됩니다.

| ຂ້ອຍ<br>커-이 | ມາ<br>마- | ລາວ.<br>라-오 | |
|---|---|---|---|
| 나/저 | 오다 | 라오스 | 저는 라오스에 옵니다. |

| ເຈົ້າ<br>짜오 | ຮຽນ<br>히-얀 | ພາສາເກົາຫຼີ.<br>파-싸-까올 리- | |
|---|---|---|---|
| 당신 | 공부하다 | 한국어 | 당신은 한국어를 공부합니다. |

## • 구(Phrase): 피수식어 + 수식어

라오스어에서는 한국어와 반대로, 수식을 받는 단어가 수식하는 단어 앞에 옵니다.

| | | |
|---|---|---|
| ພາສາ<br>파-싸- | ລາວ →<br>라-오 | ພາສາ ລາວ<br>파-싸- 라-오 |
| 언어 | 라오스 | 라오스어 |

| | | |
|---|---|---|
| ປະເທດ<br>빠- 테-ㄷ | ລາວ →<br>라-오 | ປະເທດລາວ<br>빠- 테-ㄷ 라-오 |
| 국가 | 라오스 | 라오스(國) |

| | | |
|---|---|---|
| ດອກໄມ້<br>더-ㄱ 마이 | ງາມ →<br>응아-ㅁ | ດອກໄມ້ງາມ<br>더-ㄱ 마이 응아-ㅁ |
| 꽃 | 아름답다 | 아름다운 꽃 |

| | | |
|---|---|---|
| ມາ<br>마- | ໄວ →<br>와이 | ມາໄວ<br>마- 와이 |
| 오다 | 빠르다 | 빨리 오다 |

## • 이름이 ~이다: ຊື່

이름을 말하는 방법은 [인칭대명사+ຊື່ 스- +이름]입니다. 이때 ຊື່ 스- 는 '이름/성명'이라는 명사지만, '이름이 ~이다 또는 ~라고 부르다/명명하다'라는 서술어로도 기능합니다.

| | | | |
|---|---|---|---|
| ຂ້ອຍ<br>커-이 | ຊື່<br>스- | ບຸນມີ.<br>분 미- | |
| 나/저 | ~라고 부르다 | 분미 | 저의 이름은 분미입니다(저는 분미라고 합니다). |

## • 의문사(무엇) ຫຍັງ

의문사 ຫຍັງ 냥̌ 은 서술어 뒤에 붙어 '~은/는 무엇입니까' 또는 '무엇을 ~니까?'라는 의미를 나타냅니다. 이름을 물을 때에는 [인칭대명사 + ຊື່ 스- + ຫຍັງ 냥̌], 즉 ຊື່뒤에 ຫຍັງ 냥̌ 을 붙입니다.

| ເຈົ້າ<br>짜̂오- | ຊື່<br>스- | ຫຍັງ?<br>냥̌? | |
|---|---|---|---|
| 당신 | ~라고 부르다 | 무엇 | 당신의 이름은 무엇입니까? |

| ເຈົ້າ<br>짜̂오- | ເຮັດ<br>헫 | ຫຍັງ?<br>냥̌? | |
|---|---|---|---|
| 당신 | 하다 | 무엇 | 당신은 무엇을 합니까? |

## • 위치를 나타내는 표현: ຈາກ+장소

'~에서', '~부터'라는 의미를 나타낼 때는 [ຈາກ 짜-ㄱ + 장소]의 형태로 표현합니다. 이처럼 라오스어에서는 한국어와 반대로, 부속어(홀로 의미를 가지지 않는 단어)가 자립어(단독으로 의미를 가지는 단어)의 앞에 위치합니다.

| ຂ້ອຍ<br>커-이 | ມາ<br>마- | ລາວ.<br>라-오 | |
|---|---|---|---|
| 나/저 | 오다 | 라오스 | 저는 라오스에 옵니다. |

| ຂ້ອຍ<br>커-이 | ມາ<br>마- | ຈາກ<br>짜-ㄱ | ລາວ.<br>라-오 | |
|---|---|---|---|---|
| 나/저 | 오다 | ~로부터 | 라오스 | 저는 라오스에서(로부터) 왔습니다.<br>(→ 화자가 라오스로부터 떠나와서 현재 라오스에 있지 않다는 의미) |

## • ກໍ의 의미와 쓰임

ກໍ 꺼- 는 '~도', '~역시'를 의미를 가집니다. 선행 문장의 내용을 받아 [주어+ກໍ 꺼- +동사+(ຄືກັນ 크- 깐 )]의 형태로 '마찬가지로 ~니다'의 의미를 나타낼 수 있습니다.

| ລາວ<br>라-오 | ກໍ<br>꺼- | ຮຽນ<br>히-얀 | (ຄືກັນ)<br>크- 깐 | |
|---|---|---|---|---|
| 그/그녀 | ~도 | 공부하다 | (같다) | 그도 (마찬가지로) 공부합니다. |

## 문형 연습

A: ເຈົ້າຊື່ຫຍັງ?
짜오 스- 냥

A: 당신의 이름은 무엇입니까?

B: ຂ້ອຍຊື່ນ້ອຍ.
커-이 스- 너-이

B: 제 이름은 너이입니다.

| | | | | | |
|---|---|---|---|---|---|
| 1) | ທ່ານ<br>타-ㄴ | 당신(존칭) | 2) | ລາວ<br>라-오 | 그(그녀) |
| | ຂ້ອຍ / ວິໄລພອນ<br>커-이 / 위 라이 퍼-ㄴ | 저 / 위라이펀 | | ລາວ / ມິນໂຮ<br>라-오 / 민 호- | 그(그녀) / 민호 |

---

A: ຂ້ອຍຮຽນພາສາອັງກິດ.
커-이 히-얀 파- 싸- 앙 낀

A: 저는 영어를 공부합니다.

B: ຂ້ອຍກໍຮຽນພາສາອັງກິດຄືກັນ.
커-이 꺼 히-얀 파- 싸- 앙 낀 크 깐

B: 저도 영어를 공부합니다.

| | | | | | |
|---|---|---|---|---|---|
| 1) | ສອນ / ເກົາຫຼີ<br>써-ㄴ / 까올 리- | 가르치다 / 한국 | 2) | ເວົ້າ / ລາວ<br>와오 / 라-오 | 말하다 / 라오스 |
| | ສອນ / ເກົາຫຼີ<br>써-ㄴ / 까올 리- | 가르치다 / 한국 | | ເວົ້າ / ລາວ<br>와오 / 라-오 | 말하다 / 라오스 |

---

A: ຂ້ອຍມາຈາກເກົາຫຼີ.
커-이 마- 짜-ㄱ 까올 리-

A: 저는 한국에서 왔습니다.

B: ຂ້ອຍມາຈາກລາວ.
커-이 마- 짜-ㄱ 라-오

B: 저는 라오스에서 왔습니다.

A: ຍິນດີທີ່ໄດ້ຮູ້ຈັກ.
닌 디- 티- 다이 후- 짝

A: 만나서 반갑습니다.

B: ຍິນດີທີ່ໄດ້ຮູ້ຈັກຄືກັນ.
닌 디- 티- 다이 후- 짝 크- 깐

B: 저도 만나서 반갑습니다.

| | | | | | | | | |
|---|---|---|---|---|---|---|---|---|
| 1) | ໄທ<br>타이 | 태국 | 2) | ຈີນ<br>찌-ㄴ | 중국 | 3) | ຝຣັ່ງ<br>파랑 | 프랑스 |
| | ຫວຽດນາມ<br>위-얏 나-ㅁ | 베트남 | | ຍີ່ປຸ່ນ<br>늬- 뿐 | 일본 | | ອາເມລິກາ<br>아- 메- 리 까 | 미국 |

# 어휘 Plus

• ປະເທດ 국가
빠 테-ㄷ

| 한국 | ເກົາຫຼີ<br>까올 리- | 중국 | ຈີນ<br>찌-ㄴ |
|---|---|---|---|
| 라오스 | ລາວ<br>라-오 | 프랑스 | ຝຣັ່ງ<br>파랑 |
| 태국 | ໄທ<br>타이 | 캄보디아 | ກຳປູເຈຍ<br>깜 뿌- 찌-야 |
| 베트남 | ຫວຽດນາມ<br>위-얃 나-ㅁ | 미국 | ອາເມລິກາ<br>아- 메- 리 까- |
| 오스트레일리아(호주) | ອົດສະຕາລີ<br>옫 싸 따- 리- | 뉴질랜드 | ນິວຊີແລນ<br>니우 시- 래-ㄴ |
| 일본 | ຍີ່ປຸ່ນ<br>늬- 뿐 | 영국 | ອັງກິດ<br>앙 낃 |
| 독일 | ເຢຍລະມັນ<br>의-야 라 만 | 이탈리아 | ອີຕາລີ<br>이- 따- 리- |

## • ຄຳກິລິຍາພື້ນຖານ 기본 동사

캄 끼 리 냐- 프-ㄴ 타-ㄴ

| | | | |
|---|---|---|---|
| 먹다 | ກິນ<br>낀 | 마시다 | ດື່ມ<br>드-ㅁ |
| 자다 | ນອນ<br>너-ㄴ | 쉬다 | ພັກຜ່ອນ<br>팍 퍼-ㄴ |
| 말하다 | ເວົ້າ<br>와오 | 듣다 | ຟັງ<br>팡 |
| 보다 | ເບິ່ງ<br>브ㅓㅇ | (글을) 쓰다 | ຂຽນ<br>키-얀 |
| 공부하다 | ຮຽນ<br>히-얀 | 놀다 | ຫຼິ້ນ<br>린 |
| 하다 | ເຮັດ<br>헫 | 일하다 | ເຮັດວຽກ<br>헫 위-약 |
| 사다 | ຊື້<br>스- | 팔다 | ຂາຍ<br>카-이 |

## • ຄຳຄຸນນາມພື້ນຖານ 기본 형용사

캄 쿤 나-ㅁ 프-ㄴ 타-ㄴ

| | | | |
|---|---|---|---|
| 좋다 | ດີ<br>디- | 나쁘다 | ຊົ່ວ<br>수-아 |
| 춥다 | ໜາວ<br>나-우 | 아름답다/예쁘다 | ງາມ<br>응아-ㅁ |
| 시원하다/차갑다 | ເຢັນ<br>옌 | 맛있다 | ແຊບ<br>새-ㅂ |
| 기쁘다 | ດີໃຈ<br>디- 짜이 | 속상하다 | ເສຍໃຈ<br>씨-야 짜이 |
| 빠르다 | ໄວ<br>와이 | 느리다/늦다 | ຊ້າ<br>사- |
| 비싸다 | ແພງ<br>패-ㅇ | 싸다 | ຖືກ<br>트-ㄱ |

## 표현 Plus

| | |
|---|---|
| ສະບາຍດີ.<br>싸 바-이 디- | 안녕하세요. |
| ຂອບໃຈ.<br>커-ㅂ 짜이 | 감사합니다. |
| ຂໍໂທດ.<br>커- 토-ㄷ | 죄송합니다. / 실례지만~ |
| ບໍ່ເປັນຫຍັງ.<br>버- 뻰 냥 | 괜찮아요. / 천만에요. |
| ໄປກ່ອນເດີ.<br>빠이 꺼-ㄴ 드ㅓ- | 먼저 갈게요. |
| ໂຊກດີ.<br>소-ㄱ 디- | 안녕히 가세요. / 안녕히 계세요. |
| ລາກ່ອນ.<br>라- 꺼-ㄴ | 안녕히 계세요. |

## 연습문제

### 1. 라오스어 인칭 대명사(보통)를 쓰세요.

1) 나/저: ________________  2) 우리: ________________

3) 당신: ________________  4) 당신들: ________________

5) 그/그녀: ________________  6) 그/그녀들: ________________

### 2. [보기]와 같이 자기소개를 하세요.

[보기]
ສົມຊາຍ (쏨사이) / ລາວ (라오스)
쏨 사-이  라-오

→ ສະບາຍດີ. ຂ້ອຍຊື່ສົມຊາຍ, ມາຈາກລາວ. 안녕하세요. 제 이름은 쏨사이입니다.
싸 바-이 디- 커-이 스- 쏨 사-이 마- 짜-ㄱ 라-오  라오스에서 왔습니다.

1) ດາວ (다오) / ໄທ (태국)
다-오  타이

→ ________________________________________

2) ຢູກິ (유키) / ຍີ່ປຸ່ນ (일본)
유 끼  늬- 뿐

→ ________________________________________

3) ພອລ (폴) / ອາເມລິກາ (미국)
퍼-ㄴ  아- 메- 리 까-

→ ________________________________________

4) 자신의 이름 / ເກົາຫຼີ (한국)
까올 리-

→ ________________________________________

## 3. 주어진 단어를 배열하여 단어 또는 문장을 완성하세요.

1) 한국어 (ເກົາຫຼີ ພາສາ)
까올 리- 파- 싸-

______________________________

2) 저는 서울에서 왔습니다. (ເຊອຸນ ຂ້ອຍ ຈາກ ມາ)
세- 운 커-이 짜-ㄱ 마-

______________________________

3) 그녀도 언어를 공부합니다. (ຮຽນ ພາສາ ກໍ ລາວ ຄືກັນ)
히-얀 파- 싸- 꺼- 라-오 크- 깐

______________________________

## 문화 들여다보기

# 라오스의 인사

© Basile Morin

라오스인들은 부드럽고 상냥하며 늘 미소 띤 온화한 표정을 하고 있습니다. 공공연하게 자신의 감정을 드러내는 일은 매우 드물며, 큰소리로 화를 내고 분노를 표출하는 사람은 라오스 사회에서 존경받기 어렵습니다.

과한 신체 접촉도 금물이라, 인사를 할 때에도 포옹이나 악수보다는 상대와 약간 거리를 두고 '놉(ນົບ)'이라고 하는 합장 인사를 나눕니다. '놉'은 라오스의 전통적인 인사법으로, 두 손을 모아 가슴 높이 정도로 올리면서 가볍게 고개를 숙입니다. 상대방이 사회적 지위가 높거나 연장자인 경우에는 코 높이까지 손을 올려 합장합니다.

'놉'은 만나고 헤어질 때뿐만 아니라 감사를 표시할 때, 사과할 때 등 다양한 상황에서 사용할 수 있습니다. 외국인이 라오스인에게 '놉' 인사를 건넨다면 라오스 문화를 존중하는 태도로 여겨져 매우 환대받을 것입니다.

ບົດທີ

# 02

# ອັນນີ້ແມ່ນຫຍັງ?

## 이것은 무엇입니까?

 학습목표

1. 지시대명사를 사용하여 사물을 가리키며 설명할 수 있다.
2. ບໍ(ບໍ່)를 이용한 의문문을 만들고 '네/아니요'로 답할 수 있다.
3. 사물이 누구의 소유인지 묻고 답할 수 있다.

## 대화 1

유진이 쏨사이에게 사물을 가리키며 질문합니다.

ຢູຈິນ: ອັນນີ້ແມ່ນຫຍັງ?
유- 찐: 안 니- 매-ㄴ 냥?
유진: 이것은 뭐예요?

ສົມຊາຍ: ອັນນີ້ແມ່ນສໍ.
쏨 사-이: 안 니- 매-ㄴ 써-
쏨사이: 이것은 연필이에요.

ຢູຈິນ: ອັນນັ້ນເດ? ອັນນັ້ນແມ່ນປຶ້ມບໍ?
유- 찐: 안 난 데- 안 난 매-ㄴ 쁨 버-
유진: 저것은요? 저것은 책이에요?

ສົມຊາຍ: ເຈົ້າ, ແມ່ນແລ້ວ.
쏨 사-이: 짜오, 매-ㄴ 래-우
쏨사이: 네, 맞아요. 저것은 책이에요.

ອັນນັ້ນແມ່ນປຶ້ມແບບຮຽນພາສາເກົາຫຼີ.
안 난 매-ㄴ 쁨 배-ㅂ 히-얀 파- 싸- 까올 리-
제 한국어 교재예요.

ຢູຈິນ: ເຈົ້າຮຽນພາສາເກົາຫຼີບໍ?
유- 찐: 짜오 히-얀 파- 싸- 까올 리- 버-
유진: 당신은 한국어를 공부해요?

ສົມຊາຍ: ແມ່ນແລ້ວ. ຂ້ອຍຮຽນກັບໝູ່.
쏨 사-이: 매-ㄴ 래-우 커-이 히-얀 깝 무-
쏨사이: 맞아요. 친구와 공부해요.

## 어휘

|  |  |  |
|---|---|---|
| ອັນ | [안] | 1. ~것<br>2. ~개(수량사) |
| ນີ້ | [니-] | 이(지시사) |
| ນັ້ນ | [난] | 그, 저(지시사) |
| ແມ່ນ | [매-ㄴ] | ~이다 |
| ສໍ | [써-] | 연필 |
| ປຶ້ມ | [쁨] | 책 |
| ~ ບໍ່/ບໍ? | [버-/버-] | ~니까?(의문조사) |
| ປຶ້ມແບບຮຽນ | [쁨 배-ㅂ 히-얀] | 교과서 |
| ກັບ | [깝] | ~와/과 |
| ໝູ່ | [무-] | 친구 |

## 활용 표현

**ອັນນີ້ແມ່ນ ~**

안 니- 매-ㄴ

이것은 ~입니다.

**ອັນນີ້ແມ່ນ ~ ບໍ?**

안 니- 매-ㄴ 버-

이것은 ~입니까?

## 대화 2

뚜이가 유진에게 자신의 방을 보여줍니다.

ຕຸ້ຍ: ຢູ່ນີ້ແມ່ນຫ້ອງຂອງຂ້ອຍ.

뚜이: 유- 니- 매-ㄴ 허-ㅇ 커-ㅇ 커-이

뚜이: 여기는 제 방입니다.

ອັນນີ້ແມ່ນໂຕະຮຽນ ແລະ ອັນນີ້ແມ່ນຕູ້ໃສ່ປຶ້ມ.

안 니- 매-ㄴ 또 히-얀 래 안 니- 매-ㄴ 뚜- 싸이 쁨

이것은 제 책상입니다. 그리고 이것은 책장입니다.

ຢູຈິນ: ອັນນັ້ນແມ່ນຕຽງບໍ

유- 찐: 안 난 매-ㄴ 띠-양 버-

유진: 저것은 침대입니까?

ຕຸ້ຍ: ບໍ່, ບໍ່ແມ່ນ. ອັນນັ້ນບໍ່ແມ່ນຕຽງ ແມ່ນຕັ່ງ.

뚜이: 버- 버- 매-ㄴ 안 난 버- 매-ㄴ 띠-양 매-ㄴ 땅

뚜이: 아니요, 그렇지 않아요. 저것은 침대가 아니라 의자입니다.

ຢູຈິນ: ອັນນັ້ນແມ່ນຕັ່ງຫວາ? ໃຫຍ່ແທ້!

유- 찐: 안 난 매-ㄴ 땅 와- 냐이 태-

유진: 저것이 의자라고요? 정말 크네요!

## 어휘

| | |
|---|---|
| ຢູ່ນີ້ [유- 니̂-] | 여기 |
| ຫ້ອງ [허̀-ㅇ] | 방 |
| ຂອງ [커̌-ㅇ] | 1. ~의<br>2. ~의 것 |
| ໂຕະ [또́] | 탁자 |
| ໂຕະຮຽນ [또 히́-얀] | 책상 |
| ຕູ້ໃສ່ປຶ້ມ [뚜̂- 싸이 쁨̂] | 책장 |
| ຕຽງ [띠̌-양] | 침대 |
| ຕັ່ງ [땅] | 의자 |
| ~ ຫວາ? [와̌-] | ~라고요?(의문조사) |
| ໃຫຍ່ [냐이] | 크다 |
| ແທ້ [태̂-] | 정말 / 진짜(구어) |

## 활용 표현

~ ຂອງຂ້ອຍ

커-ㅇ 커̀-이

저의 ~입니다.

ບໍ່ແມ່ນ A ແມ່ນ B

버- 매-ㄴ A 매-ㄴ B

A가 아니라 B입니다.

# 문법

## • 지시사

라오스어의 지시사는 ນີ້ 니- , ນັ້ນ 난 이며, 일반적으로 작은 물건을 가리킬 때는 ອັນ 안 을 붙여서 '이것, 그것/저것'이라는 의미의 지시대명사로 사용합니다.

| 지시사 | | 지시대명사 | | 지시형용사 | | | |
|---|---|---|---|---|---|---|---|
| 이 | ນີ້<br>니- | 이것 | ອັນນີ້<br>안 니- | 이 책 | ປຶ້ມນີ້<br>쁨 니- | 여기 | ຢູ່ນີ້ (구어:ຢູ່ພີ້)<br>유- 니- 유- 피- |
| 그/저 | ນັ້ນ<br>난 | 그것/저것 | ອັນນັ້ນ<br>안 난 | 그 책/저 책 | ປຶ້ມນັ້ນ<br>쁨 난 | 거기 | ຢູ່ຫັ້ນ<br>유- 한 |
| | | | | | | 저기 | ຢູ່ພຸ້ນ<br>유- 푼 유- 푸-ㄴ |

구어체에서는 ອັນ 안 , ຢູ່ 유- 등을 생략하고 지시사만 사용하기도 합니다.

ນີ້ ແມ່ນ ບິກ. = ອັນນີ້ ແມ່ນ ບິກ.
니- 매-ㄴ 빅 = 안 니- 매-ㄴ 빅

이것은 펜입니다.

ນີ້ ແມ່ນ ຫ້ອງ. = ຢູ່ນີ້ ແມ່ນ ຫ້ອງ.
니- 매-ㄴ 허-ㅇ = 유- 니- 매-ㄴ 허-ㅇ

여기는 방입니다.

## • ~이다(1): ແມ່ນ

‘~은/는 ~입니다’를 표현할 때는 [지시대명사+ແມ່ນ 매-ㄴ +명사]입니다. ແມ່ນ 매-ㄴ 은 ‘~이다’, ‘~이/가 맞다(그러하다)’라는 의미의 지정사로, 전후의 명사를 동등관계로 연결해주는 역할을 합니다.

즉, [A ແມ່ນ 매-ㄴ B]는 [A=B]의 관계를 가집니다.

| ອັນນີ້<br>안 니- | ແມ່ນ<br>매-ㄴ | ມືຖື.<br>므- 트- | |
|---|---|---|---|
| 이것 | ~이다 | 휴대전화 | 이것은 휴대전화입니다. |

| ຢູ່ນີ້<br>유- 니- | ແມ່ນ<br>매-ㄴ | ຫ້ອງຮຽນ.<br>허-ㅇ 히-얀 | |
|---|---|---|---|
| 여기 | ~이다 | 교실 | 여기는 교실입니다. |

## • ‘네/아니요’ 의문문: 의문조사 ບໍ(ບໍ່)

궁금한 내용을 묻거나 상대방의 의사를 물어볼 때, 즉 ‘네/아니요’ 의문문은 의문조사 ບໍ 버- (질문의 어조에 따라서 ບໍ່ 버- 로도 표기)를 사용합니다. 평서문을 완성한 뒤 문장의 맨 끝에 의문조사 ບໍ(ບໍ່) 버- 를 붙여서 만듭니다. 대답은 물음에 사용된 동사를 사용하여 대답합니다. 이미 들었거나 어느 정도 알고 있는 사실을 다시 한번 확인차 물어볼 때에는 ບໍ(ບໍ່) 버- 대신 ຫວາ 와- 를 사용하기도 합니다.

| ອັນນີ້<br>안 니- | ແມ່ນ<br>매-ㄴ | ມືຖື.<br>므- 트- | ບໍ?<br>버- | |
|---|---|---|---|---|
| 이것 | ~이다 | 휴대전화 | ~니까? | 이것은 휴대전화입니까? |

ແມ່ນ. / ບໍ່ແມ່ນ.
매-ㄴ / 버- 매-ㄴ

네(맞습니다) / 아니요(그렇지 않습니다).

| ເຈົ້າ<br>짜오 | ຮຽນ<br>히-얀 | ພາສາລາວ<br>파- 싸- 라-오 | ບໍ?<br>버- | |
|---|---|---|---|---|
| 당신 | 공부하다 | 라오스어 | ~니까? | 당신은 라오스어를 공부합니까? |

ຮຽນ. / ບໍ່ຮຽນ.
히-얀 / 버- 히-얀

네(공부합니다) / 아니요(공부하지 않습니다).

## • 부정소 ບໍ່

라오스어의 부정소는 ບໍ່ 버- 입니다. 서술어 앞에 붙어 '~이 아니다, ~지 않다'의 의미를 만듭니다.

| ອັນນີ້<br>안 니- | ບໍ່ແມ່ນ<br>버- 매-ㄴ | ມືຖື.<br>므- 트- | |
|---|---|---|---|
| 이것 | ~이 아니다 | 휴대전화 | 이것은 휴대전화가 아닙니다. |

| ຂ້ອຍ<br>커-이 | ບໍ່ຮຽນ<br>버- 히-얀 | ພາສາລາວ.<br>파- 싸- 라-오 | |
|---|---|---|---|
| 나/저 | 공부하지 않다 | 라오스어 | 저는 라오스어를 공부하지 않습니다. |

## • 소유 표현 ຂອງ

'~의'라는 표현은 소유격 전치사 ຂອງ을 사용하여 [대상+ຂອງ 커-ㅇ +소유자]의 형태로 말합니다. 이 ຂອງ 커-ㅇ 은 생략도 가능합니다. 또한, 대상(사물)의 명칭 없이 [ຂອງ 커-ㅇ +소유자] 형태의 표현도 사용할 수 있습니다.

| | | | | |
|---|---|---|---|---|
| ປື້ມ<br>쁨 | ຂອງ<br>커-ㅇ | ພວກຂ້ອຍ<br>푸-악 커-이 | | |
| 책 | ~의 | 우리 | → | 우리의 책 |

| | | | | |
|---|---|---|---|---|
| ປື້ມ<br>쁨 | | ພວກຂ້ອຍ<br>푸-악 커-이 | | |
| 책 | | 우리 | → | 우리의 책 |

| | | | | |
|---|---|---|---|---|
| | ຂອງ<br>커-ㅇ | ພວກຂ້ອຍ<br>푸-악 커-이 | | |
| | ~의 | 우리 | → | 우리의 것 |

## 문형 연습

A: ອັນນີ້ແມ່ນຫຍັງ?
안 니- 매-ㄴ 냥

A: 이것은 무엇입니까?

B: ອັນນີ້ແມ່ນກະເປົາ.
안 니- 매-ㄴ 까 빠오

B: 이것은 가방입니다.

| | | | |
|---|---|---|---|
| 1) | ອັນນີ້ 이것<br>안 니- | ອັນນີ້ / ປຶ້ມ 이것 / 책<br>안 니- / 쁨 |
| 2) | ອັນນັ້ນ 저것<br>안 난 | ອັນນັ້ນ / ໂມງ 저것 / 시계<br>안 난 / 모-ㅇ |
| 3) | ອັນນັ້ນ 저것<br>안 난 | ອັນນັ້ນ / ບິກ 저것 / 펜<br>안 난 / 빅 |

---

A: ອັນນີ້ແມ່ນແວ່ນຕາບໍ?
안 니- 매-ㄴ 왜-ㄴ 따- 버-

A: 이것은 안경입니까?

B: ເຈົ້າ, ແມ່ນແລ້ວ. ອັນນີ້ແມ່ນແວ່ນຕາ.
짜오, 매-ㄴ 래-우 안 니- 매-ㄴ 왜-ㄴ 따-

B: 네, 맞아요. 이것은 안경입니다.

| | | | |
|---|---|---|---|
| 1) | ອັນນີ້ / ສໍ 이것 / 연필<br>안 니- / 써- | ອັນນີ້ / ສໍ 이것 / 연필<br>안 니- / 써- |
| 2) | ອັນນັ້ນ / ໂຕະ 저것 / 탁자<br>안 난 / 또 | ອັນນັ້ນ / ໂຕະ 저것 / 탁자<br>안 난 / 또 |
| 3) | ອັນນັ້ນ / ຂອງເຈົ້າ 저것 / 당신 것<br>안 난 / 커-ㅇ 짜오 | ອັນນັ້ນ / ຂອງຂ້ອຍ 저것 / 제 것<br>안 난 / 커-ㅇ 커-이 |

A: ອັນນີ້ແມ່ນແວ່ນຕາບໍ? — A: 이것은 안경입니까?
안 니- 매-ㄴ 왜-ㄴ 따- 버-

B: ບໍ່, ບໍ່ແມ່ນ. ອັນນີ້ບໍ່ແມ່ນແວ່ນຕາ. — B: 아니요, 그렇지 않아요. 그것은 안경이 아닙니다.
버- 버- 매-ㄴ 안 니- 버- 매-ㄴ 왜-ㄴ 따-

1) ອັນນີ້ / ເກີບ 이것 / 신발
안 니- / 끄ㅓ-ㅂ

ອັນນີ້ / ເກີບ 이것 / 신발
안 니- / 끄ㅓ-ㅂ

2) ອັນນັ້ນ / ໝວກ 저것 / 모자
안 난 / 무-악

ອັນນັ້ນ / ໝວກ 저것 / 모자
안 난 / 무-악

3) ອັນນັ້ນ / ຂອງເຈົ້າ 저것 / 당신 것
안 난 / 커-ㅇ 짜오

ອັນນັ້ນ / ຂອງຂ້ອຍ 저것 / 제 것
안 난 / 커-ㅇ 커-이

---

A: ອັນນີ້ແມ່ນຢາງລຶບຂອງຂ້ອຍ. — A: 이것은 저의 지우개입니다.
안 니- 매-ㄴ 야-ㅇ 릅 커-ㅇ 커-이

B: ອັນນັ້ນເດ? — B: 저것은요?
안 난 데-

A: ອັນນັ້ນແມ່ນມີດຕັດຂອງເຈົ້າ. — A: 저것은 당신의 가위입니다.
안 난 매-ㄴ 미-ㄷ 딷 커-ㅇ 짜오

1) ປຶ້ມຂຽນ / ພວກເຈົ້າ 공책 / 너희들
쁨 키-얀 / 푸-악 짜오

ຄັນຮົ່ມ / ພວກຂ້ອຍ 우산 / 우리들
칸 홈 / 푸-악 커-이

2) ແຫວນ / ລາວ 반지 / 그, 그녀
왜-ㄴ / 라-오

ເຄື່ອງສຳອາງ / ຂ້ອຍ 화장품 / 저
크-앙 쌈 아-ㅇ / 커-이

## 어휘 Plus

- **ເຄື່ອງຂຽນ** 문구
  크-앙 키-얀

| | | | |
|---|---|---|---|
| 필통 | ຖົງສໍ / ກັບສໍ<br>통 써- / 깝 써- | 연필 | ສໍ<br>써- |
| 펜 | ປາກກາ / ບິກ<br>빠-ㄱ 까- / 빅 | 지우개 | ຢາງລຶບ<br>야-ㅇ 룹 |
| 책 | ປຶ້ມ<br>쁨 | 공책 | ປຶ້ມຂຽນ<br>쁨 키-얀 |
| 풀 | ກາວ<br>까-오 | 가위 | ມີດຕັດ<br>미-ㄷ 땃 |

- **ເຄື່ອງປະດັບ** 잡화, 액세서리
  크-앙 빠 답

| | | | |
|---|---|---|---|
| 가방 | ກະເປົາ / ຖົງ<br>까 빠오 / 통 | 지갑 | ກະເປົາເງິນ<br>까 빠오 응으ㅓㄴ |
| 장갑 | ຖົງມື<br>통 므- | 양말 | ຖົງຕີນ<br>통 띠-ㄴ |
| 구두 / 신발 | ເກີບ<br>끄ㅓ-ㅂ | 안경 | ແວ່ນຕາ<br>왜-ㄴ 따- |
| 시계 | ໂມງ<br>모-ㅇ | 반지 | ແຫວນ<br>왜-ㄴ |
| 화장품 | ເຄື່ອງສຳອາງ<br>크-앙 쌈 아-ㅇ | 모자 | ໝວກ<br>무-악 |

## 연습문제

### 1. 다음 중 알맞은 것을 골라 답하세요.

| ໂມງ (시계) | ແວ່ນຕາ (안경) | ກະເປົາ (가방) | ຄັນຮົ່ມ (우산) |
|---|---|---|---|
| 모-ㅇ | 왜-ㄴ 따- | 까 빠오 | 칸 홈 |

1)

A
B

A: ອັນນີ້ແມ່ນຫຍັງ?
안 니- 매-ㄴ 냥

B: ອັນນີ້ແມ່ນ ________
안 니- 매-ㄴ

2)

A
B

A: ອັນນີ້ແມ່ນຫຍັງ?
안 니- 매-ㄴ 냥

B: ອັນນັ້ນແມ່ນ ________
안 난 매-ㄴ

3)

A
B

A: ອັນນັ້ນແມ່ນຫຍັງ?
안 난 매-ㄴ 냥

B: ອັນນີ້ແມ່ນ ________
안 니- 매-ㄴ

4)

A
B

A: ອັນນັ້ນແມ່ນຫຍັງ?
안 난 매-ㄴ 냥

B: ອັນນັ້ນແມ່ນ ________
안 난 매-ㄴ

## 2. [보기]와 같이 주어진 단어를 사용하여 소유 표현을 만들어 보세요.

[보기]
ປື້ມ (책) / ຂ້ອຍ (나/저)
뻐-ㅁ 커-이

→ ປື້ມຂອງຂ້ອຍ (나의 책)
뻐-ㅁ 커-ㅇ 커-이

1) ໝວກ (모자) / ເຈົ້າ (당신)
무-악 짜오

→ ______________________________ (당신의 모자)

2) ຖົງຕີນ (양말) / ລາວ (그/그녀)
통 띠-ㄴ 라-오

→ ______________________________ (그/그녀의 양말)

## 3. 다음 표현을 사용하여 문장을 만들어 보세요.

ອັນນີ້ ອັນນັ້ນ ແມ່ນ ບໍ່ ບໍ
안 니- 안 난 매-ㄴ 버- 버-

1) ______________________________. 이것은 책상(ໂຕະຂຽນ)입니다.
또 히-얀

2) ______________________________. 이것은 책상입니까?

3) ______________________________. 이것은 책상이 아닙니다.

## 4. 다음 대화를 읽고 질문에 답하세요.

A: ____ⓐ____?

B: ອັນນີ້ແມ່ນໝວກຂອງເຈົ້າ.
안 니- 매-ㄴ 무-악 커-ㅇ 짜오

A: ອັນນັ້ນແມ່ນກະເປົາເງິນບໍ?
안 난 매-ㄴ 까 빠오 응으-ㄴ 버-

B: ບໍ່, __ⓑ__ ກະເປົາເງິນ. ອັນນັ້ນແມ່ນແຫວນຂອງຢູຈິນ.
버- 까 빠오 응으-ㄴ 안 난 매-ㄴ 왜-ㄴ 커-ㅇ 유- 찐

1) 빈칸 ⓐ에 들어갈 말을 고르세요.

① ອັນນີ້ແມ່ນຫຍັງ (안 니- 매-ㄴ 냥)　② ລາວຊື່ຫຍັງ (라-오 스 냥)　③ ບໍ່ເປັນຫຍັງ (버- 뻰 냥)　④ ຖົງຕີນແມ່ນຫຍັງ (통 띠-ㄴ 매-ㄴ 냥)

2) 빈칸 ⓑ에 들어갈 말을 고르세요.

① ແມ່ນ (매-ㄴ)　② ບໍ່ແມ່ນ (버- 매-ㄴ)　③ ແຫວນ (왜-ㄴ)　④ ໝວກ (무-악)

문화 들여다보기

# 라오스의 상징물: 국기, 국장, 국화

‘통삿라오’(ທຸງຊາດລາວ)는 1975년 12월 2일 라오인민민주공화국의 수립과 함께 제정된 국기입니다. 빨간색은 라오스인이 나라를 지키기 위해 흘린 피와 용기를, 파란색은 풍요로움과 번영을 의미합니다. 그리고 가운데 동그라미는 메콩강 위에 떠오른 보름달을 가리킵니다.

라오스의 국장에는 라오스가 추구하는 가치와 지향점이 집약되어 있습니다.

탓루앙 불탑: 라오스가 독실한 불교의 나라임을 보여줍니다. 대부분의 라오스인들이 불교 신자이기 때문에 라오스의 명절, 축제 외에도 출생, 결혼, 장례 등 삶의 모든 예식이 불교와 관련되어 치러집니다.

삼림과 논, 국장을 감싼 벼 이삭: 라오스의 험준한 고원과 산에 삼림 자원이 풍부하며, 많은 인구가 벼 재배에 종사하고 있습니다.

댐과 도로: 라오스는 수력 발전으로 생산한 전기를 주변국에 수출하여 ‘인도차이나의 배터리’라고도 불립니다. 또한 도로 건설을 통해 인접 5개국을 연계하는 인도차이나의 허브(hub)가 되기를 꿈꾸고 있습니다.

빨간색 리본의 문구: 가운데에는 라오스의 공식 명칭인 “라오인민민주주의공화국”, 왼쪽에는 “평화, 독립, 민주주의”, 오른쪽에는 “통일, 번영”이라고 쓰여 있습니다.

© Nick Hubbard

라오스의 국화는 '독참파'(ດອກຈຳປາ, 덕짬빠)입니다. 다섯 개의 꽃잎은 라오스가 5개국과 국경을 접하고 있음을 나타내며, 많은 가지가 한데 모인 줄기는 다민족 국가인 라오스가 굳건하게 단합하고 있음을 의미합니다. 흰색 꽃잎은 순수하고 정직한 라오스인의 정신을 상징합니다.

하얀색이 대표적이지만 분홍, 노랑 등 독참파의 색은 다양합니다. 귀한 손님을 맞이할 때는 화환을 만들어 목에 걸어주고, 새해 장식이나 결혼식 등 여러 예식에 사용됩니다. 또한 꽃이나 줄기 껍질은 약용으로 쓰입니다.

ບົດທີ

# 03

# ຜູ້ນີ້ແມ່ນໃຜ?

## 이 사람은 누구입니까?

 **학습목표**

1. 의문사 ໃຜ를 사용하여 사람을 가리키며 설명할 수 있다.
2. 친족어를 사용하여 가족을 소개할 수 있다.
3. 가족의 직업에 대해 묻고 답할 수 있다.

## 대화 1

뚜이가 유진에게 가족 사진을 보여주며 소개합니다.

ຕຸ້ຍ: ອັນນີ້ແມ່ນຮູບຖ່າຍຄອບຄົວຂອງເຈົ້າບໍ?
뚜이: 안 니- 매-ㄴ 후-ㅂ 타-이 커-ㅂ 쿠-아 커-ㅇ 짜오 버-
뚜이: 이것은 당신의 가족 사진이에요?

ຢູຈິນ: ແມ່ນ. ຜູ້ນີ້ແມ່ນພໍ່ແມ່ຂອງຂ້ອຍ.
유- 찐: 매-ㄴ 푸- 니- 매-ㄴ 퍼- 매- 커-ㅇ 커-이
유진: 맞아요. 이 분들이 제 부모님이에요.

ຕຸ້ຍ: ຜູ້ນີ້ແມ່ນໃຜ?
뚜이: 푸- 니- 매-ㄴ 파이
뚜이: 이 사람은 누구입니까?

ຢູຈິນ: ຜູ້ນີ້ແມ່ນເອື້ອຍ. ລາວເປັນໝໍ.
유- 찐: 푸- 니- 매-ㄴ 으-아이 라-오 뻰 머-
유진: 이 사람은 저의 언니입니다. 그녀는 의사입니다.

ຕຸ້ຍ: ຜູ້ນີ້ແມ່ນນ້ອງເຈົ້າບໍ?
뚜이: 푸- 니- 매-ㄴ 너-ㅇ 짜오 버-
뚜이: 이 사람은 동생이에요?

ຢູຈິນ: ບໍ່, ລາວແມ່ນຫຼານ, ລູກສາວຂອງເອື້ອຍ.
유- 찐: 버- 라-오 매-ㄴ 라-ㄴ 루-ㄱ 싸-오 커-ㅇ 으-아이
유진: 아니요. 이 사람은 조카입니다. 언니의 딸입니다.

## 어휘

|  |  |  |  |
|---|---|---|---|
| ຮູບຖ່າຍ [후-ㅂ 타-이] | 사진 | ເອື້ອຍ [으-아이] | 언니/누나 |
| ຄອບຄົວ [커-ㅂ 쿠-아] | 가족 | ເປັນ [뻰] | ~이다(직업, 신분, 소속 등) |
| ຜູ້ [푸-] | 사람 | ໝໍ [머-] | 의사 |
| ພໍ່ [퍼-] | 아버지 | ນ້ອງ [너-ㅇ] | 동생 |
| ແມ່ [매-] | 어머니 | ຫຼານ [라-ㄴ] | 조카, 손주 |
| ໃຜ [파이] | 누구 | ລູກສາວ [루-ㄱ 싸-오] | 딸 |

## 활용 표현

ຜູ້ນີ້ແມ່ນໃຜ?

푸- 니- 매-ㄴ 파이

이 사람은 누구입니까?

ຜູ້ນີ້ແມ່ນ ~

푸- 니- 매-ㄴ

이 사람은 ~입니다. (가족 관계 등)

ຜູ້ນີ້ເປັນ ~

푸- 니- 뻰

이 사람은 ~입니다. (직업, 신분, 소속 등)

## 대화 2

쏨사이가 제인에게 형제자매가 있는지 묻습니다.

ສົມຊາຍ: ເຈົ້າມີອ້າຍນ້ອງບໍ?
쏨 사-이: 짜오 미- 아-이 너-ㅇ 버-
쏨싸이: 당신은 형제가 있습니까?

ເຈນ: ບໍ່ມີ. ແຕ່ວ່າເຈົ້າມີອ້າຍນ້ອງແມ່ນບໍ?
쩨-ㄴ: 버- 미- 때- 와- 짜오 미- 아-이 너-ㅇ 매-ㄴ 버-
제인: 없어요. 그러나 당신은 형제가 있지요?

ສົມຊາຍ: ແມ່ນແລ້ວ. ຂ້ອຍມີອ້າຍນ້ອງຫຼາຍຄົນ.
쏨 사-이: 매-ㄴ 래-우 커-이 미- 아-이 너-ㅇ 라-이 콘
쏨싸이: 맞아요. 저는 형제가 많이 있어요.

ເຈນ: ພວກລາວເຮັດວຽກຫຍັງ?
쩨-ㄴ: 푸-악 라-오 헨 위-약 냥
제인: 그들은 무슨 일을 합니까?

ສົມຊາຍ: ນ້ອງຊາຍຍັງເປັນນັກຮຽນ
쏨 사-이: 너-ㅇ 사-이 냥 뻰 낙 히-얀
쏨싸이: 남동생은 아직 학생이에요.

ແລະເອື້ອຍກັບອ້າຍຮຽນຈົບແລ້ວ. ເປັນພະນັກງານ.
래 으-아이 깝 아-이 히-얀 쫍 래-우 뻰 파 낙 응아-ㄴ
그리고 누나와 형은 졸업했어요. 회사원이에요.

## 어휘

|  |  |  |  |
|---|---|---|---|
| ມີ [미-] | 있다(소유하다), 가지다 | ວຽກ [위-약] | 일, 업무 |
| ອ້າຍ [아-이] | 오빠/형 | ນ້ອງຊາຍ [너-ㅇ 사-이] | 남동생 |
| ນ້ອງ [너-ㅇ] | 동생 | ຍັງ [냥] | 아직 |
| ແຕ່ວ່າ [때- 와-] | 그러나, 그런데 | ນັກຮຽນ [낙 히-얀] | 학생 |
| ຫຼາຍ [라-이] | 1. 많다/많은<br>2. 매우 | ແລະ [래] | 그리고 |
| ຄົນ [콘] | 사람 | ຮຽນຈົບ [히-얀 쫍] | 졸업하다 |
| ພວກລາວ [푸-악 라-오] | 그들 | ແລ້ວ [래-우] | 1. 이미 ~하다<br>2. ~한 다음에, 그리고(순차) |
| ເຮັດ [헫] | 하다(do) | ພະນັກງານ [파 낙 응아-ㄴ] | 회사원 |

## 활용 표현

**ຂ້ອຍມີ ~**

커-이 미-

저는 ~가 있습니다.

**~ ແມ່ນບໍ?**

매-ㄴ 버-

~가 맞습니까? / ~지요?

## 문법

### • 의문사(누구) ໃຜ

의문사 ໃຜ 파이 는 평서문과 동일한 구조에서 '누구/누가'에 해당하는 위치에 자리하여 '~은/는 누구입니까?' 또는 '누가 ~니까?'라는 의미의 의문문을 만듭니다.

| | |
|---|---|
| ລາວແມ່ນໃຜ?<br>라-오 매-ㄴ 파이 | ລາວແມ່ນຢູຈິນ.<br>라-오 매-ㄴ 유- 찐 |
| 그녀는 누구입니까? | 그녀는 유진입니다. |
| ໃຜມາ?<br>파이 마- | ເອື້ອຍມາ.<br>으-아이 마- |
| 누가 옵니까? | 언니가 옵니다. |
| ອັນນີ້ແມ່ນຂອງໃຜ?<br>안 니- 매-ㄴ 커-ㅇ 파이 | ອັນນີ້ແມ່ນຂອງຂ້ອຍ.<br>안 니- 매-ㄴ 커-ㅇ 커-이 |
| 이것은 누구의 것입니까? | 이것은 나의 것입니다. |

### • ~이다(2): ເປັນ

'~은/는 ~이다'를 표현할 때, 2장에서 나온 ແມ່ນ 매-ㄴ 외에 ເປັນ 뻰 을 사용하여 [지시대명사+ເປັນ 뻰 +명사] 형태의 문장을 만들 수도 있습니다.

둘 다 '~이다'를 의미하는 지정사이지만 ແມ່ນ 매-ㄴ 은 일반적인 사실에 대한 단순 서술에 사용되고, ເປັນ 뻰 은 '~에 속하다', '~이 되다', '~로 되어 있다'라는 의미를 지니고 있기 때문에 직업, 소속, 신분 등을 가리킬 때 주로 사용됩니다.

ເປັນ 뻰 구문의 부정은 ບໍ່ເປັນ 버- 뻰 이 아니라 ບໍ່ແມ່ນ 버- 매-ㄴ 을 사용합니다.

| ຂ້ອຍ<br>커-이 | ເປັນ<br>뻰 | ໝໍ.<br>머- | |
|---|---|---|---|
| 나/저 | ~이다 | 의사 | 저는 의사입니다. |

| ຂ້ອຍ<br>커-이 | ບໍ່ແມ່ນ<br>버- 매-ㄴ | ໝໍ.<br>머- | |
|---|---|---|---|
| 나/저 | ~가 아니다 | 의사 | 저는 의사가 아닙니다. |

✔ ເປັນ 뻰 은 '(병에) 걸리다', '할 수 있다(can)', '~이 되다(become)', '~으로서(as)' 등 다양한 의미를 가지고 있습니다.

## • 소유 표현 ມີ

소유 표현 동사 ມີ 미- 는 목적어를 동반하여 '주어가 ~을/를 가지고 있다' 또는 '~이/가 있다'라는 의미를 나타냅니다. 동사의 수식어가 올 때는 목적어 뒤에 위치합니다.

ຂ້ອຍມີນ້ອງ.
커-이 미- 너-ㅇ

저는 동생이 있습니다.

ລາວມີເງິນຫຼາຍ.
라-오 미- 응어-ㄴ 라-이

돈이 많이 있다.

## • 확인의문문

이미 알고 있는 사실을 상대에게 확인할 때는 평서문 뒤에 ແມ່ນບໍ່ 매-ㄴ 버- 를 붙입니다. '~이/가 맞다(그러하다)'라는 의미의 ແມ່ນ 매-ㄴ 에 의문조사 ບໍ 버- 를 붙여 의문문이 된 것으로, '~이/가 맞습니까?' 또는 '~지요?'의 의미를 표현합니다. 대답은 긍정의 경우 ແມ່ນ 매-ㄴ , 부정의 경우 ບໍ່ແມ່ນ 버- 매-ㄴ 을 사용합니다.

| ອັນນີ້<br>안 니- | ແມ່ນ<br>매-ㄴ | ຂອງຂ້ອຍ<br>커-ㅇ 커-이 | ບໍ?<br>버- | |
|---|---|---|---|---|
| 이것 | ~이다 | 나의 것 | ~니까? | 이것은 나의 것입니까? |

| ອັນນີ້<br>안 니- | ແມ່ນ<br>매-ㄴ | ຂອງຂ້ອຍ<br>커-ㅇ 커-이 | ແມ່ນບໍ່?<br>매-ㄴ 버- | |
|---|---|---|---|---|
| 이것 | ~이다 | 나의 것 | ~지요? | 이것은 나의 것이 맞습니까? /<br>이것은 나의 것이죠? |

## • 완료 표현 ແລ້ວ

'이미 ~하다'라는 표현은 동사 뒤에 ແລ້ວ 래-우 를 붙여 동사의 동작이 완료되었음을 나타냅니다.
두 개의 동사 또는 문장이 ແລ້ວ 래-우 로 연결되는 경우는 접속사로서 '그리고(나서)', '그러면'의 뜻으로 앞 동작이 완료되면서 뒤의 동작이 이어짐을 의미합니다.

### [동사+ແລ້ວ 래-우]

ຂ້ອຍກິນເຂົ້າແລ້ວ.
커-이 낀 카오 래-우

저는 (이미) 밥을 먹었습니다.

**[동사+ແລ້ວ 래̂-우 +동사]**

ຂ້ອຍກິນເຂົ້າແລ້ວຊິໄປໂຮງຮຽນ.
커̀-이 낀 카̀오 래̂-우 시 빠이 호́-ㅇ 히́-얀

밥을 먹고 나서 학교에 갈 것입니다.

한편, ແລ້ວ 래̂-우 의문문의 답을 할 때에는 긍정의 경우 [동사+ແລ້ວ 래̂-우 ], 부정의 경우 '아직'이라는 의미의 ຍັງ 냐́ 이라고 간단하게 답할 수 있습니다. ຍັງ 냐́ 과 '제때에 ~하지 못하다'는 의미의 ບໍ່ທັນ 버- 탄́ 을 동사 앞에 붙여 [ຍັງບໍ່ທັນ 냐́ 버- 탄́ +동사]의 형태로 답할 수도 있습니다.

ເຈົ້າກິນເຂົ້າແລ້ວບໍ?
짜̂오 낀 카̀오 래̂-우 버̌-

당신은 (이미) 밥을 먹었습니까?

- ກິນແລ້ວ. / - ຍັງບໍ່ທັນກິນ.
낀̌ 래̂-우 / 냐́ 버- 탄́ 낀̌

- 먹었어요. / - 아직 안 먹었어요.

✔ ແລ້ວ 래̂-우 는 본디 동사로서 '끝내다, 완료하다'라는 의미를 가지기 때문에 한국어의 '았/었/였다'에 대응하는 경우가 많습니다. 그러나 엄밀하게는 시제 표현이 아닙니다.

## 문형 연습

A: ຜູ້ນີ້ແມ່ນໃຜ?
푸- 니- 매-ㄴ 파이
A: 이 사람은 누구입니까?

B: ຜູ້ນີ້ແມ່ນພໍ່ຂອງຂ້ອຍ.
푸- 니- 매-ㄴ 퍼- 커-ㅇ 커-이
B: 이 사람은 제 아버지입니다.

A: ຜູ້ນີ້ມີຫຼານບໍ?
푸- 니- 미- 라-ㄴ 버-?
A: 이 사람은 손주(또는 조카)가 있습니까?

B: ມີ. / ບໍ່ມີ.
미- 버- 미
B: 네. / 아니요.

| | | |
|---|---|---|
| 1) ຜູ້ນີ້ (푸- 니-) 이 사람 | 2) ຜູ້ນັ້ນ (푸- 난) 저 사람 | 3) ຜູ້ນັ້ນ (푸- 난) 그 사람 |
| ຜູ້ນີ້ / ແມ່ (푸- 니- / 매-) 이 사람 / 어머니 | ຜູ້ນັ້ນ / ໝູ່ (푸- 난 / 무-) 저 사람 / 친구 | ຜູ້ນັ້ນ / ເມຍ (푸- 난 / 미-야) 그 사람 / 아내 |
| ຜູ້ນີ້ / ນ້ອງ (푸- 니- /너-ㅇ) 이 사람 / 동생 | ຜູ້ນັ້ນ / ລຸງ (푸- 난 / 룽) 저 사람 / 삼촌 | ຜູ້ນັ້ນ / ລູກ (푸- 난 / 루-ㄱ) 그 사람 / 자녀 |

---

A: ເຈົ້າແມ່ນໃຜ?
짜오 매-ㄴ 파이
A: 당신은 누구입니까?

B: ຂ້ອຍແມ່ນຢູຈິນ.
커-이 매-ㄴ 유- 찐
B: 저는 유진입니다.

A: ເຈົ້າເຮັດວຽກຫຍັງ?
짜오 헫 위-약 냥
A: 당신은 무슨 일을 합니까?

B: ຂ້ອຍເປັນນັກສຶກສາ.
커-이 뻰 낙 쓱 싸-
B: 저는 대학생입니다.

| | | |
|---|---|---|
| 1) ລາວ (라-오) 그녀 | 2) ລາວ (라-오) 그 | 3) ເຈົ້າ (짜오) 당신 |
| ລາວ / ເຈນ (라-오 / 쩨-ㄴ) 그녀 / 제인 | ລາວ / ສົມຊາຍ (라-오 / 쏨 사-이) 그 / 쏨사이 | ຂ້ອຍ / ຕຸ້ຍ (커-이 / 뚜이) 저 / 뚜이 |
| ລາວ (라-오) 그녀 | ລາວ (라-오) 그 | ເຈົ້າ (짜오) 당신 |
| ລາວ / ອາຈານ (라-오 / 아- 짠) 그녀 / 교수 | ລາວ / ພະນັກງານ (라-오 / 파 낙 응아-ㄴ) 그 / 회사원 | ຂ້ອຍ / ນັກຂ່າວ (커-이 / 낙 카-오) 저 / 기자 |

A: ເຈົ້າເປັນທະຫານບໍ?
짜오 뻰 타 하-ㄴ 버

A: 당신은 군인입니까?

B: ບໍ່, ຂ້ອຍເປັນນັກກິລາ.
버- 커-이 뻰 낙 낄 라-

B: 아니요, 저는 운동선수입니다.

A: ຜູ້ນັ້ນເປັນຕຳຫຼວດແມ່ນບໍ?
푸- 난 뻰 땀 루-왇 매-ㄴ 버-

A: 저 사람은 경찰이지요?

B: ແມ່ນແລ້ວ. ຜູ້ນັ້ນເປັນຕຳຫຼວດ.
매-ㄴ 래-우 푸- 난 뻰 땀 루-왇

B: 맞아요. 저 사람은 경찰입니다.

| | 1) | | 2) | | 3) | |
|---|---|---|---|---|---|---|
| | ນັກຮ້ອງ<br>낙 허-ㅇ | 가수 | ແມ່ບ້ານ<br>매- 바-ㄴ | 가정주부/<br>가사도우미 | ພະຍາບານ<br>파 냐 바-ㄴ | 간호사 |
| | ນັກສະແດງ<br>낙 싸 대-ㅇ | 배우 | ເລຂາ<br>레- 카- | 비서 | ໝໍ<br>머- | 의사 |
| | ຊາວນາ<br>사-오 나- | 농부 | ຄົນຂັບລົດ<br>콘 캅 롣 | 운전기사 | ອາສາສະໝັກ<br>아- 싸- 싸 막 | 자원봉사단원 |
| | ຊາວນາ<br>사-오 나- | 농부 | ຄົນຂັບລົດ<br>콘 캅 롣 | 운전기사 | ອາສາສະໝັກ<br>아- 싸- 싸 막 | 자원봉사단원 |

## 어휘 Plus

### • ຄອບຄົວ 가족
커-ㅂ 쿠-아

| | | | |
|---|---|---|---|
| 어머니 | ແມ່<br>매- | 아버지 | ພໍ່<br>퍼- |
| 언니 / 누나 | ເອື້ອຍ<br>으-아이 | 오빠 / 형 | ອ້າຍ<br>아-이 |
| 여동생 | ນ້ອງສາວ<br>너-ㅇ 싸-오 | 남동생 | ນ້ອງຊາຍ<br>너-ㅇ 사-이 |
| 외할머니 | ແມ່ເຖົ້າ<br>매- 타오 | 외할아버지 | ພໍ່ເຖົ້າ<br>퍼- 타오 |
| 친할머니 | ຍ່າ<br>냐- | 친할아버지 | ປູ່<br>뿌- |
| 큰고모, 큰이모 | ປ້າ<br>빠- | 큰아버지, 큰외삼촌 | ລຸງ<br>룽 |
| 손녀 / 여조카 | ຫຼານສາວ<br>라-ㄴ 싸-오 | 손자 / 남조카 | ຫຼານຊາຍ<br>라-ㄴ 사-이 |
| 아내 | ເມຍ<br>미-야 | 남편 | ຜົວ<br>푸-아 |
| 딸 | ລູກສາວ<br>루-ㄱ 싸-오 | 아들 | ລູກຊາຍ<br>루-ㄱ 사-이 |

### • ຄວາມສຳພັນ 관계
쿠와-ㅁ 쌈 판

| | | | |
|---|---|---|---|
| 결혼하다 | ແຕ່ງງານ<br>때-ㅇ 응아-ㄴ | 미혼 | ໂສດ<br>쏘-ㄷ |
| 친구 | ໝູ່<br>무- | 연인<br>(남자친구/여자친구) | ແຟນ<br>패-ㄴ |

- **ອາຊີບ** 직업
  아- 시-ㅂ

| | | | |
|---|---|---|---|
| 대학생 | ນັກສຶກສາ<br>낙 쓱 싸- | 교수 | ອາຈານ<br>아- 짜-ㄴ |
| 학생 | ນັກຮຽນ<br>낙 히-얀 | 교사 | ຄູ<br>쿠- |
| 운동선수 | ນັກກິລາ<br>낙 낄 라- | 정치가 | ນັກການເມືອງ<br>낙 까-ㄴ 므-앙 |
| 가수 | ນັກຮ້ອງ<br>낙 허-ㅇ | 배우 | ນັກສະແດງ<br>낙 싸 대-ㅇ |
| 기자 | ນັກຂ່າວ<br>낙 카-오 | 엔지니어 | ນັກວິສະວະກອນ<br>낙 위 싸 와 꺼-ㄴ |
| 사장 | ນາຍຈ້າງ<br>나-이 짜-ㅇ | 비서 | ເລຂາ<br>레- 카- |
| 직원(회사원) | ພະນັກງານ<br>파 낙 응아-ㄴ | 공무원 | ພະນັກງານລັດ<br>파 낙 응아-ㄴ 랃 |
| 의사 | ໝໍ<br>머- | 간호사 | ພະຍາບານ<br>파 냐 바-ㄴ |
| 군인 | ທະຫານ<br>타 하-ㄴ | 경찰관 | ຕຳຫຼວດ<br>땀 루-앋 |
| 자원봉사단원 | ອາສາສະໝັກ<br>아- 싸- 싸 막 | 주부 / 가정부 | ແມ່ບ້ານ<br>매- 바-ㄴ |

## 연습문제

### 1. 알맞은 단어를 찾아 연결하세요.

1) 어머니 •
2) 오빠/형 •
3) 아내 •
4) 언니/누나 •
5) 아버지 •
6) 남편 •
7) 자녀 •

① • ລູກ 루^-ㄱ
② • ພໍ່ 퍼-
③ • ແມ່ 매-
④ • ອ້າຍ 아^-이
⑤ • ເອື້ອຍ 으^-아이
⑥ • ຜົວ 푸ˇ-아
⑦ • ເມຍ 미/-야

### 2. 알맞은 것을 고르세요.

1) ( ຜູ້ / ອັນ ) ນີ້ແມ່ນ ( ໃຜ / ຫຍັງ )?
푸- 안 니^- 매-ㄴ 파이 냥

이 사람은 누구입니까?

2) ( ຜູ້ / ອັນ ) ນັ້ນແມ່ນໝູ່ຂອງເຈົ້າ( ບໍ / ແມ່ນບໍ )?
푸- 안 난 매-ㄴ 무- 커-ㅇ 짜^오 버- 매-ㄴ 버-

저 사람은 당신의 친구가 맞지요?

## 3. 아래 표현을 사용하여 문장을 만들어 보세요.

| ມີ | ບໍ່ມີ |
|---|---|
| 미́- | 버- 미́- |

1) 당신은 동생(ນ້ອງ)이 있습니까?
너̂-ㅇ

____________________________________?

2) 저는 동생이 있습니다.

____________________________________?

3) 저는 동생이 없습니다.

____________________________________?

## 4. [보기]와 같이 문장을 완성해 보세요.

[보기]
A: ເຈົ້າເຮັດວຽກຫຍັງ?
짜오 헫 위-약 냥
A: 당신은 무슨 일을 합니까?

B: ຂ້ອຍ ເປັນ ອາຈານ.
커-이 뻰 아- 짜-ㄴ
B: 저는 교수(ອາຈານ)입니다.
아- 짜-ㄴ

1) A: ເຈົ້າເຮັດວຽກຫຍັງ?
짜오 헫 위-약 냥
A: 당신은 무슨 일을 합니까?

B: ຂ້ອຍ ______ ____________.
커-이
B: 저는 대학생(ນັກສຶກສາ)입니다.
낙 쓱 싸-

2) A: ແມ່ເຈົ້າເຮັດວຽກຫຍັງ?
매- 짜오 헫 위-약 냥
A: 당신의 어머니는 무슨 일을 합니까?

B: ແມ່ຂ້ອຍ ______ ____________.
매- 커-이
B: 제 어머니는 회사원(ພະນັກງານບໍລິສັດ)입니다.
파 낙 응아-ㄴ 버- 리 쌋

3) A: ຜົວເຈົ້າເຮັດວຽກຫຍັງ?
푸-아 짜오 헫 위-약 냥
A: 당신의 남편은 무슨 일을 합니까?

B: ຜົວຂ້ອຍ ______ ____________.
푸-아 커-이
B: 제 남편은 경찰(ຕຳຫຼວດ)입니다.
땀 루-앋

문화 들여다보기

## 라오스의 민족

▲ 라오스의 다양한 민족을 테마로 발행된 기념우표

라오스의 인구는 2021년 현재 약 730만 명으로, 인구 밀도는 매우 낮지만 매우 다양한 민족이 어울려 살고 있습니다. 공식적으로는 49개 민족으로 분류되며, 거주지에 따라 크게 '저지대 라오족(라오룸: ລາວລຸ່ມ)', 구릉지 라오족(라오퉁: ລາວເທິງ)', 고지대 라오족(라오쑹: ລາວສູງ)'으로 구분합니다.

라오룸은 메콩 강변 평야 지대에 사는 라오스인들로, '라오족'을 가리킵니다. 이들은 라오스 전체 인구의 약 60~70%를 차지하는 주류 민족입니다. 불교를 신봉하고 라오스의 정치, 문화, 경제를 주도하고 있습니다. 우리가 배우고 있는 '라오스어' 또한 라오족의 언어입니다.

라오퉁은 산지나 고원 지대에 사는 이들이며, 인구의 2~30%를 차지하는 '까무족'으로 대표됩니다. 이들은 정령신앙(애니미즘)을 신봉합니다. 화전 농업을 하며 쌀, 옥수수, 담배 등을 생산합니다.

라오쑹은 라오스 북동부 해발 1,000m이상의 고산 지대에 사는 이들로서, 몽족, 아카족, 야오족 외 수많은 민족들이 있습니다. 이들은 중국 남부에서 이주해 와서 태국, 베트남, 미얀마 등지의 험준한 밀림에 흩어져 자급자족하며 고유의 언어와 관습, 전통을 고수하고 있습니다.

ບົດທີ
04

# ຕະຫຼາດຢູ່ໃສ?

## 시장이 어디에 있습니까?

**학습목표**

1. 장소가 어느 지역에 있는지 묻고 답할 수 있다.
2. 그 장소에 가는 목적에 대해 말할 수 있다.
3. 다양한 장소전치사를 사용하여 사람/사물의 위치를 말할 수 있다.

## 대화 1

유진이 쏨사이에게 어디에 갈 것인지 묻습니다.

| | |
|---|---|
| ຢູຈິນ:<br>유- 찐: | ເຈົ້າຊິໄປໃສ?<br>짜오 시 빠이 싸이 |
| 유진: | 당신은 어디에 갈 거예요? |
| ສົມຊາຍ:<br>쏨 사-이: | ຂ້ອຍຊິໄປຊື້ເຄື່ອງຢູ່ຕະຫຼາດ.<br>커-이 시 빠이 스- 크-앙 유- 딸 라-ㄷ |
| 쏨사이: | 저는 시장에 물건을 사러 갈 거예요. |
| ຢູຈິນ:<br>유- 찐: | ຕະຫຼາດຢູ່ໃສ? ຢູ່ໄກຈາກຢູ່ນີ້ບໍ?<br>딸 라-ㄷ 유- 싸이 유- 까이 짜-ㄱ 유- 니- 버- |
| 유진: | 시장은 어디에 있어요? 여기에서 멀어요? |
| ສົມຊາຍ:<br>쏨 사-이: | ຢູ່ໃກ້ແຄມຂອງ. ໄປນຳຂ້ອຍບໍ?<br>유- 까이 캐-ㅁ 커-ㅇ 빠이 남 커-이 버- |
| 쏨사이: | 메콩 강변 근처에 있어요. 저와 함께 갈래요? |
| ຢູຈິນ:<br>유- 찐: | ໄປນຳກັນເທາະ!<br>빠이 남 깐 터 |
| 유진: | 함께 갑시다! |

## 어휘

| | | | |
|---|---|---|---|
| ຊິ [시] | ~을 것이다(미래, 의지) | ໃກ້ [까̂이] | 가깝다 |
| ໄປ [빠̌이] | 가다 | ແຄມ [캐́-ㅁ] | 경계, 가장자리 |
| ໃສ [싸̌이] | 어디 | ຂອງ [커̌-ㅇ] | 메콩(강) |
| ຊື້ [스̂] | 사다, 구매하다 | ນຳ [남́] | ~와/과 함께 |
| ເຄື່ອງ [크-앙] | 물건, 사물 | ເທາະ [터] | 어조사 (제안, 권유, 약한 명령) |
| ຕະຫຼາດ [딸 라̀-ㄷ] | 시장 | | |

## 활용 표현

**ໄປໃສ?**
빠이 싸̌이

어디에 갑니까?

**~ ຢູ່ໃສ?**
유 싸̌이

~은/는 어디에 있습니까?

**~ ນຳ A ບໍ?**
남́ A 버̌-

A와 함께 ~니까?

## 대화 2

유진이 탁자에 어떤 물건이 있는지 묻습니다.

| | |
|---|---|
| ຢູຈິນ: | ຢູ່ໂຕະມີຫຍັງ? |
| 유- 찐: | 유- 또 미- 냥 |
| 유진: | 탁자에 무엇이 있어요? |
| ຕຸ້ຍ: | ຢູ່ເທິງໂຕະມີມືຖືຂອງຂ້ອຍ ແລະ ຢູ່ກ້ອງໂຕະມີກະເປົາ. |
| 뚜이: | 유- 트ㅓㅇ 또 미- 므- 트- 커-ㅇ 커-이 래 유- 꺼-ㅇ 또 미- 까 빠오 |
| 뚜이: | 탁자 위에는 제 핸드폰이 있어요. 그리고 탁자 밑에는 가방이 있어요. |
| ຢູຈິນ: | ກະເປົາອັນນັ້ນແມ່ນຂອງຂ້ອຍ. |
| 유- 찐: | 까 빠오 안 난 매-ㄴ 커-ㅇ 커-이 |
| 유진: | 그 가방은 제 것이에요. |
| ຕຸ້ຍ: | ໜັກຫຼາຍ! ຢູ່ໃນກະເປົາມີຫຍັງ? |
| 뚜이: | 낙 라-이 유- 나이 까 빠오 미- 냥 |
| 뚜이: | 매우 무겁네요! 가방 안에는 무엇이 있어요? |
| ຢູຈິນ: | ມີປຶ້ມ, ບິກ, ກະເປົາເງິນ ແລະ ອື່ນໆ. |
| 유- 찐: | 미- 쁨 빅 까 빠오 응어-ㄴ 래 은으-ㄴ |
| 유진: | 책, 펜, 지갑 등등이 있어요. |

## 어휘

| | | | |
|---|---|---|---|
| ມືຖື [므- 트-] | 휴대전화 | ບິກ [빅] | 펜 |
| ເທິງ [트ㅓㅇ] | 위 | ກະເປົາເງິນ [까 빠오 응으ㅓㄴ] | 지갑 |
| ກ້ອງ [꺼-ㅇ] | 아래, 바닥, 밑 | ກະເປົາ [까 빠오] | 가방 |
| ໜັກ [낙] | 무겁다 | ເງິນ [응으ㅓㄴ] | 돈 |
| ໃນ [나이] | 안, 안에(in, inside) | ອື່ນ [으-ㄴ] | 다르다 |

## 활용 표현

ຢູ່ A ມີ ຫຍັງ?
유- A 미- 냥

A에는 무엇이 있습니까?

ຢູ່ A ມີ B
유- A 미- B

A에는 B가 있습니다.

~ ແລະ ອື່ນໆ.
래 은 으-ㄴ

기타 등등

## 문법

### • 의문사(어디) ໃສ

의문사 ໃສ 싸이 는 평서문과 동일한 구조에서 동사 뒤에 위치하여 '어디 ~니까?'라는 의미 또는 전치사 ຢູ່ 유- 와 결합하여 '어디에서 ~니까?'라는 의미의 의문문을 만듭니다.

| | |
|---|---|
| ລາວຢູ່ໃສ?<br>라-오 유- 싸이 | ລາວຢູ່ເຮືອນ.<br>라-오 유- 흐-안 |
| 그녀는 어디 있습니까? | 그녀는 집에 있습니다. |
| ລາວໄປໃສ?<br>라-오 빠이 싸이 | ລາວໄປຫ້ອງການ.<br>라-오 빠이 허-ㅇ 까-ㄴ |
| 그녀는 어디 갑니까? | 그녀는 사무실에 갑니다. |
| ລາວນອນຢູ່ໃສ?<br>라-오 너-ㄴ 유- 싸이 | ລາວນອນຢູ່ຫ້ອງ.<br>라-오 너-ㄴ 유- 허-ㅇ |
| 그녀는 어디에서 잡니까? | 그녀는 방에서 잡니다. |

## • 존재 표현 ຢູ່

라오스어에서 '(공간, 장소)에 있다, 위치하다'라는 소재(所在)를 나타내는 동사는 ຢູ່ 유- 를 사용합니다. 부정할 때에는 부정소 ບໍ່ 버- 를 ຢູ່ 유- 앞에 붙입니다.

| ໂຮງຮຽນ<br>호-ㅇ 히-얀 | ຢູ່<br>유- | ໃສ?<br>싸이 | |
|---|---|---|---|
| 학교 | ~에 있다 | 어디 | 학교는 어디에 있습니까? |

| ໂຮງຮຽນ<br>호-ㅇ 히-얀 | ຢູ່<br>유- | ວຽງຈັນ.<br>위-양 짠 | |
|---|---|---|---|
| 학교 | ~에 있다 | 비엔티안 | 학교는 비엔티안에 있습니다. |

| ໂຮງຮຽນ<br>호-ㅇ 히-얀 | ບໍ່ຢູ່<br>버-유- | ວຽງຈັນ.<br>위-양 짠 | |
|---|---|---|---|
| 학교 | ~에 없다 | 비엔티안 | 학교는 비엔티안에 없습니다. |

또한, ຢູ່는 다른 동사와 결합하여 장소를 나타내는 전치사로도 사용됩니다. 이 때는 '~에/에서'의 의미가 됩니다.

| ເຈົ້າ<br>짜오 | ຮຽນ<br>히-얀 | ຢູ່<br>유- | ໃສ?<br>싸이 | |
|---|---|---|---|---|
| 당신 | 공부하다 | ~에서 | 어디 | 당신은 어디에서 공부합니까? |

| ຂ້ອຍ<br>커-이 | ຮຽນ<br>히-얀 | ຢູ່<br>유- | ວຽງຈັນ.<br>위-양 짠 | |
|---|---|---|---|---|
| 나/저 | 공부하다 | ~에서 | 비엔티안 | 저는 비엔티안에서 공부합니다. |

## • 위치를 나타내는 표현

위치를 나타내는 단어들은 기준이 되는 물건이나 장소 명사 앞에 옵니다. 그 앞에 ທາງ을 결합시키면 '~쪽', '~편'이라는 의미가 됩니다.

| | | | |
|---|---|---|---|
| 앞 | ໜ້າ<br>나- | ຖັງຂີ້ເຫຍື້ອຢູ່ທາງໜ້າເຮືອນ.<br>탕 키- 니으-아 유- 타-ㅇ 나- 흐-안 | 쓰레기통은 집 앞쪽에 있습니다. |
| 뒤 | ຫຼັງ<br>랑 | ວັດຢູ່ທາງຫຼັງບ້ານ.<br>왇 유- 타-ㅇ 랑 바-ㄴ | 절은 마을 뒤편에 있습니다. |
| 안 | ໃນ<br>나이 | ອາຈານຢູ່ໃນຫ້ອງຮຽນ.<br>아- 짜-ㄴ 유- 나이 허-ㅇ 히-얀 | 교수님이 교실 안에 계십니다. |
| 밖 | ນອກ<br>너-ㄱ | ຕົ້ນໄມ້ຢູ່ນອກເຮືອນ.<br>똔 마이 유- 너-ㄱ 흐-안 | 나무가 집 밖에 있습니다. |
| 아래/밑 | ກ້ອງ/ລຸ່ມ/ໃຕ້<br>꺼-ㅇ 룸 따이 | ເກີບຢູ່ກ້ອງຕຽງ.<br>끄ㅓ-ㅂ 유- 꺼-ㅇ 띠-양 | 신발이 침대 밑에 있습니다. |
| | | ຫ້ອງນ້ຳຢູ່ຊັ້ນລຸ່ມ.<br>허-ㅇ 남 유- 산 룸 | 화장실이 아래층에 있습니다. |
| | | ຄຳຢູ່ໃຕ້ດິນ.<br>캄 유- 따이 딘 | 금이 땅 밑에 있습니다. |
| 위 | ເທິງ<br>트ㅓㅇ | ພິມເຕີຢູ່ເທິງໂຕະຮຽນ.<br>핀 뜨ㅓ- 유- 트ㅓㅇ 또 히-얀 | 프린터가 책상 위에 있습니다. |
| 옆 | ຂ້າງ<br>카-ㅇ | ເຮືອນຢູ່ຂ້າງທະນາຄານ.<br>흐-안 유- 카-ㅇ 타 나- 카-ㄴ | 집이 은행 옆에 있습니다. |
| 사이 | ລະຫວ່າງ<br>라 와-ㅇ | ເຮືອນຢູ່ລະຫວ່າງທະນາຄານກັບວັດ.<br>흐-안 유- 라 와-ㅇ 타 나- 카-ㄴ 깝 왇 | 집이 은행과 절 사이에 있습니다. |

## • ~(으)러 가다/오다: ໄປ/ມາ+동사

'가다', '오다'를 의미하는 ໄປ/ມາ 빠이/마 를 동작동사 앞에 붙이면 '~(으)러 가다/오다'의 의미가 됩니다.

| | | | | |
|---|---|---|---|---|
| ຂ້ອຍ<br>커-이 | ໄປ<br>빠이 | ພົບ<br>폽 | ໝູ່.<br>무- | |
| 당신 | 가다 | 만나다 | 친구 | 나는 친구를 만나러 간다. |

| | | | | |
|---|---|---|---|---|
| ເຈົ້າ<br>짜오 | ມາ<br>마- | ອ່ານ<br>아-ㄴ | ປຶ້ມ.<br>쁨 | |
| 당신 | 오다 | 읽다 | 책 | 당신은 책을 읽으러 온다. |

| | | | | |
|---|---|---|---|---|
| ລາວ<br>라-오 | ໄປ<br>빠이 | ກິນ<br>낀 | ເຂົ້າ.<br>카오 | |
| 그/그녀 | 가다 | 먹다 | 밥 | 그녀는 식사하러 간다. |

부정문의 경우 ໄປ/ມາ 빠이/마 앞에 부정소 ບໍ່ 버- 를 붙입니다.

| | | | | |
|---|---|---|---|---|
| ລາວ<br>라-오 | ບໍ່ໄປ<br>버- 빠이 | ກິນ<br>낀 | ເຂົ້າ.<br>카오 | |
| 그/그녀 | 안 가다 | 먹다 | 밥 | 그녀는 식사하러 안 간다. |

## • 미래 표현 ຊິ

ຊິ 시 는 동사 앞에 위치하여 미래, 의지, 추측을 나타냅니다. 같은 의미로 ຈະ 짜 를 사용할 수도 있습니다.

| | | | | |
|---|---|---|---|---|
| ຂ້ອຍ<br>커-이 | ຊິ<br>시 | ໄປ<br>빠이 | ໂຮງຮຽນ.<br>호-ㅇ 히-얀 | |
| 나/저 | ~을 것이다 | 가다 | 학교 | 나는 학교에 갈 것이다. |

| | | | | |
|---|---|---|---|---|
| ລາວ<br>라-오 | ຊິ<br>시 | ບໍ່<br>버- | ມາ.<br>마- | |
| 그/그녀 | ~을 것이다 | 안/아니 | 오다 | 그는 안 올 것이다. |

## 문형 연습

A: ເຈົ້າຢູ່ໃສ?
짜오 유- 싸이

A: 당신은 어디에 있습니까?

B: ຂ້ອຍຢູ່ໂຮງແຮມ.
커-이 유- 호-ㅇ 해-ㅁ

B: 저는 호텔에 있습니다.

A: ເຈົ້າຮຽນຢູ່ໃສ?
짜오 히-얀 유- 싸이

A: 당신은 어디에서 공부합니까?

B: ຂ້ອຍຮຽນຢູ່ໂຮງຮຽນ.
커-이 히-얀 유- 호-ㅇ 히-얀

B: 저는 학교에서 공부합니다.

1)

| | |
|---|---|
| ໄປ<br>빠이 | 가다 |
| ໄປ / ຮ້ານອາຫານ<br>빠이 / 하-ㄴ 아- 하-ㄴ | 가다 / 식당 |
| ເຮັດວຽກ<br>헫 위-약 | 일하다 |
| ເຮັດວຽກ / ບໍລິສັດ<br>헫 위-약 / 버- 리 쌑 | 일하다 / 회사 |

2)

| | |
|---|---|
| ມາຈາກ<br>마- 짜-ㄱ | ~로부터 오다 |
| ມາຈາກ / ເຮືອນ<br>마- 짜-ㄱ / 흐-안 | ~로부터 오다 / 집 |
| ອ່ານປຶ້ມ<br>아-ㄴ 쁨 | 책을 읽다 |
| ອ່ານປຶ້ມ / ຫ້ອງສະມຸດ<br>아-ㄴ 쁨 / 허-ㅇ 싸 묻 | 책을 읽다 / 도서관 |

A: ຢູ່ໃນຫ້ອງມີຫຍັງ?
유- 나이 허-ㅇ 미- 냥

A: 방 안에는 무엇이 있습니까?

B: ຢູ່ໃນຫ້ອງມີຕຽງ.
유- 나이 허-ㅇ 미- 띠-양

B: 방 안에는 침대가 있습니다.

A: ຢູ່ນອກເຮືອນມີຫຍັງ?
유- 너-ㄱ 흐-안 미- 냥

A: 집 밖에는 무엇이 있습니까?

B: ຢູ່ນອກເຮືອນມີຕົ້ນໄມ້.
유- 너-ㄱ 흐-안 미- 똔 마이

B: 집 밖에는 나무가 있습니다.

1)

| | |
|---|---|
| ຂ້າງໂຮງໝໍ<br>카-ㅇ 호-ㅇ 머- | 병원 옆 |
| ຂ້າງໂຮງໝໍ / ທະນາຄານ<br>카-ㅇ 호-ㅇ 머- / 타 나- 카-ㄴ | 병원 옆 / 은행 |
| ຫຼັງສະຖານີຕຳຫຼວດ<br>랑 싸 타- 니- 땀 루-앋 | 경찰서 뒤 |
| ຫຼັງສະຖານີຕຳຫຼວດ / ຕະຫຼາດ<br>랑 싸 타- 니- 땀 루-앋 / 딸 라-ㄷ | 경찰서 뒤 / 시장 |

2)

| | |
|---|---|
| ໜ້າບ້ານ<br>나- 바-ㄴ | 마을 앞 |
| ໜ້າບ້ານ / ທາງໃຫຍ່<br>나- 바-ㄴ / 타-ㅇ 냐이 | 마을 앞 / 큰 길 |
| ເທິງພູ<br>트ㅓㅇ 푸- | 산 위 |
| ເທິງພູ / ວັດ<br>트ㅓㅇ 푸- / 왇 | 산 위 / 사원(절) |

---

A: ເຈົ້າໄປໃສ?
짜오 빠이 싸이

A: 당신은 어디에 갑니까?

B: ຂ້ອຍໄປກິນເຂົ້າ.
커-이 빠이 낀 카오

B: 저는 식사하러 갑니다.

A: ລາວຊິມາຊື້ເຄື່ອງບໍ?
라-오 시 마- 스- 크-앙 버-

A: 그는 물건을 사러 올 것입니까?

B: ບໍ່, ລາວຊິບໍ່ມາຊື້ເຄື່ອງ, ແຕ່ມາຂາຍເຄື່ອງ.
버- 라-오 시 버- 마- 스- 크-앙 때- 마- 카-이 크-앙

B: 아니요. 그는 물건을 사러 오는 것이 아니라, 물건을 팔러 올 것입니다.

1)

| | |
|---|---|
| ນອນ<br>너-ㄴ | 자다 |
| ຫຼິ້ນ<br>린 | 놀다 |
| ຫຼິ້ນ / ສອນພາສາລາວ<br>린 / 써-ㄴ 파- 싸- 라-오 | 놀다 / 라오스어를 가르치다 |

2)

| | |
|---|---|
| ອະນາໄມເຮືອນ<br>아 나- 마이 흐-안 | 집을 청소하다 |
| ພົບໝູ່<br>폽 무- | 친구를 만나다 |
| ພົບໝູ່ / ເຮັດວຽກ<br>폽 무- / 헫 위-약 | 친구를 만나다 / 일하다 |

## 어휘 Plus

### • ສະຖານທີ່ 장소

싸 타-ㄴ 티-

| | | | |
|---|---|---|---|
| 가게 | ຮ້ານ<br>하-ㄴ | 서점 | ຮ້ານຂາຍປຶ້ມ<br>하-ㄴ 카-이 쁨 |
| 병원 | ໂຮງໝໍ<br>호-ㅇ 머- | 약국 | ຮ້ານຂາຍຢາ<br>하-ㄴ 카-이 야- |
| 박물관 | ຫໍພິພິຕະພັນ<br>허- 피 피 따 판 | 공항 | ສະໜາມບິນ<br>싸 나-ㅁ 빈 |
| 카페 | ຮ້ານກາເຟ<br>하-ㄴ 까- 페- | 식당 | ຮ້ານອາຫານ<br>하-ㄴ 아- 하-ㄴ |
| 경찰서 | ສະຖານີຕຳຫຼວດ<br>싸 타- 니- 땀 루-얃 | 대사관 | ສະຖານທູດ<br>싸 타-ㄴ 투-ㄷ |
| 기차역 | ສະຖານີລົດໄຟ<br>싸 타- 니- 롣 파이 | 버스 터미널 | ສະຖານີລົດເມ<br>싸 타- 니- 롣 메- |
| 절 | ວັດ<br>왇 | 교회 | ໂບດ<br>보-ㄷ |
| 우체국 | ໄປສະນີ<br>빠이 싸 니- | 은행 | ທະນາຄານ<br>타 나- 카-ㄴ |
| 시장 | ຕະຫຼາດ<br>딸 라-ㄷ | 호텔 | ໂຮງແຮມ / ໂຮເຕັນ<br>호-ㅇ 해-ㅁ / 호- 뗀 |
| 집 | ເຮືອນ / ບ້ານ<br>흐-안 / 바-ㄴ | 학교 | ໂຮງຮຽນ<br>호-ㅇ 히-얀 |
| 초등학교 | ໂຮງຮຽນປະຖົມ<br>호-ㅇ 히-얀 빠 톰 | 중/고등학교 | ໂຮງຮຽນມັດທະຍົມ<br>호-ㅇ 히-얀 맏 타 뇸 |
| 회사 | ບໍລິສັດ<br>버- 리 쌑 | 대학교 | ມະຫາວິທະຍາໄລ<br>마 하- 위 타 냘 라이 |
| 주차장 | ບ່ອນຈອດລົດ<br>버-ㄴ 쩌-ㄷ 롣 | 건물(빌딩) | ຕຶກ<br>뜩 |

## 표현 Plus

| | |
|---|---|
| ແຖວນີ້ມີຕູ້ ATM(ເອທີເອັມ) ຢູ່ໃສ?<br>태-우 니- 미- 뚜- 에- 티- 엠 유- 싸이 | 이 근방에 ATM이 어디 있습니까? |
| ຢູ່ກົງກັນຂ້າມກັບຂົວ.<br>유- 꽁 깐 카-ㅁ 깝 쿠-아 | 다리 건너편에 있습니다. |
| ຈາກບ່ອນນີ້ໃກ້ບໍ?<br>짜-ㄱ 버-ㄴ 니- 까이 버- | 여기에서 가깝습니까? |
| ໃກ້. / ໄກ.<br>까이 / 까이 | 가깝습니다. / 멉니다. |
| ຂ້ອຍຫຼົງທາງ.<br>커-이 롱 타-ㅇ | 저는 길을 잃었습니다. |
| ລ້ຽວກັບຄືນຢູ່ສີ່ແຍກແດ່.<br>리-야우 깝 크-ㄴ 유- 씨- 내-ㄱ 대- | 사거리에서 유턴하세요. |
| ຂ້າມຖະໜົນແດ່.<br>카-ㅁ 타 논 대- | 길을 건너세요. |
| ທາງມ້າລາຍຢູ່ໃສ?<br>타-ㅇ 마- 라-이 유- 싸이 | 횡단보도가 어디 있습니까? |
| ໄປຊື່ໆແລ້ວລ້ຽວຊ້າຍ(ຂວາ)ແດ່.<br>빠이 스 스- 래-우 리-야우 사이(쿠와-) 대- | 쭉 가다가 왼쪽(오른쪽)으로 꺾으세요. |

## 연습문제

### 1. 다음 중 알맞은 단어를 골라 대화를 완성하세요.

| ໄປສະນີ | ສະຖານີຕຳຫຼວດ | ວັດ | ທະນາຄານ | ສະໜາມບິນ |
|---|---|---|---|---|
| 빠이 싸 니- | 싸 타- 니- 땀 루-안 | 왇 | 타 나 카-ㄴ | 싸 나-ㅁ 빈 |

1) A: ເຈົ້າໄປໃສ?
짜오 빠이 싸이
당신은 어디에 갑니까?

B: ໄປ________________.
빠이
은행에 갑니다.

2) A: ເຈົ້າຊິໄປໃສ?
짜오 시 빠이 싸이
당신은 어디에 갈 것입니까?

B: ຊິໄປ________________.
시 빠이
공항에 갈 것입니다.

3) A: ເຈົ້າຢູ່ໃສ?
짜오 유- 싸이
당신은 어디에 있습니까?

B: ຢູ່________________.
유-
우체국에 있습니다.

## 2. 그림을 보고, 알맞은 단어를 찾아 문장을 완성하세요.

| ຢູ່ | ມີ | ໃສ | ໃນ | ນອກ | ເທິງ | ແລະ ອື່ນໆ |
|---|---|---|---|---|---|---|
| 유- | 미- | 싸이 | 나이 | 너-ㄱ | 트ㅓㅇ | 래 은 으-ㄴ |

1) A: ________ຫ້ອງມີຫຍັງ?
허-ㅇ 미- 냥

방 안에 무엇이 있습니까?

B: ມີຄອມພິວເຕີ, ກະເປົາ, ຈອກ, ຕຽງ ________.
미- 커-ㅁ 피우 뜨ㅓ- 까 빠오 쩌-ㄱ 띠-양

컴퓨터, 가방, 컵, 침대 등이 있습니다.

2) A: ຄອມພິວເຕີ________?
커-ㅁ 피우 뜨ㅓ-

컴퓨터는 어디 있습니까?

B: ________ໂຕະຮຽນ.
또 히-얀

책상 위에 있습니다.

3) A: ________ຫ້ອງມີຫຍັງ?
허-ㅇ 미- 냥

방 밖에 무엇이 있습니까?

B: ______ຕົ້ນໄມ້.
똔 마이

나무가 있습니다.

### 3. 알맞은 것을 고르세요.

1) ລາວ ( ໄປ / ມາ ) ກິນເຂົ້າ.
라-오 빠이 마 낀 카오

그는 밥을 먹으러 간다.

2) ນັກຮຽນ ( ໄປ / ມາ ) ຮຽນພາສາອັງກິດ.
낙 히-얀 빠이 마 히-얀 파- 싸- 앙 낃

학생들이 영어를 배우러 온다.

문화 들여다보기

# 라오스의 주요 도시와 관광지

### ▶비엔티안

© Stefan Fussan, CC BY-SA 3.0, Wikimedia Common

비엔티안은 라오스의 수도로, 라오스어 발음은 위양짠(ວຽງຈັນ)입니다. 인접한 비엔티안주(ແຂວງ, province)와 구분하기 위해 '나컨루앙(ນະຄອນຫຼວງ, capital city)' 또는 '나컨루앙 위양짠(ນະຄອນຫຼວງວຽງຈັນ)'이라고 부르기도 합니다.

1560년 란쌍 왕국 세타티랏왕의 천도 이래 라오스의 정치, 경제, 사회, 문화의 중심지가 되었습니다. 메콩강을 경계로 태국과 맞닿아 있고 '태국-라오스 우정의 다리'가 놓여 있어 아주 쉽게 왕래할 수 있습니다.

### ▶루앙프라방

© Basile Morin

루앙프라방은 14세기에 세워진 란쌍 왕국의 수도였습니다. 라오스인들은 루앙파방(ຫຼວງພະບາງ)이라고 부릅니다. '위대한 불상의 도시'라는 이름에 걸맞게 도시 곳곳에는 란쌍 왕국 시대의 불교 문화유산으로 가득합니다.

라오스의 전통과 역사를 잘 간직한 채로 프랑스 식민 시기에 지어진 서양식 건축물이 조화를 이뤄 1995년에 도시 전체가 유네스코 세계문화유산으로 지정되었습니다. 또한 에메랄드 빛 꽝시 폭포와 석회 동굴 등 아름다운 자연 경관으로 둘러싸인 라오스 최대 관광 도시입니다.

### ▶팍세

© Tango7174

팍세(ປາກເຊ, 빡세)는 라오스 남부 지방의 중심지입니다. 베트남과 캄보디아로 가는 지리적 요충지인 덕에 프랑스 식민시기에 거점도시로 발전했습니다.

팍세가 속한 참파삭주에는 관광 명소가 많아, 라오스 남부 여행의 베이스캠프이기도 합니다. 대표적인 곳은 2001년 유네스코 세계문화유산으로 등재된 크메르 양식의 '왓푸(ວັດພູ)' 사원입니다. 메콩강 하류 4천 개의 섬들이 모여 있는 씨판돈, 너비가 10km에 달해 라오스의 나이아가라라는 별칭을 가진 콘파펭(ຄອນພະເພັງ) 폭포 등도 있습니다.

ບົດທີ

# 05

# ເຈົ້າອາຍຸຈັກປີ?

## 당신은 몇 살입니까?

**학습목표**

1. 라오스어 숫자를 익혀 나이를 묻고 답할 수 있다.
2. 생애 사건의 연도와 날짜를 말할 수 있다.
3. 분류사를 사용하여 사물을 가리키거나 개수를 묻고 답할 수 있다.

## 대화 1

쏨사이가 유진에게 나이와 생일을 묻습니다.

ສົມຊາຍ: ປີນີ້ຂ້ອຍອາຍຸ 27 ປີ. ຂໍໂທດ, ເຈົ້າອາຍຸຈັກປີ?
쏨 사-이: 삐- 니- 커-이 아- 뉴 사-오 쩬 삐- 커- 토-ㄷ 짜오 아- 뉴 짝 삐-

쏨사이: 올해 저는 27살이에요. 실례지만, 당신은 몇 살이에요?

ຢູຈິນ: ຂ້ອຍອາຍຸ 21 ປີ.
유- 찐: 커-이 아- 뉴 사-오 엗 삐-

유진: 저는 21살이에요.

ສົມຊາຍ: ເຈົ້າກັບນ້ອງຂ້ອຍອາຍຸເທົ່າກັນນໍ້.
쏨 사-이: 짜오 깝 너-ㅇ 커-이 아- 뉴 타오 깐 너-

쏨사이: 당신은 제 동생과 동갑이군요!

ວັນເກີດເຈົ້າແມ່ນມື້ໃດ?
완 끄ㅓ-ㄷ 짜오 매-ㄴ 므- 다이

당신의 생일은 언제예요?

ຢູຈິນ: ວັນທີ 3 ເດືອນ 6.
유- 찐: 완 티- 싸-ㅁ 드-안 혹

유진: 6월 3일이에요.

## 어휘

|  |  |  |  |
|---|---|---|---|
| ປີນີ້ [삐- 니-] | 올해 | ນໍ້, ເນາະ [너-], [너] | 어조사(공감, 권유 등) |
| ອາຍຸ [아- 뉴] | 나이 / 나이가 ~이다 | ວັນເກີດ [완 끄ㅓ-ㄷ] | 생일 |
| ຈັກ [짝] | 몇 | ມື້ໃດ [므- 다이] | 언제 |
| ປີ [삐-] | 1. 해, 년(year)<br>2. ~살(age) | ມື້ [므-] | 날, 일(day) |
| ເທົ່າກັນ [타오 깐] | (숫자, 수량 등이) 같다 | ເດືອນ [드-안] | 달, 월(month) |

## 활용 표현

ອາຍຸ ~ ປີ
아- 뉴 삐-

나이가 ~살입니다.

ອາຍຸຈັກປີ?
아- 뉴 짝 삐-

나이가 몇 살입니까?

~ ແມ່ນມື້ໃດ
매-ㄴ 므- 다이

~는 언제(무슨 요일/날짜)입니까?

## 대화 2

쏨사이가 자신의 형제자매에 대해 이야기합니다.

ເຈນ: ອ້າຍກັບເອື້ອຍຂອງເຈົ້າແຕ່ງງານແລ້ວບໍ?
쩨-ㄴ: 아-이 깝 으-아이 커-ㅇ 짜오 때-ㅇ 응아-ㄴ 래-우 버-

제인: 당신의 형과 누나는 결혼했습니까?

ສົມຊາຍ: ອ້າຍຍັງເປັນໂສດ, ແຕ່ເອື້ອຍແຕ່ງງານແລ້ວ.
쏨 사-이: 아-이 냥 뻰 쏘-ㄷ 때- 으-아이 때-ㅇ 응아-ㄴ 래-우

쏨사이: 형은 아직 미혼이고, 누나는 결혼했어요.

ເຈນ: ແມ່ນຫວາ? ເອື້ອຍແຕ່ງງານປີໃດ?
쩨-ㄴ: 매-ㄴ 와- 으-아이 때-ㅇ 응아-ㄴ 삐- 다이

제인: 그래요? 누나는 몇 년도에 결혼했어요?

ສົມຊາຍ: ແຕ່ງງານປີ 2016.
쏨 사-이: 때-ㅇ 응아-ㄴ 삐- 써-ㅇ 판 씹 혹

쏨사이: 2016년에 결혼했어요.

ເຈນ: ມີລູກແລ້ວບໍ່?
쩨-ㄴ: 미- 루-ㄱ 래-우 버-

제인: 자녀가 있어요?

ສົມຊາຍ: ມີແຕ່ລູກຊາຍຄົນໜຶ່ງ. ລາວເກີດປີ 2019.
쏨 사-이: 미- 때- 루-ㄱ 싸-이 콘 능 라-오 끄ㅓ-ㄷ 삐- 써-ㅇ 판 씹 까오

쏨사이: 아들만 한 명 있어요. 그는 2019년에 태어났어요.

## 어휘

| | | | |
|---|---|---|---|
| ແຕ່ງງານ [때-ㅇ 응아-ㄴ] | 결혼하다 | ຄົນ [콘] | 사람 |
| ໂສດ [쏘-ㄷ] | 독신 | ໜຶ່ງ [능] | 하나, 일(1) |
| ແຕ່ [때-] | 1. 그러나, 그런데<br>2. ~뿐, ~밖에 | ເກີດ [끄ㅓ-ㄷ] | 1. 태어나다, 나타나다<br>2.<br>(사건 등이) 일어나다, 벌어지다 |
| ລູກຊາຍ [루-ㄱ 사-이] | 아들 | | |

## 활용 표현

ແຕ່ງງານແລ້ວບໍ?
때-ㅇ 응아-ㄴ 래-우 버-

기혼입니까?

~ ປີ 0000
삐-

0000년도에 ~했습니다.

# 문법

## • 라오스 숫자

| | | | | | | | | | |
|---|---|---|---|---|---|---|---|---|---|
| 1 | ໜຶ່ງ<br>능 | 2 | ສອງ<br>써-ㅇ | 3 | ສາມ<br>싸-ㅁ | 4 | ສີ່<br>씨- | 5 | ຫ້າ<br>하- |
| 6 | ຫົກ<br>혹 | 7 | ເຈັດ<br>쩻 | 8 | ແປດ<br>빼-ㄷ | 9 | ເກົ້າ<br>까오 | 10 | ສິບ<br>씹 |

1은 ໜຶ່ງ 능 이지만, 두 자릿수 숫자의 1은 ເອັດ 엣 이라고 부릅니다. 또한 20은 ຊາວ 사-오 입니다. 이 두 가지 점만 제외하면 11부터 99까지는 십진법의 방식으로 읽습니다.

✔ 참고: 숫자 0은 ສູນ 쑤-ㄴ 입니다.

| | | | |
|---|---|---|---|
| 11 | ສິບເອັດ<br>씹 엣 | 30 | ສາມສິບ<br>싸-ㅁ 씹 |
| 12 | ສິບສອງ<br>씹 써-ㅇ | 40 | ສີ່ສິບ<br>씨- 씹 |
| 13 | ສິບສາມ<br>씹 싸-ㅁ | 50 | ຫ້າສິບ<br>하- 씹 |
| 14 | ສິບສີ່<br>씹 씨- | 60 | ຫົກສິບ<br>혹 씹 |
| 20 | ຊາວ<br>사-오 | 70 | ເຈັດສິບ<br>쩻 씹 |
| 21 | ຊາວເອັດ<br>사-오 엣 | 80 | ແປດສິບ<br>빼-ㄷ 씹 |
| 31 | ສາມສິບເອັດ<br>싸-ㅁ 씹 엣 | 90 | ເກົ້າສິບ<br>까오 씹 |
| 42 | ສີ່ສິບສອງ<br>씨- 씹 써-ㅇ | 99 | ເກົ້າສິບເກົ້າ<br>까오 씹 까오 |

백 이상의 숫자에서도 이 규칙이 적용됩니다. 그러나 가격을 말할 때에는 10,000 ໝື່ນ 므-ㄴ (만)을 ສິບພັນ 씹 판 (십+천)의 방법으로 부르는 경우가 많습니다. 예를 들어 25,000을 ຊາວຫ້າພັນ 사-오 하- 판 (이십오+천)으로 부르는 식입니다.

또한 큰 숫자의 경우 백만 단위를 기본으로 하여, 10,000,000(천만)은 ສິບລ້ານ 씹 라-ㄴ (십+백만), 100,000,000(일억)은 ຮ້ອຍລ້ານ 허-이 라-ㄴ (백+백만)으로 표현합니다.

| | | | |
|---|---|---|---|
| 100 | (ໜຶ່ງ)ຮ້ອຍ/ລ້ອຍ<br>허-이/러-이 | 1,000,000 | (ໜຶ່ງ)ລ້ານ<br>란-ㄴ |
| 1,000 | (ໜຶ່ງ)ພັນ<br>판 | 10,000,000 | ສິບລ້ານ<br>씹 라-ㄴ |
| 10,000 | (ໜຶ່ງ)ໝື່ນ/ສິບພັນ<br>므-ㄴ / 씹 판 | 100,000,000 | ຮ້ອຍລ້ານ/ລ້ອຍລ້ານ<br>허-이 라-ㄴ / 러-이 라-ㄴ |
| 100,000 | (ໜຶ່ງ)ແສນ<br>쌔-ㄴ | 1,000,000,000 | ພັນລ້ານ<br>판 라-ㄴ |

## • 분류사(Classifier)

명사의 수를 나타내는 단위를 분류사(또는 수량사/유별사/형태사)라고 합니다. 라오스어는 분류사가 매우 발달한 언어입니다. 수많은 분류사 중에 어떤 분류사를 사용할 것인지는 그 명사가 어떤 카테고리에 속했는지에 따라 달라집니다. 동물이면 '마리'에 해당하는 분류사, 책이라면 '권'에 해당하는 분류사를 사용하게 되는 것입니다.

(1) 명사의 수량을 나타낼 때: [명사+숫자+분류사] 분류사를 숫자의 뒤에 붙입니다.

| | |
|---|---|
| ໝູ່ 1 ຄົນ<br>무- 능 콘 | 친구 한 명 (단, 숫자가 1인 경우에는 분류사+숫자 어순도 가능) |
| ໂຮງແຮມ 5 ບ່ອນ<br>호-ㅇ 해-ㅁ 하- 버-ㄴ | 호텔 다섯 곳 |
| ແມວ 2 ໂຕ<br>매-우 써-ㅇ 또- | 고양이 두 마리 |
| ລົດ 4 ຄັນ<br>롣 씨- 칸 | 자동차 네 대 |
| ປຶ້ມ 10 ຫົວ<br>쁨 씹 후-아 | 책 열 권 |

(2)

[(명사+)분류사+지시형용사]의 방식으로 지시형용사(이/그/저) 앞에 위치시켜 지시대명사와 같은 역할을 합니다. 맥락 속에서 명사가 무엇인지 명확히 드러날 경우에는 명사를 생략할 수도 있습니다.

| | | | |
|---|---|---|---|
| ໝູ່ຄົນນີ້ / ໝູ່ຜູ້ນີ້<br>무- 콘 니- / 무- 푸- 니- | 이 친구 | ຄົນນີ້ / ຜູ້ນີ້<br>콘 니- / 푸- 니- | 이 사람 |
| ໂຮງແຮມບ່ອນນັ້ນ<br>호-ㅇ 해-ㅁ 버-ㄴ 난 | 그 호텔 | ບ່ອນນັ້ນ<br>버-ㄴ 난 | 그곳 |
| ແມວໂຕນັ້ນ<br>매-우 또- 난 | 그 고양이 | ໂຕນັ້ນ<br>또- 난 | 그것 |
| ປຶ້ມຫົວນີ້<br>쁨 후-아 니- | 이 책 | ຫົວນີ້<br>후-아 니- | 이것 |

## • 의문사(몇) ຈັກ

의문사 ຈັກ 짝 은 한국어의 '몇'에 해당하며, 별도의 의문조사 없이 '몇 (~명/마리/개 등) 입니까?'라는 의문문을 만듭니다. 평서문과 동일한 구조에서 수사 자리에 위치하며, 뒤에 항상 분류사를 동반합니다.

| | |
|---|---|
| ລາວອາຍຸຈັກປີ?<br>라-오 아- 뉴 짝 삐-<br>그는 몇 살입니까? | ອາຍຸ 43 ປີ.<br>아- 뉴 씨- 씹 싸-ㅁ 삐-<br>43살입니다. |
| ເຈົ້າມີລູກຈັກຄົນ?<br>짜오 미- 루-ㄱ 짝 콘<br>당신은 자녀가 몇 명 있습니까? | ມີ 3 ຄົນ.<br>미- 싸-ㅁ 콘<br>3명 있습니다. |
| ເຈົ້າໃຊ້ສໍຈັກກ້ານ?<br>짜오 사이 써- 짝 까-ㄴ<br>당신은 연필을 몇 자루 사용합니까? | ໃຊ້ 2 ກ້ານ.<br>사이 써-ㅇ 까-ㄴ<br>2자루 사용합니다. |

## • ~살(세)이다: ອາຍຸ

'저는 ~살(세)이다'라는 표현은 [인칭대명사+ອາຍຸ 아- 뉴 +숫자+ປີ 삐- ]입니다. ອາຍຸ 아- 뉴 는 '나이/연령'이라는 명사이나 '나이/연령이 ~이다'라는 서술어로도 기능하며, ປີ 삐- 는 '~(살)세', '~(해)년'에 해당하는 분류사입니다.

| | |
|---|---|
| ເຈົ້າອາຍຸຈັກປີ?<br>짜오 아- 뉴 짝 삐-<br>당신은 몇 살입니까? | ຂ້ອຍອາຍຸ 23 ປີ.<br>커-이 아- 뉴 사-오 싸-ㅁ 삐-<br>저는 23살입니다. |

✔ 주의: ອາຍຸ구문의 부정은 ບໍ່ອາຍຸ가 아니라 ບໍ່ແມ່ນ을 사용합니다.

ຂ້ອຍບໍ່ແມ່ນ 20 ປີ.
커-이 버- 매-ㄴ 사-오 삐
저는 20살이 아닙니다.

## • 날짜 표현

라오스어에서 날짜는 ວັນທີ 완 티- 의 뒤에 숫자를 붙여 나타냅니다. ວັນ 완 은 '일(日)', ທີ 티- 는 '~번째'를 의미합니다. 기간을 나타내는 '날/일(동안)'은 ມື້ 므- 입니다.

| | | | |
|---|---|---|---|
| ວັນທີ 2<br>완 티- 써-ㅇ | 2일 | ວັນທີ 10<br>완 티- 씹 | 10일 |
| 2 ມື້<br>써-ㅇ 므- | 이틀 | 10 ມື້<br>씹 므- | 열흘 |
| ມື້ທີ 2<br>므- 티- 써-ㅇ | 두 번째 날 (제 2일) | ມື້ທີ 10<br>므- 티- 씹 | 열 번째 날 (제 10일) |

| | |
|---|---|
| ໄປວຽງຈັນມື້ໃດ?<br>빠이 위-양 짠 므- 다이? | ວັນທີ 3.<br>완 티- 싸-ㅁ |
| 언제(며칠에) 비엔티안에 갑니까? | 3일에요. |
| ຢູ່ວຽງຈັນຈັກມື້?<br>유- 위-양 짠 짝 므- | ຢູ່ 3 ມື້.<br>유- 싸-ㅁ 므- |
| 비엔티안에 며칠 있습니까? | 사흘 있습니다. |

'월(月)'은 ເດືອນ 드-안 의 뒤에 숫자를 붙입니다. 또는 각 월의 명칭을 사용하는 방법도 있습니다(5과 어휘 Plus 참조). ເດືອນ 드-안 의 앞에 숫자를 붙이면 '달/개월'의 의미가 됩니다.

| | |
|---|---|
| ເດືອນ 1 / ເດືອນ 2 … ເດືອນ 12<br>드-안 드-안 드-안 | 1월 / 2월 … 12월 |
| 1 ເດືອນ / 2 ເດືອນ<br>드-안 드-안 | 한 달 / 두 달 … |

| | |
|---|---|
| ໄປວຽງຈັນເດືອນໃດ?<br>빠이 위-양 짠 드-안 다이 | ເດືອນ 3.<br>드-안 싸-ㅁ |
| 몇 월에 비엔티안에 갑니까? | 3월에요. |

| | |
|---|---|
| ຢູ່ວຽງຈັນຈັກເດືອນ?<br>유- 위-양 짠 짝 드-안 | ຢູ່ 3 ເດືອນ.<br>유- 싸-ㅁ 드-안 |
| 비엔티안에 몇 달 있습니까? | 세 달 있습니다. |

'년, 월, 일'을 표현할 때에는 한국어와 반대 순서인 '일, 월, 년' 순으로 말합니다.

| | |
|---|---|
| ມື້ນີ້ແມ່ນວັນທີເທົ່າໃດ?<br>므- 니- 매-ㄴ 완 티- 타오 다이 | ວັນທີ 3 ເດືອນ 10 ປີ 2021.<br>완 티- 싸-ㅁ 드-안 씹 삐 써-ㅇ 판 사-오 엗 |
| 오늘이 며칠입니까? | 2021년 10월 3일입니다. |

| | |
|---|---|
| ວັນເກີດເຈົ້າແມ່ນມື້ໃດ?<br>완 끄ㅓ-ㄷ 짜오 매-ㄴ 므- 다이 | ວັນທີ 12 ເດືອນ 3.<br>완 티- 씹 써-ㅇ 드-안 싸-ㅁ |
| 당신의 생일은 언제입니까? | 3월 12일입니다. |

ຂ້ອຍເກີດວັນທີ 17 ເດືອນ 2 ປີ 1998.
커-이 끄ㅓ-ㄷ 완 티- 씹 쩯 드-안 써-ㅇ 삐- 능 판 까오 허-이 까오 씹 빼-ㄷ

저는 1998년 2월 17일에 출생했습니다.

## • 날짜와 관련된 다양한 표현

| 어제 | 오늘 | 내일 | 모레 |
|---|---|---|---|
| ມື້ວານນີ້<br>므- 와-ㄴ 니- | ມື້ນີ້<br>므- 니- | ມື້ອື່ນ<br>므- 으-ㄴ | ມື້ຮື<br>므- 흐- |

| | | ກ່ອນ<br>지난(last) | ນີ້<br>이(this) | ໜ້າ<br>다음(next) |
|---|---|---|---|---|
| ມື້<br>므- | 날/일 | ມື້ກ່ອນ<br>므- 꺼-ㄴ | ມື້ນີ້<br>므- 니- | ມື້ໜ້າ<br>므- 나- |
| ອາທິດ<br>아- 틷 | 주 | ອາທິດກ່ອນ<br>아- 틷 꺼-ㄴ | ອາທິດນີ້<br>아- 틷 니- | ອາທິດໜ້າ<br>아- 틷 나- |
| ເດືອນ<br>드-안 | 달/월 | ເດືອນກ່ອນ<br>드-안 꺼-ㄴ | ເດືອນນີ້<br>드-안 니- | ເດືອນໜ້າ<br>드-안 나- |
| ປີ<br>삐- | 해/년 | ປີກາຍນີ້ / ປີກ່ອນ<br>삐- 까-이 니- / 삐- 꺼-ㄴ | ປີນີ້<br>삐- 니- | ປີໜ້າ<br>삐- 나- |

| | |
|---|---|
| 오늘 오전 | ມື້ນີ້ເຊົ້າ (x) / ມື້ເຊົ້ານີ້ (o)<br>므- 니- 사오 / 므- 사오 니- |
| 오늘 오후 | ມື້ນີ້ແລງ (x) / ມື້ແລງນີ້ (o)<br>므- 니- 래-ㅇ / 므- 래-ㅇ 니- |
| 2년 전에 | ເມື່ອ 2 ປີກ່ອນ<br>므-아 써-ㅇ 삐- 꺼-ㄴ |
| 2년 후에 | 2 ປີຫຼັງ / 2 ປີຫນ້າ / ອີກ 2 ປີ<br>써-ㅇ 삐- 랑 / 써-ㅇ 삐- 나- / 이-ㄱ 써-ㅇ 삐- |
| 2년 동안 | ເປັນເວລາ 2 ປີ<br>뻰 웰- 라- 써-ㅇ 삐- |

## 문형 연습

A: ເຈົ້າອາຍຸຈັກປີ?
짜오 아- 뉴 짝 삐-

A: 당신은 몇 살입니까?

B: ຂ້ອຍອາຍຸ 20 ປີ.
커-이 아- 뉴 사-오 삐-

B: 저는 스무 살입니다.

| | | | | | |
|---|---|---|---|---|---|
| 1) | ລາວ<br>라-오 | 그 | 2) | ແມ່ເຈົ້າ<br>매- 짜오 | 당신의 어머니 |
| | ລາວ / 31<br>라-오 / 싸-ㅁ 씹 엗 | 그 / 서른 한 | | ແມ່ຂ້ອຍ / 53<br>매- 커-이 / 하- 씹 싸-ㅁ | 제 어머니 / 쉰 셋 |

---

A: ເຈົ້າມີລູກຈັກຄົນ?
짜오 미- 루-ㄱ 짝 콘

A: 당신은 자녀가 몇 명 있습니까?

B: ຂ້ອຍມີລູກ 2 ຄົນ.
커-이 미- 루-ㄱ 써-ㅇ 콘

B: 저는 자녀가 두 명 있습니다.

| | | | | | | | | |
|---|---|---|---|---|---|---|---|---|
| 1) | ປຶ້ມ / ຫົວ<br>쁨 / 후-아 | 책 / 권 | 2) | ແມວ / ໂຕ<br>매-우 / 또- | 고양이 / 마리 | 3) | ລົດ / ຄັນ<br>롣 / 칸 | 자동차 / 대 |
| | ປຶ້ມ / ຫົວ<br>쁨 / 후-아 | 책 / 권 | | ແມວ / ໂຕ<br>매-우 / 또- | 고양이 / 마리 | | ລົດ / ຄັນ<br>롣 / 칸 | 자동차 / 대 |

---

A: ມື້ນີ້ແມ່ນວັນທີເທົ່າໃດ?
므- 니- 매-ㄴ 완 티- 타오 다이

A: 오늘이 며칠입니까?

B: ວັນທີ 24 ເດືອນ 7 ປີ 2021.
완 티- 사-오 씨- 드-안 쩯 삐- 써-ㅇ 판 사-오 엗

B: 2021년 7월 24일입니다.

| | | | | | |
|---|---|---|---|---|---|
| 1) | ມື້ວານນີ້<br>므- 와-ㄴ 니- | 어제 | 2) | ມື້ອື່ນ<br>므- 으-ㄴ | 내일 |
| | ວັນທີ 23 ເດືອນ 7 ປີ 2021<br>완 티- 사-오 싸-ㅁ 드-안 쩯 삐- 써-ㅇ 판 사-오 엗 | 2021년 7월 23일 | | ວັນທີ 25 ເດືອນ 7 ປີ 2021<br>완 티- 사-오 하- 드-안 쩯 삐- 써-ㅇ 판 사-오 엗 | 2021년 7월 25일 |

A: ວັນເກີດເຈົ້າແມ່ນມື້ໃດ?
완 끄ㅓ-ㄷ 짜오 매-ㄴ 므- 다이

A: 당신의 생일은 언제입니까?

B: ວັນທີ 16 ເດືອນ 3.
완 티- 씹 혹 드-안 싸-ㅁ

B: 3월 16일입니다.

1)

| | |
|---|---|
| ວັນເກີດລາວ<br>완 끄ㅓ-ㄷ 라-오 | 그의 생일 |
| ວັນທີ 31 ເດືອນ 11<br>완 티- 싸-ㅁ 씹 엗 드-안 씹 엗 | 11월 31일 |

2)

| | |
|---|---|
| ວັນຊາດ<br>완 사-ㄷ | 건국기념일 |
| ວັນທີ 2 ເດືອນ 12<br>완 티- 써-ㅇ 드-안 씹 써-ㅇ | 12월 2일 |

## 어휘 Plus

### • ລັກສະນະນາມ 분류사

락 싸 나 나-ㅁ

| | | | |
|---|---|---|---|
| 사람 | ຄົນ<br>콘 | 장소 | ບ່ອນ<br>버-ㄴ |
| 동물, 의류 | ໂຕ<br>또- | 차, 오토바이 | ຄັນ<br>칸 |
| 작은 물건 | ອັນ<br>안 | 횟수, ~번 | ເທື່ອ / ຄັ້ງ<br>트-아 / 캉 |
| 가구, 과일,<br>다소 큰 물건 | ໜ່ວຍ<br>누-아이 | 세트(set)로 된 물건 | ຊຸດ<br>숟 |
| 책, 노트, 뿌리채소류 | ຫົວ<br>후-아 | 짝(pair)으로 된 물건 | ຄູ່<br>쿠- |
| 납작한 사물, 매트, 시트 등 | ຜືນ<br>프-ㄴ | 이야기, ~한 일 | ເລື່ອງ<br>르-앙 |
| 쪽(page) | ໜ້າ<br>나- | 종류 | ແນວ / ຊະນິດ<br>내-우 / 사 닏 |
| 줄, 실,<br>가늘고 긴 물건 | ເສັ້ນ<br>센 | 스타일, 방식 | ແບບ / ຢ່າງ<br>배-ㅂ / 야-ㅇ |
| 손잡이가 달린 사물<br>(수저 등) | ກ້ານ<br>까-ㄴ | 종이 | ໃບ<br>바이 |

• **ເດືອນ** 달 / 월
드-안

| | | | |
|---|---|---|---|
| 1월 | ເດືອນ ມັງກອນ<br>드-안 망 꺼-ㄴ | 7월 | ເດືອນ ກໍລະກົດ<br>드-안 껄- 라 꼳 |
| 2월 | ເດືອນ ກຸມພາ<br>드-안 꿈 파- | 8월 | ເດືອນ ສິງຫາ<br>드-안 씽 하- |
| 3월 | ເດືອນ ມີນາ<br>드-안 미- 나- | 9월 | ເດືອນ ກັນຍາ<br>드-안 깐 냐- |
| 4월 | ເດືອນ ເມສາ<br>드-안 메- 싸- | 10월 | ເດືອນ ຕຸລາ<br>드-안 뚤 라- |
| 5월 | ເດືອນ ພຶດສະພາ<br>드-안 플 싸 파- | 11월 | ເດືອນ ພະຈິກ<br>드-안 파 찍 |
| 6월 | ເດືອນ ມິຖຸນາ<br>드-안 미 투 나- | 12월 | ເດືອນ ທັນວາ<br>드-안 탄 와- |

## 연습문제

### 1. [보기]와 같이 빈 칸에 알맞은 단어를 넣어 문장을 완성하세요.

| ເທື່ອ | ຄົນ | ໂຕ | ໃບ | ຄູ່ |
|---|---|---|---|---|
| 트-아 | 콘 | 또- | 바이 | 쿠- |

[보기] ຂ້ອຍມີລູກ 3 ຄົນ.
커-이 미- 루-ㄱ 싸-ㅁ 콘
저는 자녀가 세 명 있습니다.

1) ແມ່ລ້ຽງແມວ 5 ________.
매- 리-양 매-오 하-
어머니는 고양이를 다섯 마리 키웁니다.

2) ຜູ້ນັ້ນມາປະເທດລາວ 2 ________ ແລ້ວ.
푸- 난 마- 빠 테-ㄷ 라-오 써-ㅇ 래-우
그 사람은 라오스에 이미 두 번 왔습니다.

3) ເອື້ອຍຊື້ເກີບ 1 ________.
으-아이 스- 끄ㅓ-ㅂ 능
언니는 신발을 한 켤레 샀습니다.

4) ຂ້ອຍຂຽນຈົດໝາຍ 6 ________.
커-이 키-얀 쫃 마-이 혹
저는 편지를 6장 썼습니다.

## 2. [보기]와 같이 주어진 숫자를 라오스어로 말하고, 라오스 문자로 써 보세요.

[보기]
25,000 → ສອງໝື່ນຫ້າພັນ / ຊາວຫ້າພັນ
써-ㅇ 므-ㄴ 하- 판 사-오 하- 판

1) 9,875
→ ______________________

2) 50,000
→ ______________________ / ______________________

3) 263,000
→ ______________________ / ______________________

4) 7,520,000
→ ______________________ / ______________________

## 3. 다음 대화를 읽고 질문에 답하세요.

A: ເຈົ້າຊິມາເຊອຸນ ___ⓐ___ ?
짜오 시 마- 세- 운

B: ວັນທີ 6 ເດືອນ ກຸມພາ.
완 티- 혹 드-안 꿈 파-

A: ເຈົ້າຊິຢູ່ເຊອູນຈັກມື້?
짜오 시 유- 세- 우-ㄴ 짝 므-

B: ຊິຢູ່ ___ⓑ___.
시 유-

1) 빈칸 ⓐ에 들어갈 말을 고르세요.

① ມື້ນີ້ (므- 니-)  ② ມື້ອື່ນ (므- 으-ㄴ)  ③ ມື້ໃດ (므- 다이)  ④ ວັນໃດ (완 다이)

2) B는 언제 서울에 오려고 합니까?

① 1월 6일  ② 2월 6일  ③ 다음주  ④ 내년

3) 빈칸 ⓑ에 들어갈 말을 고르세요.

① 3 ມື້ (싸-ㅁ 므-)  ② ມື້ເຊົ້ານີ້ (므- 사오 니-)  ③ ປີກ່ອນ (삐- 꺼-ㄴ)  ④ ມື້ທີ 2 (므- 티- 써-ㅇ)

### 문화 들여다보기

# 라오스의 가족

© 1998-2020, RFA. Radio Free Asia, 2025 M St. NW, Suite 300, Washington DC 20036

라오스인은 가족을 매우 중시하며 강한 연대 의식을 갖고 있습니다. 부모님을 부양하거나 동생들의 학비를 지원하거는 것은 물론이고, 경제적 형편이 어려운 먼 친척까지 돌보고 후원하는 경우도 흔합니다.

전통적으로 라오스인들은 모계 쪽과 좀 더 가까이 지냈습니다. 결혼을 하면 대개 여자 쪽 집에 들어가 살기 때문입니다. 따라서 부모님을 모시는 것도 딸에게 책임이 있습니다.

보통 첫째 딸이 결혼하면 부모님을 모시고 함께 살다가 둘째 딸이 결혼하는 시점에 분가하게 됩니다. 이런 식으로 가장 마지막까지 오랫동안 부모님을 모시는 것은 막내딸이 되므로 부모님의 집은 막내딸이 물려받게 됩니다. 농업, 상업활동을 통해 가정의 수입을 창출하고 관리하며 결혼 등의 대소사를 결정하는 것도 주로 여성입니다.

그렇다고 여성이 가장의 지위를 가지는 것은 아닙니다. 막내 사위가 가장이 되는 것입니다. 또한 마을의 촌장이나 공적 기관의 장, 고위 정치가 등 사회적으로 존경받는 위치에 오르는 사람들은 대부분 남성들입니다. 고등교육의 혜택도 주로 아들들에게 우선적으로 주어집니다. 이처럼 라오스는 모계 중심 사회의 특색을 띠고 있으면서도 남성 중심적인 성 불평등도 존재하는 사회라고 할 수 있습니다.

ບົດທີ

06

# ຕອນນີ້ຈັກໂມງ?

## 지금 몇 시예요?

 학습목표

1. 시간을 묻고 답할 수 있다.
2. 라오스어 시간 표현을 알고 하루의 일과를 말할 수 있다.
3. 선행/후행 표현을 사용하여 사건 또는 행위를 순차적으로 말할 수 있다.

## 대화 1

유진이 쏨사이에게 지금 몇 시인지 묻습니다.

ຢູຈິນ: ໂອ້! ມື້ນີ້ແມ່ນວັນພຸດຫວາ? ຂ້ອຍເກືອບລືມ.
유- 찐: 오- 므- 니- 매-ㄴ 완 풑 와- 커-이 끄-압 르-ㅁ

유진: 앗! 오늘이 수요일인가요? 잊을 뻔했다.

ຕອນນີ້ຈັກໂມງ?
떠-ㄴ 니- 짝 모-ㅇ

지금 몇 시예요?

ສົມຊາຍ: 4 ໂມງຍັງ. ມີວຽກບໍ?
쏨 사-이: 씨- 모-ㅇ 냥 미- 위-약 버-

쏨사이: 4시 좀 안 됐어요. 일이 있어요?

ຢູຈິນ: ຂ້ອຍມີຮຽນພາສາລາວ.
유- 찐: 커-이 미- 히-얀 파- 싸- 라-오

유진: 라오스어 수업이 있어요.

ສົມຊາຍ: ເລີ່ມຮຽນຈັກໂມງ?
쏨 사-이: 르ㅓ-ㅁ 히-얀 짝 모-ㅇ

쏨사이: 수업이 몇 시에 시작해요?

ຢູຈິນ: ເລີ່ມ 4 ໂມງເຄິ່ງ. ຮຽນ 1 ຊົ່ວໂມງ.
유- 찐: 르ㅓ-ㅁ 씨- 모-ㅇ 크ㅓㅇ 히-얀 능 수-아 모-ㅇ

유진: 4시 반에 시작해요. 1시간 공부해요.

ສົມຊາຍ: ຄັນຊັ້ນ, ເລີກຮຽນແລ້ວພົບກັນອີກເດີ.
쏨 사-이: 칸 산 르ㅓ-ㄱ 히-얀 래-우 폽 깐 이-ㄱ 드ㅓ-

쏨사이: 그럼 수업 끝나고 다시 만나요.

## 어휘

|  |  |  |
|---|---|---|
| ມື້ນີ້ | [므- 니-] | 오늘 |
| ວັນພຸດ | [완 푿] | 수요일 |
| ເກືອບ | [끄-압] | ~을 뻔 하다 |
| ລືມ | [르-ㅁ] | 잊다, 기억을 못하다 |
| ຕອນນີ້ | [떠-ㄴ 니] | 지금 |
| ໂມງ | [모-ㅇ] | 시, 시간 |
| ມີ | [미] | 있다(소유하다), 가지다 |
| ວຽກ | [위-약] | 일, 업무 |
| ເລີ່ມ | [르ㅓ-ㅁ] | 시작하다 |
| ເຄິ່ງ | [크ㅓㅇ] | 반(half) |
| ຊົ່ວໂມງ | [수-아 모-ㅇ] | 시간(hours) |
| ເລີກ | [르ㅓ-ㄱ] | 1. 끝나다, 끝내다<br>2. 그만두다, 끊다 |
| ອີກ | [이-ㄱ] | 더하다, 추가하다 |

## 활용 표현

**~ ຈັກໂມງ?**
짝 모-ㅇ

몇 시에 ~합니까? / ~는 몇 시입니까?

**ຮຽນ ~ ຊົ່ວໂມງ**
히-얀 수-아 모-ㅇ

~시간 공부합니다.

## 대화 2

제인이 뚜이에게 하루 일과에 대해 묻습니다.

ເຈນ: ເຈົ້າຕື່ນນອນຈັກໂມງ?
쩨-ㄴ: 짜오 뜨-ㄴ 너-ㄴ 짝 모-ㅇ
제인: 당신은 몇 시에 일어나요?

ຕຸ້ຍ: ຂ້ອຍຕື່ນນອນ 6 ໂມງເຊົ້າ ແລະ ອອກກຳລັງກາຍທຸກມື້.
뚜이: 커-이 뜨-ㄴ 너-ㄴ 혹 몽 사오 래 어-ㄱ 깜 랑 까-이 툭 므-
뚜이: 저는 매일 아침 여섯 시에 일어나서 운동을 해요.

ເຈນ: ດຸໝັ່ນຫຼາຍເນາະ! ຫຼັງຈາກນັ້ນ ໄປໂຮງຮຽນບໍ່?
쩨-ㄴ: 두 만 라-이 너 랑 짜-ㄱ 난 빠이 호-ㅇ 히-얀 버-
제인: 부지런하네요! 그 다음에는 학교에 가나요?

ຕຸ້ຍ: ເຈົ້າ. ຮຽນ ຕັ້ງແຕ່ 9 ໂມງເຊົ້າ ຫາ 4 ໂມງແລງ.
뚜이: 짜오. 히-얀 땅 때- 까오 모-ㅇ 사오 하- 씨- 모-ㅇ 래-ㅇ
뚜이: 네. 오전 9시부터 4시까지 공부해요.

ເຈນ: ວັນພັກເດ?
쩨-ㄴ: 완 팍 데-
제인: 휴일에는요?

ຕຸ້ຍ: ພັກຜ່ອນຊື່ໆ. ເບິ່ງໂທລະທັດ ແລະ ຫຼິ້ນໂທລະສັບ.
뚜이: 팍 퍼-ㄴ 스스- 브ㅓㅇ 토-라 탇 래 린 토-ㄹ 라 쌉
뚜이: 그냥 쉬어요. TV를 보고 핸드폰도 해요(핸드폰을 가지고 놀아요).

## 어휘

| 어휘 | 발음 | 뜻 |
|---|---|---|
| ຕື່ນ | [뜨-ㄴ] | (잠에서) 깨다, 일어나다 |
| ນອນ | [너-ㄴ] | 자다 |
| ເຊົ້າ | [사오] | 오전, 아침 |
| ອອກ | [어-ㄱ] | (밖으로) 내다 |
| ອອກກຳລັງກາຍ | [어-ㄱ 깜 랑 까-이] | 운동하다 |
| ທຸກ | [툭] | 모든, 매 ~ (every) |
| ດຸໝັ່ນ | [두 만] | 부지런하다, 성실하다 |
| ຊົ່ວໂມງ | [수-아 모-ㅇ] | 시간(hours) |
| ຕັ້ງແຕ່ | [땅 때-] | ~부터 |
| ຫາ | [하-] | ~까지 |
| ແລງ | [래-ㅇ] | 오후, 저녁 |
| ວັນອາທິດ | [완 아- 팃] | 일요일 |
| ພັກຜ່ອນ | [팍 퍼-ㄴ] | 쉬다 |
| ຊື່ໆ | [스 스-] | 1. 곧바로(직진으로)<br>2. 그저, 그냥 |
| ເບິ່ງ | [브ㅓㅇ] | 보다(watch) |
| ໂທລະທັດ | [토- 라 탓] | 텔레비전 |
| ຫຼິ້ນ | [린] | 1. 놀다<br>2. (악기 등) 연주하다,<br>(운동, 게임 등) 플레이하다 |
| ໂທລະສັບ | [토-ㄹ 라 쌉] | 전화 |

## 활용 표현

ຕັ້ງແຕ່ ~ໂມງ ຫາ ~ ໂມງ

땅 때- 모-ㅇ 하- 모-ㅇ

~시부터 ~시까지

## 문법

### • 시간 표현

시각을 나타낼 때, '~시'는 ໂມງ 모-ㅇ, '~분'은 ນາທີ 나-티- 입니다. 또한 '30분'은 '반'이라는 의미의 ເຄິ່ງ 크ㅓㅇ 을 사용하기도 합니다. 오전, 오후를 구별할 때에는 '아침'이라는 의미의 ເຊົ້າ 사오 를, '오후/저녁'이라는 의미의 ແລງ 래-ㅇ 을 시각의 뒤에 붙여 사용합니다.

✔ 오후 한 시의 경우는 1 ໂມງແລງ 능 모-ㅇ 래-ㅇ 외에 ບ່າຍໂມງ 바-이 모-ㅇ 이라는 표현을 사용할 수 있습니다.

| | | | |
|---|---|---|---|
| 6 ໂມງ 30 ນາທີ<br>혹 모-ㅇ 싸-ㅁ 씹 나- 티- | 6시 30분 | 6 ໂມງເຄິ່ງ<br>혹 모-ㅇ 크ㅓㅇ | 6시 반 |
| 6 ໂມງເຊົ້າ<br>혹 모-ㅇ 사오 | 오전 6시 | 6 ໂມງແລງ<br>혹 모-ㅇ 래-ㅇ | 오후 6시 |
| ຕອນເຊົ້າ 6 ໂມງ 15 ນາທີ<br>떠-ㄴ 사오 혹 모-ㅇ 씹 하- 나- 티- | 오전 6시 15분 | ຕອນແລງ 6 ໂມງ 15 ນາທີ<br>떠-ㄴ 래-ㅇ 혹 모-ㅇ 씹 하- 나- 티- | 오후 6시 15분 |
| ທ່ຽງ<br>티-양 | 정오 | ທ່ຽງຄືນ<br>티-양 크-ㄴ | 자정 |

'몇 시입니까' 또는 '몇 시에 ~합니까?'라고 시각을 묻는 표현은 ຈັກໂມງ 짝 모-ㅇ 을 문장 끝에 붙입니다.

ຕອນນີ້ຈັກໂມງ?
떠-ㄴ 니- 짝 모-ㅇ

지금 몇 시입니까?

ມີຮຽນຈັກໂມງ?
미- 히-얀 짝 모-ㅇ

수업이 몇 시에 있습니까?

ເຈົ້ານອນຈັກໂມງ?
짜오 너-ㄴ 짝 모-ㅇ

당신은 몇 시에 잡니까?

10 ໂມງຕົງ.
씹 모-ㅇ 똥

10시 정각이요.

10 ໂມງຍັງ.
씹 모-ㅇ 냥

10시 전이요.

10 ໂມງປາຍ.
씹 모-ㅇ 빠-이

10시 넘어서요.

ປະມານ 10 ໂມງ.
빠 마-ㄴ 씹 모-ㅇ

10시쯤이요.

한편, '~시간'은 ຊົ່ວໂມງ 수-아 모-ㅇ , '~분'은 ນາທີ 나-티 , '~초'은 ວິນາທີ 위 나- 티- 입니다. 따라서 '몇 시간입니까' 또는 '몇 시간 ~합니까'라고 물을 때에는 문장 끝에 ຈັກຊົ່ວໂມງ 짝 수-아 모-ㅇ 을 붙이면 됩니다. '~부터 ~까지'를 나타내는 표현은 ຕັ້ງແຕ່ 땅 때- (ແຕ່ 때- ) ~ ຫາ 하- ~입니다. ຫາ 하- 대신 ເຖິງ 트ㅓ-ㅇ 또는 ຮອດ 허-ㄷ 을 사용해도 무방합니다.

ມື້ນີ້ເຈົ້າເຮັດວຽກຕັ້ງແຕ່ຈັກໂມງຫາຈັກໂມງ?
므- 니- 짜오 헨 위-약 땅 때- 짝 모-ㅇ 하- 짝 모-ㅇ

오늘 당신은 몇 시부터 몇 시까지 일합니까?

ຕັ້ງແຕ່ 9 ໂມງເຊົ້າ ຫາ 3 ໂມງ 30 ນາທີ ຕອນແລງ.
땅 때- 까오 모-ㅇ 사오 하- 싸-ㅁ 모-ㅇ 싸-ㅁ 씹 나- 티- 떠-ㄴ 래-ㅇ

아침 9시부터 오후 3시 30분까지예요.

## • 요일 표현

라오스어에서 각 요일은 [ວັນ 완 +요일 이름]으로 이루어져 있습니다. 무슨 요일인지 물을 때에는 [ວັນ 완 +ຫຍັງ 냥 (무엇)]이라고 묻습니다. 명절, 기념일 등 어떤 특별한 날인지 물을 때도 사용할 수 있습니다.

| 일요일 | 월요일 | 화요일 | 수요일 | 목요일 | 금요일 | 토요일 |
|---|---|---|---|---|---|---|
| ວັນອາທິດ<br>완 아- 틷 | ວັນຈັນ<br>완 짠 | ວັນອັງຄານ<br>완 앙 카-ㄴ | ວັນພຸດ<br>완 푿 | ວັນພະຫັດ<br>완 파 핟 | ວັນສຸກ<br>완 쑥 | ວັນເສົາ<br>완 싸오 |

ມື້ນີ້ແມ່ນວັນຫຍັງ?
므- 니- 매-ㄴ 완 냥
오늘은 무슨 요일이에요?

ມື້ນີ້ແມ່ນວັນອາທິດ.
므- 니- 매-ㄴ 완 아- 틷
오늘은 일요일이에요.

ມື້ນີ້ແມ່ນວັນຫຍັງ?
므- 니- 매-ㄴ 완 냥
오늘이 무슨 날이에요?

ມື້ນີ້ແມ່ນວັນປີໃໝ່.
므- 니- 매-ㄴ 완 삐- 마이
오늘은 설날이에요.

일정을 물어볼 때에는 주로 ມື້ໃດ 므-다이 (5과 참조)를 사용하며, 요일이나 날짜 등으로 대답합니다.

ເຈົ້າເຮັດວຽກເສີມມື້ໃດ?
짜오 헫 위-약 쓰ㅓ-ㅁ 므- 다이
언제 아르바이트를 해요?

ທຸກໆວັນເສົາ.
툭 툭 완 싸오
매주 토요일에요.

## • 시간의 경과와 관련된 다양한 표현

|  |  |
|---|---|
| ເລີ່ມ ~<br>[르ㅓ-ㅁ] | ລາວເລີ່ມວຽກແຕ່ເດືອນ 9.<br>라-오 르ㅓ-ㅁ 위-약 때- 드-안 까오 |
| ~기 시작하다 | 그는 9월부터 일을 시작한다. |
| ເລີກ ~<br>[르ㅓ-ㄱ] | ລາວເລີກຮຽນແລ້ວໄປຫຼິ້ນ.<br>라-오 르ㅓ-ㄱ 히-얀 래-우 빠이 린 |
| ~을 마치다 | 오늘은 그는 공부를 마치고 놀러 갔다. |
| ໃກ້ຊິ ~<br>[까이 시]<br>ໃກ້ຈະ ~<br>[까이 짜] | ລາວໃກ້ຈະຮຽນຈົບແລ້ວ.<br>라-오 까이 짜 히-얀 쫍 래-우 |
| 곧 ~(으)ㄹ 것이다 | 그는 곧 졸업할 것이다. |
| ຫາກໍ ~<br>[하- 꺼-] | ລາວຫາກໍມາ.<br>라-오 하- 꺼- 마- |
| 막(방금) ~었다 | 그는 방금 왔다. |
| ເກືອບ ~<br>[끄-압] | ລາວເກືອບລືມນັດ.<br>라-오 끄-압 르-ㅁ 낟 |
| 거의 ~(으)ㄹ 뻔하다 | 그는 약속을 거의 잊을 뻔했다. |
| ~ ຕໍ່<br>[떠-] | ລາວຮຽນຕໍ່.<br>라-오 히-얀 떠- |
| 계속(지속해서) ~하다 | 그는 계속 공부한다(학업을 지속한다). |

## • 선행/후행 표현

ກ່ອນ 꺼-ㄴ (앞/전), 그리고 ຫຼັງ 랑 (뒤/후)이라는 단어로 어떤 동작이나 사건의 전과 후를 나타낼 수 있습니다. 명사나 절 앞에 붙이면 '~전에, 이전에', '~후에, ~후에'라는 의미를 표현하는 접속사로 기능합니다. 한편, ກ່ອນ 꺼-ㄴ 과 (ຕາມ)ຫຼັງ 따-ㅁ 랑 을 동사구 뒤에 붙여 부사로도 사용할 수 있습니다. 이 때에는 '일단/우선/먼저 ~하다', '나중에 ~하다'라는 의미가 되므로, 어순에 주의해야 합니다.

ລ້າງມືກ່ອນກິນເຂົ້າ.
라-ㅇ 므- 꺼-ㄴ 낀 카오
밥 먹기 전에 손을 씻는다.

ຕ້ອງຖູແຂ້ວຫຼັງກິນເຂົ້າ.
떠-ㅇ 투- 캐-우 랑 낀 카오
밥 먹은 후에 양치를 한다.

ລ້າງມືກ່ອນ.
라-ㅇ 므- 꺼-ㄴ
우선 손을 씻는다(씻어라).

ກິນເຂົ້າຕາມຫຼັງ.
낀 카오 따-ㅁ 랑
나중에 밥을 먹는다(먹어라).

## • ທຸກ + 분류사

ທຸກ 툭 은 셀 수 있는 명사와 결합하여 '모든'을 표현하는 수사의 일종입니다. [ທຸກ 툭 +분류사]의 형태로 '모든 ~', '매 ~'의 의미를 표현합니다. 참고로, 비슷한 수사로 ຫຼາຍ 라-이 와 ບາງ 바-ㅇ 이 있습니다. [ຫຼາຍ 라-이 +분류사]는 '여러 ~'를, [ບາງ 바-ㅇ +분류사]는 '일부(어떤) ~'을 의미합니다.

ທຸກມື້ / ທຸກອາທິດ / ທຸກເດືອນ / ທຸກປີ
툭 므- / 툭 아- 틷 / 툭 드-안 / 툭 삐-

매일 / 매주 / 매월 / 매년

ທຸກຄົນເປັນພະນັກງານ.
툭 콘 뻰 파 낙 응아-ㄴ

모든 사람들이 직원이다.

ອາຫານທຸກຢ່າງແຊບ.
아- 하-ㄴ 툭 야-ㅇ 새-ㅂ

모든 종류의 음식이 맛있다.

ຫຼາຍຄົນອອກກຳລັງກາຍ.
라-이 콘 어-ㄱ 깜 랑 까-이

많은 사람들이 운동한다.

ມີອາຫານຫຼາຍຢ່າງ.
미- 아- 하-ㄴ 라-이 야-ㅇ

많은 종류의 음식이 있다.

ບາງຄົນມາຊ້າ.
바-ㅇ 콘 마- 사-

어떤 사람들은 지각한다.

ອາຫານບາງຢ່າງບໍ່ແຊບ.
아- 하-ㄴ 바-ㅇ 야-ㅇ 버- 새-ㅂ

일부 음식은 맛이 없다.

## 문형 연습

A: ໄປການຈັກໂມງ?
빠이 까-ㄴ 짝 모-ㅇ

A: 몇 시에 출근합니까?

B: 8 ໂມງເຊົ້າ.
빼-ㄷ 모-ㅇ 래-ㅇ

B: 오전 8시입니다.

A: ເຮັດວຽກຈັກຊົ່ວໂມງ?
헨 위-약 짝 수-아 모-ㅇ

A: 몇 시간 일합니까?

B: 8 ຊົ່ວໂມງ.
빼-ㄷ 수-아 모-ㅇ

B: 여덟 시간이요.

1)

| | |
|---|---|
| ເຂົ້ານອນ<br>카오 너-ㄴ | 자러 가다 |
| 11 ໂມງຄືນ<br>씹 엗 모-ㅇ 크-ㄴ | 밤 11시 |
| ນອນ<br>너-ㄴ | 자다 |
| ປະມານ 7 ຊົ່ວໂມງ<br>빠 마-ㄴ 쩬 수-아 모-ㅇ | 약 7시간 |

2)

| | |
|---|---|
| ເລີກຮຽນ<br>르ㅓ-ㄱ 히-얀 | 수업이 끝나다 |
| 3 ໂມງ ເຄິ່ງ<br>싸-ㅁ 모-ㅇ 크ㅓㅇ | 3시 반 |
| ຮຽນ<br>히-얀 | 공부하다 |
| 2 ຊົ່ວໂມງ<br>써-ㅇ 수-아 모-ㅇ | 2시간 |

A: ທຸກເຊົ້າຂ້ອຍອອກໄປຕັກບາດ.
툭 사오 커-이 어-ㄱ 빠이 딱 바-ㄷ

A: 매일 아침 저는 공양(탁발)을 나갑니다.

B: ຕັກບາດຈັກໂມງ?
딱 바-ㄷ 짝 모-ㅇ

B: 몇 시에 공양을 합니까?

A: ຕອນເຊົ້າຫ້າໂມງເຄິ່ງ.
떠-ㄴ 사오 하- 모-ㅇ 크ㅓㅇ

A: 오전 5시 반에요.

ຕັກບາດກ່ອນອາຫານເຊົ້າ.
딱 바-ㄷ 꺼-ㄴ 아- 하-ㄴ 사오

아침 식사 전에 공양을 합니다.

| | 1) | | 2) | |
|---|---|---|---|---|
| | ທຸກວັນເສົາ / ໄປບ່ອນຮຽນເພີ່ມ<br>툭 완 싸오 / 빠이 버-ㄴ 히-얀 프ㅓ-ㅁ | 매주 토요일 / 학원에 가다 | ທຸກແລງ / ໄປຕະຫຼາດ<br>툭 래-ㅇ / 빠이 딸 라-ㄷ | 매일 오후 / 시장에 가다 |
| | ມີຮຽນ<br>미- 히-얀 | 수업이 있다 | ໄປຕະຫຼາດ<br>빠이 딸 라-ㄷ | 시장에 가다 |
| | ບ່າຍໂມງ<br>바-이 모-ㅇ | 오후 1시 | ປະມານ 6 ໂມງແລງ<br>빠 마-ㄴ 혹 모-ㅇ 래-ㅇ | 오후 6시쯤 |
| | ເຮັດວຽກບ້ານ / ຕາມຫຼັງຮຽນ<br>헨 위-약 바-ㄴ / 따-ㅁ 랑 히-얀 | 숙제를 하다 / 수업 후 | ກິນເຂົ້າແລງ / ກ່ອນຊື້ເຄື່ອງ<br>낀 카오 래-ㅇ / 꺼-ㄴ 스- 크-앙 | 저녁밥을 먹다 / 쇼핑하기 전 |

## 어휘 Plus

### • ການດຳລົງຊີວິດທົ່ວໄປ 평소 생활
까-ㄴ 담 롱 시- 윋 투-아 빠이

| 한국어 | ພາສາລາວ | 한국어 | ພາສາລາວ |
|---|---|---|---|
| (잠에서) 깨다 / 일어나다 | ຕື່ນນອນ<br>뜨-ㄴ 너-ㄴ | 세수하다 | ລ້າງໜ້າ<br>라-ㅇ 나- |
| 양치질하다 | ຖູແຂ້ວ<br>투- 캐-우 | 목욕하다 | ອາບນ້ຳ<br>아-ㅂ 남 |
| 아침을 먹다 | ກິນເຂົ້າເຊົ້າ<br>낀 카오 사오 | 점심을 먹다 | ກິນເຂົ້າທ່ຽງ<br>낀 카오 티-양 |
| 저녁을 먹다 | ກິນເຂົ້າແລງ<br>낀 카오 래-ㅇ | 요리하다 | ເຮັດກິນ<br>헫 낀 |
| 책을 읽다 | ອ່ານປຶ້ມ<br>아-ㄴ 쁨 | 연구하다 | ສຶກສາ<br>쓱 싸- |
| 친구를 만나다 | ພົບໝູ່<br>폽 무- | 놀러 가다 | ໄປຫຼິ້ນ<br>빠이 린 |
| 그림을 그리다 | ແຕ້ມຮູບ<br>때-ㅁ 후-ㅂ | 청소하다 | ອະນາໄມ<br>아 나- 마이 |

## 표현 Plus

| | |
|---|---|
| ຮ້ານນີ້ເປີດຈັກໂມງ?<br>하-ㄴ 니- 쁘ㅓㄷ 짝 모-ㅇ | 이 가게는 몇 시에 엽니까? |
| ເປີດ 11 ໂມງເຊົ້າ.<br>쁘ㅓㄷ 씹 엗 모-ㅇ 사오 | 오전 11시에 엽니다. |
| ຮ້ານນັ້ນປິດຈັກໂມງ?<br>하-ㄴ 난 삗 짝 모-ㅇ | 저 가게는 몇 시까지 합니까(몇 시에 닫습니까)? |
| ອັດ 8 ໂມງແລງ.<br>앋 빼-ㄷ 모-ㅇ 래-ㅇ | 오후 8시까지 합니다(오후 8시에 닫습니다). |
| ຮ້ານນີ້ປິດທຸກວັນອາທິດ.<br>하-ㄴ 니- 삗 툭 완 아- 틷 | 이 가게는 매주 일요일 휴무입니다. |

## 연습문제

### 1. 분미의 일과를 보고 질문에 답하세요.

| | | | |
|---|---|---|---|
| 07:00 | ຕື່ນນອນ | 16:30 | ພົບໝູ່ |
| 08:30 | ໄປເຮັດວຽກ / ໄປການ | 18:00 | ອອກກຳລັງກາຍ |
| 09:00 | ເຮັດວຽກ | 19:00 | ກິນເຂົ້າແລງ |
| 12:00 | ກິນເຂົ້າທ່ຽງ | 21:00 | ອ່ານປຶ້ມ |
| 13:00 | ເຮັດວຽກ | 23:00 | ເຂົ້ານອນ |

1) ບຸນມີຕື່ນນອນຈັກໂມງ? (분미는 몇 시에 일어납니까?)
분 미- 뜬 너-ㄴ 짝 모-ㅇ

→ ______________________________

2) ເວລາພັກທ່ຽງຈັກຊົ່ວໂມງ? (점심 시간은 몇 시간입니까?)
웰- 라- 팍 티-양 짝 수-아 모-ㅇ

→ ______________________________

3) ເລີກວຽກແລ້ວບຸນມີເຮັດຫຍັງ? (일을 마치고 분미는 무엇을 합니까?)
르ㅓ-ㄱ 위-약 래-우 분 미- 헨 냥

→ ______________________________

4) ບຸນມີເລີ່ມອອກກຳລັງກາຍຈັກໂມງ? (분미는 몇 시부터 운동을 시작합니까?)
분 미- 르ㅓ-ㅁ 어-ㄱ 깜 랑 까-이 짝 모-ㅇ

→ ______________________________

## 2. 아래 그림을 참고하여 다음 질문에 자유롭게 답해 보세요.

1) ດຽວນີ້ຈັກໂມງ?
디-야우 니- 짝 모-ㅇ
지금 몇 시예요?

2) ມື້ນີ້ເລີ່ມຮຽນຕັ້ງແຕ່ຈັກໂມງ?
므- 니- 르ㅓ-ㅁ 히-얀 땅 때- 짝 모-ㅇ
오늘은 몇 시부터 공부를 시작했어요?

ທ່ຽງ (정오)
티-양
ທ່ຽງຄືນ (자정)
티-양 크-ㄴ

1 ໂມງກາງຄືນ (새벽 1시)
능 모-ㅇ 까-ㅇ 크-ㄴ
ບ່າຍໂມງ/ 1 ໂມງແລງ (오후 1시)
능 모-ㅇ 래-ㅇ / 바-이 모-ㅇ

2 ໂມງກາງຄືນ (새벽 2시)
써-ㅇ 모-ㅇ 까-ㅇ 크-ㄴ
2 ໂມງແລງ (오후 2시)
써-ㅇ 모-ㅇ 래-ㅇ

3 ໂມງກາງຄືນ (새벽 3시)
싸-ㅁ 모-ㅇ 까-ㅇ 크-ㄴ
3 ໂມງແລງ (오후 3시)
싸-ㅁ 모-ㅇ 래-ㅇ

4 ໂມງເຊົ້າ (새벽 4시)
씨- 모-ㅇ 사오
4 ໂມງແລງ (오후 4시)
씨- 모-ㅇ 래-ㅇ

5 ໂມງເຊົ້າ (새벽 5시)
하- 모-ㅇ 사오
5 ໂມງແລງ (오후 5시)
하- 모-ㅇ 래-ㅇ

6 ໂມງເຊົ້າ (새벽 6시)
혹 모-ㅇ 사오
6 ໂມງແລງ (오후 6시)
혹 모-ㅇ 래-ㅇ

7 ໂມງເຊົ້າ (오전 7시)
쩻 모-ㅇ 사오
7 ໂມງແລງ (오후 7시)
쩻 모-ㅇ 래-ㅇ

8 ໂມງເຊົ້າ (오전 8시)
빼-ㄷ 모-ㅇ 사오
8 ໂມງແລງ (오후 8시)
빼-ㄷ 모-ㅇ 래-ㅇ

9 ໂມງເຊົ້າ (오전 9)시
까오 모-ㅇ 사오
9 ໂມງແລງ (오후 9시)
까오 모-ㅇ 래-ㅇ

10 ໂມງເຊົ້າ (오전 10시)
씹 모-ㅇ 사오
10 ໂມງກາງຄືນ (오후 10시)
씹 모-ㅇ 까-ㅇ 크-ㄴ

11 ໂມງເຊົ້າ (오전 11시)
씹 엗 모-ㅇ 사오
11 ໂມງກາງຄືນ (오후 11시)
씹 엗 모-ㅇ 까-ㅇ 크-ㄴ

## 3. 알맞은 단어를 찾아 문장을 완성하세요.

| ເລີ່ມ<br>르ㅓ-ㅁ | ເລີກ<br>르ㅓ-ㄱ | ໃກ້ຊິ<br>까이 시 | ຫາກໍ<br>하- 꺼- | ເກືອບ<br>끄-압 | ຕໍ່<br>떠- |
|---|---|---|---|---|---|

1) ຂ້ອຍ________ກິນເຂົ້າ.
커-이 낀 카오

저는 방금 밥을 먹었습니다.

2) ເດັກ________ຮ້ອງໄຫ້.
덱 허-ㅇ 하이

아이가 울기 시작했습니다.

3) ລາວ________ກັບບ້ານ.
라-오 깝 바-ㄴ

그녀는 곧 집에 돌아갈 것입니다.

4) ຜູ້ຄົນນັ້ນ________ຕາຍ.
푸 콘 난 따-이

그 사람은 거의 죽을 뻔했습니다.

문화 들여다보기

# 라오스의 불교와 탁발 공양

© Darren Donahue

많은 외국인들이 라오스를 '불교의 나라'라고 인식하고 있습니다. 그 이유는 무엇일까요?

외국인의 발길이 닿을 법한 평야 지대 도시나 마을에는 대부분 라오스의 주류 민족인 라오족이 살고 있기 때문입니다. 라오족이 살고 있는 곳에는 반드시 불교 사원이 세워져 있습니다.

라오족으로 대표되는 라오스인에게 불교는 종교를 넘어 삶 그 자체입니다. 태어나고 죽기까지 삶의 모든 통과 의례가 불교 의식으로 치러지기 때문입니다. 불교 사원은 종교기관으로서의 역할뿐만 아니라 교육기관이자 복지기관으로서 공동체의 유지와 존속에 기여했습니다. 근대 국가 성립 이후 사원의 역할은 과거보다 축소되었지만 여전히 라오스인의 삶의 기반이자 정신적 기둥임에는 틀림없습니다.

라오스인들은 현생의 삶이 내생을 결정한다는 불교 믿음에 근거하여 '탐분(ທຳບຸນ, 공덕 쌓기)'을 매우 중히 여깁니다. 가난한 이를 돕고, 사원에 기부하는 등의 선행을 베푸는 것이 바로 탐분입니다.

스님들께 음식을 바치는 '딱밧(ຕັກບາດ, 탁발 공양)' 또한 중요한 탐분 중 하나입니다. 많은 라오스인들이 이른 아침 탁발 공양으로 하루를 시작합니다. 주황색 승복을 입은 승려들이 줄지어 탁발하는 모습은 외국인의 눈에게는 매우 특별하게 비쳐져서, 루앙프라방 같은 곳에서는 탁발 행렬을 보기 위해 관광객이 몰리기도 합니다.

ບົດທີ

# 07

# ຂໍກາເຟເຢັນຈອກໜຶ່ງ

## 시원한 커피 한 잔 주세요.

 **학습목표**

1. 식당에서 음식 등을 주문할 수 있다.
2. 상대에게 어떤 행위를 요청/부탁하거나, 자신의 행위의 허락을 구할 수 있다.
3. 대동사 ເອົາ를 다양한 맥락에서 적절하게 활용할 수 있다.

## 대화 1

뚜이와 유진이 식당에서 음식을 주문합니다.

| | |
|---|---|
| ຕຸ້ຍ:<br>뚜이: | ຢູຈິນຢາກກິນຫຍັງ?<br>유- 찐 야-ㄱ 낀 냥 |
| 뚜이: | 유진 씨는 무엇을 먹고 싶어요? |
| ຢູຈິນ:<br>유- 찐: | ຂ້ອຍຢາກກິນອາຫານລາວ.<br>커-이 야-ㄱ 낀 아- 하-ㄴ 라-오 |
| 유진: | 저는 라오스 음식을 먹고 싶어요. |
| ຕຸ້ຍ:<br>뚜이: | ຮ້ານນີ້ ລາບແຊບຫຼາຍ. ຕຳໝາກຫຸ່ງກໍເປັນທີ່ນິຍົມ.<br>하-ㄴ 니- 라-ㅂ 새-ㅂ 라-이 땀 마-ㄱ 훙 꺼- 뻰 티- 니 뇸 |
| 뚜이: | 이 가게는 랍이 아주 맛있어요. 땀막훙도 인기 있고요. |
| ຢູຈິນ:<br>유- 찐: | ກໍດີ.<br>꺼- 디- |
| 유진: | 좋아요. |
| ຕຸ້ຍ:<br>뚜이: | ນ້ອງ! ຂໍລາບຈານໜຶ່ງ, ຕຳໝາກຫຸ່ງຈານໜຶ່ງ,<br>너-ㅇ 커- 라-ㅂ 짜-ㄴ 능 땀 마-ㄱ 훙 짜-ㄴ 능 |
| 뚜이: | (점원에게) 여기요! 랍 한 접시, |
| | ເຂົ້າໜຽວສອງຕິບ ແລະ ນ້ຳເຢັນຕຸກໜຶ່ງແດ່.<br>카오 니-야우 써-ㅇ 띱 래 남 옌 뚝 능 대- |
| | 카오니야우 두 바구니 그리고 시원한 물 한 병 주세요. |
| ຢູຈິນ:<br>유- 찐: | ຂໍໂທດ, ຂໍໄປຫ້ອງນ້ຳບຶດໜຶ່ງແດ່ເດີ.<br>커- 토-ㄷ 커- 빠이 허-ㅇ 남 븓 능 대- 드ㅓ- |
| 유진: | 미안해요, 잠시 화장실 좀 다녀올게요. |
| ຕຸ້ຍ:<br>뚜이: | ໂດຍ, ຫ້ອງນ້ຳຢູ່ທາງນັ້ນ.<br>도이 허-ㅇ 남 유- 타-ㅇ 난 |
| 뚜이: | 그래요. 화장실은 저쪽에 있어요. |

## 어휘

|  |  |
|---|---|
| ຢາກ [야-ㄱ] | ~고 싶다(싶어 하다), ~기를 원하다 |
| ກິນ [낀] | 먹다 |
| ອາຫານ [아- 하-ㄴ] | 음식, 요리 |
| ລາບ [라-ㅂ] | 라오스식 다진 고기 샐러드 |
| ແຊບ [새-ㅂ] | 맛있다 |
| ຕຳໝາກຫຸ່ງ [땀 마-ㄱ 훙] | 라오스식 파파야 샐러드 |
| ເປັນທີ່ນິຍົມ [뻰 티- 니 욤] | 인기 있다 |
| ຂໍ [커-] | 요청하다 |
| ຈານ [짜-ㄴ] | 접시 |
| ເຂົ້າໜຽວ [카오 니-야우] | 라오스식 찹쌀밥 |
| ຕິບ [띱] | (찹쌀밥을 담는) 대나무 밥통 |
| ນ້ຳ [남] | 물 |
| ເຢັນ [옌] | 시원하다 |
| ຕຸກ [뚝] | ~병 (플라스틱병의 수량사) |
| ຫ້ອງນ້ຳ [허-ㅇ 남] | 화장실 |
| ບຶດໜຶ່ງ [블 능] | 잠시, 잠깐 |
| ທາງ [타-ㅇ] | 1. 길, 트랙, 노선<br>2. ~쪽, 방향 |

## 활용 표현

**ຢາກ ~**
야-ㄱ

~고 싶습니다.

**ຢາກ ~ ຫຍັງ?**
야-ㄱ 냥

무엇을 ~고 싶습니까?

**ຂໍ ~ ແດ່**
커- 대-

~를 주세요. / (제가) ~하게 해주세요.

## 대화 2

뚜이와 유진이 식사 후 디저트를 주문합니다.

ຢູຈິນ: ອາຫານແຊບຫຼາຍ! ແຕ່ເຜັດໜ້ອຍໜຶ່ງ.
유- 찐: 아- 하-ㄴ 새-ㅂ 라-이 때- 펫 너-이 능
유진: 음식이 아주 맛있어요! 그러나 조금 매워요.

ຕຸ້ຍ: ຊັ້ນບໍ? ສັ່ງເຄື່ອງດື່ມເຢັນ ແລະ ຂອງຫວານເນາະ.
뚜이: 산 버- 쌍 크-앙 드-ㅁ 옌 래 커-ㅇ 와-ㄴ 너
뚜이: 그래요? 시원한 음료와 디저트를 주문합시다.

ພະນັກງານ: ສັ່ງເພີ່ມບໍ?
파 낙 응아-ㄴ: 쌍 프ㅓ-ㅁ 버-
점원: 추가 주문하십니까?

ຕຸ້ຍ: ຂໍກາເຟເຢັນຈອກໜຶ່ງ. ເອົາແບບບໍ່ຫວານ.
뚜이: 커- 까- 페- 옌 쩌-ㄱ 능 아오 배-ㅂ 버 와-ㄴ
뚜이: 시원한 커피 한 잔 주세요. 달지 않게요.

ແລ້ວຂອງຫວານມີຫຍັງແດ່?
래-우 커-ㅇ 와-ㄴ 미- 냥 대-
그리고 디저트가 뭐 있어요?

ພະນັກງານ: ມີນ້ຳຫວານ ແລະ ກະແລ້ມ. ຊິເອົາອັນໃດ?
파 낙 응아-ㄴ: 미- 남 와-ㄴ 래 깔 래-ㅁ 시 아오 안 다이
점원: 남완과 아이스크림이 있습니다. 어느 것으로 하시겠습니까?

ຢູຈິນ: ຂ້ອຍຊິເອົານ້ຳຫວານ.
유- 찐: 커-이 시 아오 남 와-ㄴ
유진: 저는 남완으로 할게요.

ພະນັກງານ: ໂດຍ. ກະລຸນາລໍຖ້າບຶດໜຶ່ງ.
파 낙 응아-ㄴ: 도-이 깔 루 나- 러- 타- 븓 능
점원: 네. 잠시만 기다리세요.

## 어휘

|  |  |  |  |
|---|---|---|---|
| ມີ<br>[미-] | 있다(소유하다), 가지다 | ກາເຟ<br>[까- 페-] | 커피 |
| ເຜັດ<br>[펜] | 맵다 | ແບບ<br>[배-ㅂ] | 방식, 스타일 |
| ໜ້ອຍໜຶ່ງ<br>[너-이 능] | 조금, 약간 | ຫວານ<br>[와-ㄴ] | 달다 |
| ຊັ້ນບໍ<br>[산 버-] | 그래요?(의외의 사실을 되물을 때) | ນ້ຳຫວານ<br>[남 와-ㄴ] | 라오스식 디저트 |
| ສັ່ງ<br>[쌍] | 주문하다, 시키다 | ກະແລ້ມ<br>[깔 래-ㅁ] | 크림, 아이스크림 |
| ເພີ່ມ<br>[프ㅓ-ㅁ] | 1. 추가하다, (더해서) 얹다<br>2. 증가하다, 불어나다 | ໂດຍ<br>[도-이] | 네<br>(ເຈົ້າ보다 부드러운 느낌) |
| ເຄື່ອງດື່ມ<br>[크-앙 드-ㅁ] | 음료수 | ກະລຸນາ<br>[깔 루 나-] | ~하십시오(공손, 격식) |
| ຂອງຫວານ<br>[커-ㅇ 와-ㄴ] | 디저트, 단 것 | ລໍຖ້າ<br>[러- 타-] | 기다리다 |

## 활용 표현

**ຊິເອົາ ~**
시 아오

~로 하겠습니다(먹겠습니다/사겠습니다/사용하겠습니다...).

**ກະລຸນາ ~**
깔 루 나-

~하십시오.

## 문법

### • 희망 표현 ຢາກ

'~고 싶다'는 희망의 표현은 조동사 ຢາກ 야-ㄱ 을 동사의 앞에 붙여 나타냅니다. ຢາກ 야-ㄱ 앞에 ບໍ່ 버- 를 붙이면 부정문이 됩니다. 즉 '~고 싶다'는 [ຢາກ 야-ㄱ +동사], '~고 싶지 않다'는 [ບໍ່ຢາກ 버- 야-ㄱ +동사]입니다.

한편, 의문문은 문장 끝에 ບໍ/ບໍ່ 버- 를 붙이게 되는데, 그 대답은 ຢາກ 야-ㄱ / ບໍ່ຢາກ 버- 야-ㄱ 을 사용하여 '네/아니요'의 의미를 표현할 수 있습니다.

ຂ້ອຍຢາກໄປຫຼິ້ນ.
커-이 야-ㄱ 빠이 리-야우

나는 놀러 가고 싶다.

ຂ້ອຍບໍ່ຢາກໄປໂຮງຮຽນ.
커-이 버- 야-ㄱ 빠이 호-ㅇ 히-얀

나는 학교에 가고 싶지 않다.

ເຈົ້າຢາກກິນອາຫານລາວບໍ?
짜오 야-ㄱ 낀 아- 하-ㄴ 라-오 버-

당신은 라오스 음식을 먹고 싶습니까?

ຢາກ. / ບໍ່ຢາກ.
야-ㄱ / 버- 야-ㄱ

네. / 아니요.

### • 요청 표현 ຂໍ

동사 ຂໍ 커- 는 '요청하다, 요구하다'라는 의미를 가지고 있습니다. 명사 앞에 붙어 [ຂໍ 커- +명사]의 구문이 되면 '~을 주세요'의 의미로 음식을 주문하거나 물건을 살 때 사용할 수 있습니다. 그러나 동사 앞에 붙으면 의미가 약간 달라집니다. [ຂໍ 커- +동사]는 '(제가) ~하게 해주세요', '(제가) 좀 ~하겠습니다'라는 자신의 행동에 허가를 구하는 표현이 됩니다. 문장 끝에 ໜ້ອຍໜຶ່ງ 너-이 능 (조금)와 어조사 ແດ່ 대-, ແດ່ເດີ 대- 드ㅓ-, ໄດ້ບໍ 다이 버- 등(8과 참조)을 붙여서 더욱 완곡하고 공손한 태도를 표현할 수 있습니다.

| | | |
|---|---|---|
| ຂໍ+명사 | ຂໍເຂົ້າໜຽວແດ່.<br>커- 카오 니-야우 대- | 카오니야우 주세요. |
| | ຂໍນ້ຳດື່ມໄດ້ບໍ?<br>커- 남 드-ㅁ 다이 버- | 물 좀 주실 수 있으세요? |
| ຂໍ+동사 | ຂໍຊີມແດ່.<br>커- 시-ㅁ 대- | 맛을 좀 볼게요. |
| | ຂໍຖາມໜ້ອຍໜຶ່ງແດ່.<br>커- 타-ㅁ 너-이 능 대- | 말씀 좀 묻겠습니다. |
| | ຂໍໃຊ້ຫ້ອງນ້ຳໄດ້ບໍ?<br>커- 사이 허-ㅇ 남 다이 버- | 화장실 좀 사용해도 될까요? |

## • 부탁 표현 ຊ່ວຍ / ກະລຸນາ

'~하세요'라고 상대에게 어떤 행위/동작을 시키거나 부탁할 때에는 문장 끝에 ແດ່ 대- (또는 대- 드 ̂ㅓ- )를 붙여 [동사+(목적어)+ແດ່ 대- ]의 형태로 표현합니다. 이 때 '~해 주세요'라고 부탁의 의미를 강화하려면 동사 앞에 '돕다'라는 의미의 ຊ່ວຍ 수아-이 를 붙입니다. 또는 영어의 'please'에 해당하는 ກະລຸນາ 깔 루 나- 를 붙여 공손성과 격식을 더할 수 있습니다.

ໂທມາແດ່.
토- 마- 대-
(당신이 나에게) 전화하세요.

ຊ່ວຍແດ່.
수-아이 대-
도와주세요.

ຊ່ວຍອັດປະຕູແດ່.
수-아이 앋 빠 뚜- 대-
문을 닫아주세요.

ກະລຸນາຂຽນທີ່ຢູ່ຂອງເຈົ້າແດ່.
깔 루 나- 키-얀 티- 유- 커-ㅇ 짜오 대-
당신의 주소를 적으십시오.

## • 대동사 ເອົາ

ເອົາ 아오 는 '취하다(take)', '택하다', '가지다'등의 의미를 나타냅니다. 예를 들어, ເອົາເງິນມາ 아오 응으ㅓㄴ 마- 는 '돈을 가지고 오다'라는 뜻이 됩니다. 그러나 '커피 한 잔 더 할래요?', '이 펜으로 할게요'와 같은 한국어의 '하다' 동사처럼, 대동사로 사용되어 맥락에 따라 다양한 의미(먹다, 마시다, 쓰다, 하다 등)를 나타낼 수 있습니다. 또한 [ເອົາແບບ 아오 배-ㅂ +형용사]의 형태로 특정 사항을 요구할 때에도 사용합니다.

ຊິເອົາຫຍັງ?
시 아오 냥
뭘로 하시겠습니까?

ຊິເອົາໂຄລາ.
시 아오 코- 라-
콜라로 할게요.

ເອົາເຂົ້າອີກບໍ?
아오 카오 이-ㄱ 버
밥 더 할래요(먹을래요)?

ເອົາ. / ບໍ່ເອົາ.
아오 / 버- 아오
할래요(먹을래요). / 안 할래요(안 먹어요).

ຂໍຕຳໝາກຫຸ່ງ, ເອົາແບບບໍ່ເຜັດ.
커- 땀 마-ㄱ 훙 아오 배-ㅂ 버- 펟
땀막훙 주세요, 맵지 않게요.

## • 의문사(어느) ໃດ

ໃດ 다이 는 '어느'를 의미하는 의문사로서, [명사/분류사+ໃດ 다이 ]의 형태로 의문문을 만들 수 있습니다.

ລາວຢູ່ຫ້ອງໃດ?
라-오 유- 허-ㅇ 다이
그는 어느 방에 있습니까?

ເຈົ້າຮັກຄົນໃດ?
짜오 학 콘 다이
당신은 (이 사람들 중에) 누구를 사랑합니까?

ອັນໃດແມ່ນໝາກກ້ຽງ?
안 다이 매-ㄴ 마-ㄱ 끼-양

(이 중에) 어느 것이 귤입니까?

## • 호칭어

라오스에서는 친밀한 사이의 대화에서는 ເຈົ້າ 짜오 (당신) 대신에 동생, 언니, 오빠 등의 친족어를 호칭어로 사용하는 경우가 많습니다. 상점이나 식당에서 종업원을 부를 때에도 자신보다 연장자로 보이면 ປ້າ 빠- (아주머니), ລຸງ 룽 (아저씨), ເອື້ອຍ 으-아이 (언니), ອ້າຍ 아-이 (오빠), 연하로 보이면 ນ້ອງ 너-ㅇ (동생)으로 부를 수 있습니다. 좀 더 공손하게 부르고 싶다면 호칭어를 생략하고 '실례합니다'라는 의미의 ຂໍໂທດ 커-토-ㄷ 을 사용해도 좋습니다.

ນ້ອງ! ຂໍເມນູແດ່.
너-ㅇ 커- 메- 누- 대-

여기요! 메뉴 주세요.

ເອື້ອຍ! ໄລ່ເງິນແດ່(ເຊັກບິນແດ່).
으-아이 라이 응으ㅓㄴ 대- / 섹 빈 대-

여기요! 계산해 주세요.

ຂໍໂທດ, ແຖວນີ້ມີທະນາຄານບໍ?
커- 토-ㄷ 태-우 니- 미- 타 나- 카-ㄴ 버-

실례합니다, 이 근처에 은행이 있습니까?

## 문형 연습

A: ເຈົ້າຢາກເຮັດຫຍັງ?
짜오 야-ㄱ 헫 냥
A: 당신은 무엇을 하고 싶습니까?

B: ຂ້ອຍຢາກຮຽນພາສາລາວ.
커-이 야-ㄱ 히-얀 파- 싸- 라-오
B: 저는 라오스어를 공부하고 싶습니다.

A: ເຈົ້າຢາກມີໝູ່ຄົນລາວບໍ?
짜오 야-ㄱ 미- 무- 콘 라-오 버-
A: 당신은 라오스인 친구가 있기를 원합니까?

B: ຢາກ. / ບໍ່ຢາກ.
야-ㄱ / 버- 야-ㄱ
B: 네. / 아니요.

| | 1) | | 2) | | 3) | |
|---|---|---|---|---|---|---|
| | ກິນຫຍັງ 낀 냥 | 무엇을 먹다 | ໄປໃສ 빠이 싸이 | 어디에 가다 | ອ່ານປຶ້ມໃດ 아-ㄴ 쁨 다이 | 어느 책을 읽다 |
| | ກິນເຂົ້າໜົມ 낀 카오 놈 | 과자를 먹다 | ໄປຕະຫຼາດ 빠이 딸 라-ㄷ | 시장에 가다 | ອ່ານປຶ້ມຫົວນີ້ 아-ㄴ 쁨 후-아 니- | 이 책을 읽다 |
| | ສັ່ງເພີ່ມ 쌍 프ㅓ-ㅁ | 추가 주문하다 | ຊື້ເຄື່ອງ 쓰- 크-앙 | 물건을 사다 | ເອົາປຶ້ມໄປ 아오 쁨 빠이 | 책을 가져가다 |

---

A: ຂໍນ້ຳຕານແດ່.
커- 남 따-ㄴ 대-
A: 설탕 주세요.

B: ຂໍເກືອນຳອີກແດ່.
커- 끄-아 남 이-ㄱ 대-
B: 소금도 같이 주세요.

A: ແລ້ວກໍຊ່ວຍເຊັດໂຕະແດ່.
래-우 꺼- 수-아이 셷 또 대-
A: 그리고 테이블을 닦아주세요.

C: ກະລຸນາລໍຖ້າບຶດນຶ່ງເດີ.
깔 루 나- 러- 타- 븓 능 드ㅓ-
C: 잠시만 기다려주세요.

| | 1) | | 2) | |
|---|---|---|---|---|
| | ບ່ວງສ້ອມ 부-앙 써-ㅁ | 수저, 포크 | ປີ້ລົດເມ 삐- 롣 메- | 버스표 |
| | ໄມ້ທູ່ 마이 투- | 젓가락 | ໃບບິນ 바이 빈 | 영수증 |
| | ແນະນຳເມນູ 내 남 메- 누- | 메뉴를 소개하다 | ຈອງປີ້ຍົນ 쩌-ㅇ 삐- 뇬 | 항공권을 예약하다 |
| | ເວົ້າອີກເທື່ອໜຶ່ງ 와오 이-ㄱ 트-아 능 | 한 번 더 말하다 | ຊຳລະກ່ອນ 삼 라 꺼-ㄴ | 우선 값을 지불하다 |

A: ຂໍນັ່ງບ່ອນນີ້ໄດ້ບໍ?
커- 낭 버-ㄴ 니 다이 버-

A: 이 자리에 앉아도 됩니까?

B: ຂໍໂທດ, ບ່ອນນີ້ຈອງແລ້ວ.
커- 토-ㄷ 버-ㄴ 니- 쩌-ㅇ 래-우

B: 실례지만, 이 자리는 예약되었습니다.

1)

| | |
|---|---|
| ໃຊ້ຫ້ອງນ້ຳ<br>사이 허-ㅇ 남 | 화장실을 사용하다 |
| ຫ້ອງນ້ຳຢູ່ນອກ<br>허-ㅇ 남 유- 너-ㄱ | 화장실은 밖에 있다 |

2)

| | |
|---|---|
| ລົມນຳຕຸ້ຍ<br>롬 남 뚜이 | 뚜이와 대화하다 (통화하다) |
| ສາຍບໍ່ວ່າງ<br>싸-이 버- 와-ㅇ | 통화중이다 |

---

A: ຊິເອົານ້ຳໝາກໄມ້ບໍ?
시 아오 남 마-ㄱ 마이 버?

A: 과일주스로 할래요?

B: ບໍ່ເອົາ. ຂ້ອຍຊິເອົາກາເຟ.
버- 아오 커-이 시 아오 까- 페-

B: 아니요. 저는 커피로 할래요.

1)

| | |
|---|---|
| ເສື້ອໂຕນີ້<br>쓰-아 또- 니- | 이 옷 |
| ກະໂປງໂຕນັ້ນ<br>까 뽀-ㅇ 또 난 | 저 치마 |

2)

| | |
|---|---|
| ປື້ມຫົວນີ້<br>쁨 후-아 니- | 이 책 |
| ປື້ມຫົວນັ້ນ<br>쁨 후-아 난 | 저 책 |

## 어휘 Plus

• **ອາຫານ** 음식
아- 하-ㄴ

| | | | |
|---|---|---|---|
| 음료수 | ເຄື່ອງດື່ມ<br>크-앙 드-ㅁ | 식수 | ນ້ຳດື່ມ<br>남 드-ㅁ |
| 쌀국수 | ເຝີ<br>프ㅓ- | 맥주 | ເບຍ<br>비-야 |
| 라오스식 칼국수 | ເຂົ້າປຽກ<br>카오 삐-약 | 빵 | ເຂົ້າຈີ່<br>카오 찌- |
| 볶음국수 | ຂົ້ວໝີ່ / ຂົ້ວເຝີ<br>쿠-아 미- / 쿠-아 프ㅓ- | 과자 | ເຂົ້າໜົມ<br>카오 놈 |
| 고기 조림 | ເອາະຫຼາມ<br>어 라-ㅁ | 닭 구이 | ປີ້ງໄກ່<br>삐-ㅇ 까이 |
| 다진 고기 샐러드 | ລາບ<br>라-ㅂ | 공심채 볶음 | ຂົ້ວຜັກບົ້ງ<br>쿠-아 팍 봉 |
| 파파야 샐러드 | ຕຳໝາກຫຸ່ງ<br>땀 마-ㄱ 훙 | 라오스식 찹쌀밥 | ເຂົ້າໜຽວ<br>카오 니-야우 |
| 신닷 | ຊີ້ນດາດ<br>시-ㄴ 다-ㄷ | 채소 | ຜັກ<br>팍 |
| 생선 | ປາ<br>빠- | 닭고기 | ຊີ້ນໄກ່<br>씨-ㄴ 까이 |
| 돼지고기 | ຊີ້ນໝູ<br>씨-ㄴ 무- | 소고기 | ຊີ້ນງົວ<br>씨-ㄴ 응우-아 |

## • ລົດຊາດ 맛
론 사-ㄷ

| 맛있다 | ແຊບ<br>새-ㅂ | 달다 | ຫວານ<br>와-ㄴ |
|---|---|---|---|
| 싱겁다 | ຈືດ<br>쯔-ㄷ | 짜다 | ເຄັມ<br>켐 |
| 뜨겁다 | ຮ້ອນ<br>허-ㄴ | 차갑다 | ເຢັນ<br>옌 |
| 시다 | ສົ້ມ<br>쏨 | 맵다 | ເຜັດ<br>펜 |
| 쓰다 | ຂົມ<br>콤 | 기름지다 | ມັນ<br>만 |

## 표현 Plus

| | |
|---|---|
| ຈອງແລ້ວບໍ່?<br>짜-ㅇ 래-우 버- | 예약하셨어요? |
| ຊິເອົາຫຍັງນໍ້.<br>시 아오 냥 너- | 뭘로 하시겠어요? |
| ຂໍເບິ່ງເມນູແດ່.<br>커- 브ㅓㅇ 메 누- 대- | 메뉴 좀 볼게요. |
| ອາຫານອັນໃດເປັນທີ່ນິຍົມ?<br>아- 하-ㄴ 안 다이 뻰 티- 니 뇸 | 어느 음식이 인기가 있습니까? |
| ເຮັດບໍ່ເຜັດເດີ.<br>헫 버- 펟 드ㅓ- | 안 맵게 해 주세요. |
| ບໍ່ເຜັດຫຼາຍເດີ.<br>버- 펟 라-이 드ㅓ- | 덜 맵게 해 주세요. |
| ບໍ່ໃສ່ຜັກຫອມປ້ອມເດີ.<br>버- 싸이 팍 허-ㅁ 뻐-ㅁ 드ㅓ- | 고수(팍치)를 넣지 말아주세요. |
| ຂໍໄວໆແດ່.<br>커- 와이와이 대- | 빨리 주세요. |
| ໃສ່ຖົງໃຫ້ແດ່.<br>싸이 통 하이 대- | 포장해 주세요. |

## 연습문제

**1.** 주어진 문장과 ຢາກ야-ㄱ / ບໍ່ຢາກ 버-야-ㄱ 을 사용하여 '~고 싶다', '~고 싶지 않다'는 표현을 만들어 보세요.

1) ຂ້ອຍກິນອາຫານເກົາຫຼີ. (나는 한국 음식을 먹는다)
커-이 낀 아- 하-ㄴ 까울 리-

→ ______________________________.

→ ______________________________.

2) ເຂົາເຈົ້າຢູ່ວຽງຈັນ. (그들은 비엔티안에 있다)
카오 짜오 유- 위-양 짠

→ ______________________________.

→ ______________________________.

3) ລາວໄປທ່ຽວຫຼວງພະບາງ. (그는 루앙프라방에 여행간다)
라-오 빠이 티-야우 루-앙 파 바-ㅇ

→ ______________________________.

→ ______________________________.

4) ເຈົ້າພົບພໍ່ແມ່ບໍ? (당신은 부모님을 만납니까?)
짜오 폽 퍼- 매- 버-

→ ______________________________?

→ ______________________________?

## 2. 다음 대화를 읽고 질문에 답하세요.

A: ຂໍກາເຟຈອກໜຶ່ງແດ່.
커- 까- 페- 쩌-ㄱ 능 대-

B: ຂ້ອຍຊິ___ⓐ___ນ້ຳໝາກໄມ້.
커-이 시 남 마-ㄱ 마이

C: ທັງໝົດຊາວຫ້າພັນກີບ. ___ⓑ___ລໍຖ້າບຶດໜຶ່ງເດີ.
탕 몯 싸-오 하- 판 끼-ㅂ 러- 타- 븓 능 드ㅓ-

1) 빈칸 ⓐ에 들어갈 말을 고르세요.

① ໄປ 빠이 ② ເອົາ 아오 ③ ຈອກ 쩌-ㄱ ④ ວັນໃດ 완 다이

2) 빈칸 ⓑ에 들어갈 말을 고르세요.

① ຂໍ 커- ② ບໍ່ 버- ③ ກາເຟ 까- 페- ④ ກະລຸນາ 깔 루 나-

3) 대화의 내용과 맞지 않는 것을 고르세요.

① A는 커피를 주문했다.

② C는 카페 점원이다.

③ 카페에 과일 주스가 없다.

④ 음료의 총액은 25,000낍이다.

## 3. 요청 표현(ຊ່ວຍ 수-아이 / ກະລຸນາ 깔 루 나- ~ແດ່ 대-)을 사용하여 문장을 완성해 보세요.

1) ອັດປ່ອງຢ້ຽມ (창문을 닫다)
앋 뻐-ㅇ 이-얌

→ ________________________________.

→ ________________________________.

2) ຖ່າຍຮູບ (사진을 찍다)
타-이 후-ㅂ

→ ________________________________.

→ ________________________________.

3) ແລກປ່ຽນ (교환하다)
래-ㄱ 삐-얀

→ ________________________________.

→ ________________________________.

문화 들여다보기

# 라오스의 음식

### ▶카오니야우

라오스인의 대표 주식은 카오니야우(ເຂົ້າໜຽວ)라고 불리는 찹쌀밥으로, 손가락으로 적당한 크기로 뭉쳐서 먹는 것이 특징입니다. 스스로를 “카오니야우의 자녀”(ລູກເຂົ້າໜຽວ)이라고 칭할 정도로, 라오스인의 정체성을 구성하는 중요한 요소 중 하나입니다.

작은 대나무 통발에 담기 때문에 멀리 농사일을 나갈 때에도 간편하게 휴대할 수 있습니다. 이 찹쌀밥에 째우(ແຈ່ວ)라고 불리는 장(소스)을 찍어 먹거나, 삥(ປີ້ງ), 땀막훙(ຕຳໝາກຫຸ່ງ) 등의 반찬을 곁들이는 것이 라오스인의 가장 기본적인 식단입니다.

### ▶삥

© laksena

삥빠(ປີ້ງປາ, 생선구이), 삥무(ປີ້ງໝູ’, 돼지구이), 삥까이(ປີ້ງໄກ່, 닭구이) 등 고기, 생선 등을 대나무 꼬치에 꽂아 숯불에 구운 요리를 삥이라고 합니다. 갓 구운 삥과 쫀득한 카오니야우는 최고의 조합입니다.

### ▶땀막홍

© Takeaway

익지 않은 풋파파야를 얇게 채썰어 여러가지 재료와 함께 무친 매콤새콤한 맛의 샐러드입니다. 태국, 캄보디아에도 비슷한 파파야 샐러드가 있지만, 땀막홍(ຕຳໝາກຫຸ່ງ)만의 고유한 특징이 있습니다. 바로 빠댁(ປາແດກ)이라는 라오스 전통 방식의 민물생선 젓갈이 양념으로 들어간다는 것입니다.

### ▶랍

© Darren Donahue

랍(ລາບ)은 얇게 저민 생선이나 고기에 빠댁 등 갖은 양념을 넣고 향이 좋은 허브들과 함께 버무려 내는 음식입니다. 다양한 채소들과 카오니야우를 곁들여 먹습니다. 새해 첫날이나 결혼식 등의 특별한 날에 언제나 등장하는 요리입니다.

ບົດທີ

# 08

# ອັນນີ້ເທົ່າໃດ?

## 이것은 얼마입니까?

1. 상품의 개당 가격을 묻고 구매할 수 있다.
2. 가능 표현 ໄດ້를 사용하여 흥정할 수 있다.
3. 다양한 형용사와 부사를 사용하여 상품이 어떠한지를 표현할 수 있다.

## 대화 1

쏨사이가 시장에서 과일을 삽니다.

| | |
|---|---|
| ແມ່ຄ້າ: | ເຊີນເດີ! ເຊີນເດີ! |
| 매- 카-: | 스ㅓ-ㄴ 드ㅓ- 스ㅓ-ㄴ 드ㅓ- |
| 상인: | 어서 오세요! |
| ສົມຊາຍ: | ປ້າ, ໝາກມັງກອນລາຄາເທົ່າໃດ? |
| 쏨 사-이: | 빠- 마-ㄱ 망 꺼-ㄴ 라- 카- 타오 다이 |
| 쏨사이: | 아주머니, 용과 가격이 얼마예요? |
| ແມ່ຄ້າ: | ກິໂລລະສິບສາມພັນກີບ. |
| 매- 카-: | 끼 로- 라 씹 싸-ㅁ 판 끼-ㅂ |
| 상인: | 킬로당 13,000낍이에요. |
| ສົມຊາຍ: | ຂໍສອງກິໂລແດ່. |
| 쏨 사-이: | 커- 써-ㅇ 끼 로- 대- |
| 쏨사이: | 2킬로 주세요. |
| ແມ່ຄ້າ: | ໝາກນັດກໍຫວານໆ. ລາຄາກໍຖືກ. ເອົານຳສາ. |
| 매- 카-: | 마-ㄱ 낟 꺼- 완 와-ㄴ 라- 카- 꺼- 트-ㄱ 아오 남 싸- |
| 상인: | 파인애플도 아주 달아요. 값도 싸고요. 같이 하세요. |
| ສົມຊາຍ: | ບໍ່ເປັນຫຍັງ. ຂ້ອຍເອົາແຕ່ໝາກມັງກອນ. |
| 쏨 사-이: | 버- 뻰 냥 커-이 아오 때- 마-ㄱ 망 꺼-ㄴ |
| 쏨사이: | 괜찮아요. 용과만 할게요. |
| ແມ່ຄ້າ: | ເງິນທອນສາມພັນກີບຢູ່ນີ້ເດີ. ແລ້ວມາໃໝ່ເດີ. |
| 매- 카-: | 응으ㅓㄴ 터-ㄴ 싸-ㅁ 판 끼-ㅂ 유- 니- 드ㅓ- 래-우 마- 마이 드ㅓ- |
| 상인: | 여기 거스름돈 3,000낍입니다. 또 오세요. |

## 어휘

| | | | |
|---|---|---|---|
| ເຊີນ [스ㅓ-ㄴ] | 1. 청하다, 초대하다<br>2. ~세요(타인에게 정중하게 무엇을 부탁하거나 요청할 때 사용) | ລະ [라] | ~당, ~마다 |
| ແມ່ຄ້າ [매- 카-] | 상인(여성) | ກີບ [끼-ㅂ] | Kip, 라오스 통화 (Currency) |
| ປ້າ [빠-] | 고모, 아주머니 | ໝາກນັດ [마-ㄱ 낟] | 파인애플 |
| ໝາກມັງກອນ [마-ㄱ 망 꺼-ㄴ] | 용과 | ຖືກ [트-ㄱ] | 1. 값이 싸다<br>2. 맞다(옳다) |
| ລາຄາ [라- 카] | 가격, 값 | ສາ [싸-] | 어조사(설득) |
| ກິໂລ [끼 로-] | 킬로그램 | ເງິນທອນ [응으ㅓㄴ 터-ㄴ] | 거스름돈 |
| | | ໃໝ່ [마이] | 새롭다 |

## 활용 표현

**~ ເທົ່າໃດ**

타오 다이

~는 얼마입니까?

**ກິໂລລະ**

끼 로- 라

킬로그램당 ~

## 대화 2

제인이 옷 가게에서 가격을 흥정합니다.

| | |
|---|---|
| ເຈນ: | ເສື້ອສີດຳໂຕນີ້ງາມຫຼາຍ! ລາຄາເທົ່າໃດ? |
| 쩨-ㄴ: | 쓰-아 씨- 담 또- 니- 응아-ㅁ 라-이 라- 카- 타오 다이 |
| 제인: | 이 검정 옷 정말 예쁘네요! 가격이 얼마예요? |
| ພໍ່ຄ້າ: | ໜຶ່ງແສນກີບ. |
| 퍼- 카-: | 능 쌔-ㄴ 끼-ㅂ |
| 상인: | 100,000낍입니다. |
| ເຈນ: | ໂຕສີບົວນັ້ນກໍໜ້າຮັກນໍ້. ລອງໄດ້ບໍ? |
| 쩨-ㄴ: | 또- 씨- 부-아 난 꺼- 나- 학 너- 러-ㅇ 다이 버- |
| 제인: | 저 분홍색 옷도 귀엽네요. 입어봐도 돼요? |
| ພໍ່ຄ້າ: | ໄດ້. ລອງນຸ່ງເບິ່ງເດີ. |
| 퍼- 카-: | 다이 러-ㅇ 눙 브ㅓㅇ 드ㅓ- |
| 상인: | 네. 입어보세요. |
| ເຈນ: | ນຸ່ງເບີ M(ເອັມ)ເບິ່ງ. |
| 쩨-ㄴ: | 눙 브ㅓ- 엠 브ㅓㅇ |
| 제인: | M사이즈를 입어볼게요. |
| ພໍ່ຄ້າ: | ເໝາະກັບເຈົ້າຫຼາຍໆນໍ້! |
| 퍼- 카-: | 머 깝 짜오 라이 라-이 너- |
| 상인: | 당신에게 정말 잘 어울리네요! |
| ເຈນ: | ຫຼຸດໄດ້ບໍ? ຊິເອົາໝົດສອງໂຕ. |
| 쩨-ㄴ: | 룯 다이 버- 시 아오 몯 써-ㅇ 또- |
| 제인: | (값을) 깎아줄 수 있어요? 두 벌 모두 살게요. |
| ພໍ່ຄ້າ: | ອື່ມ...ແສນເກົ້າສິບພັນກີບກໍໄດ້. |
| 퍼- 카-: | 으-ㅁ 쌔-ㄴ 까오 씹 판 끼-ㅂ 꺼- 다이 |
| 상인: | 음… 190,000낍에 가능합니다. |

## 어휘

| | | | |
|---|---|---|---|
| ເສື້ອ [쓰-아] | 옷 | ລອງ [러-ㅇ] | 시도하다, 시험하다 (~해 보다) |
| ສີ [씨-] | 색, 색깔 | ນຸ່ງ [눙] | 입다 |
| ສີດຳ [씨- 담] | 검정색 | ເບິ່ງ [브ㅓㅇ] | 보다 |
| ໂຕ [또-] | ~벌, ~마리 (옷, 동물의 수량사) | ເບີ [브ㅓ-] | 번호 |
| ສີບົວ [씨- 부-아] | 분홍색 | ເໝາະ [머] | 맞다, 어울리다 |
| ໜ້າຮັກ [나- 학] | 귀엽다, 사랑스럽다 | ຫຼຸດ [룯] | (값 등을) 깎다, 줄이다 |

## 활용 표현

**ລອງ ~ ເບິ່ງ**
러-ㅇ　브ㅓㅇ

~해 보다

**~ ໄດ້ບໍ?**
다이 버-

~해도 됩니까? ~을 수 있습니까?

**~ ກໍໄດ້**
꺼- 다이

~해도 좋습니다.

## 문법

### • 의문사(얼마) ເທົ່າໃດ

ເທົ່າໃດ 타오 다이 는 '얼마'라는 의미로 가격, 날짜, 나이, 높이, 무게, 길이 등 숫자를 답으로 하는 모든 의문문에 사용됩니다. 가격을 물을 때에는 ເທົ່າໃດ 타오 다이 앞에 '가격'이라는 의미의 ລາຄາ 라- 카-를 붙여 '값이 얼마입니까?'라고 표현합니다. 그러나 일상 회화에서는 간단히 ເທົ່າໃດ 타오 다이 라고만 말하는 경우도 많습니다.

| | |
|---|---|
| ອັນນີ້ລາຄາເທົ່າໃດ?<br>안 니- 라- 카- 타오 다이 | ອັນນີ້ເທົ່າໃດ?<br>안 니- 타오 다이 |
| 이것 가격이 얼마예요? | 이것 얼마예요? |

ທັງໝົດເທົ່າໃດ?
탕 몯 타오 다이

전부 얼마예요?

### • 단위 표현 ລະ

'~당/마다/별로/각각'라는 의미를 나타내는 단위 표현은 ລະ 라 입니다. [(명사)+분류사+ລະ 라 ]의 형태로, 대상의 개별 가격이나 특징을 말할 때 사용합니다.

| 명사 | 분류사 | 단위 표현 | |
|---|---|---|---|
| ໝາກກ້ຽງ<br>마-ㄱ 꿍 | ໜ່ວຍ<br>누-아이 | ລະ<br>라 | ເທົ່າໃດ?<br>타오 다이 |
| | | | 파파야 개당(한 개에) 얼마입니까? |
| ໝາກກ້ຽງ<br>마-ㄱ 꿍 | ໜ່ວຍ<br>누-아이 | ລະ<br>라 | 30,000 ກີບ.<br>싸-ㅁ 씹 판 끼-ㅂ |
| | | | 파파야 개당(한 개에) 30,000낍입니다. |

| ມັນຝຣັ່ງ<br>만 파랑 | ກິໂລ<br>끼 로- | ລະ<br>라 | 15,000 ກີບ.<br>씹 하- 판 끼-ㅂ |
|---|---|---|---|

감자 킬로당(일 킬로그램에) 15,000낍입니다.

| ເສື້ອ<br>쓰-아 | ໂຕ<br>또- | ລະ<br>라 | 125,000 ກີບ.<br>능 쌔-ㄴ 사-오 하- 판 끼-ㅂ |
|---|---|---|---|

옷 벌당(한 벌에) 125,000낍입니다.

## • 정도부사 및 상태 강조 표현

형용사(상태동사)에는 정도부사를 붙일 수 있습니다. 예를 들어 ຫວານ 와-ㄴ (달다)을 적용하면 다음과 같이 표현할 수 있습니다.

| | | | |
|---|---|---|---|
| ~ ໂພດ<br>포-ㄷ | 지나치게/너무하게 ~하다 | ຫວານໂພດ<br>와-ㄴ 포-ㄷ | 지나치게 달다 |
| ~ ຫຼາຍ<br>라-이 | 매우/아주 | ຫວານຫຼາຍ<br>와-ㄴ 라-이 | 매우 달다 |
| ~ ໜ້ອຍໜຶ່ງ<br>너-이 능 | 약간/조금 | ຫວານໜ້ອຍໜຶ່ງ<br>와-ㄴ 너-이 능 | 약간 달다 |
| ບໍ່ ~ ປານໃດ<br>버- 빠-ㄴ 다이 | 그다지 ~않다 | ບໍ່ຫວານປານໃດ<br>버- 와-ㄴ 빠-ㄴ 다이 | 그다지 달지 않다 |
| ບໍ່ ~<br>버- | ~않다 | ບໍ່ຫວານ<br>버- 와-ㄴ | 달지 않다 |
| ບໍ່ ~ ເລີຍ<br>버- 르ㅓ-이 | 전혀 ~않다 | ບໍ່ຫວານເລີຍ<br>버- 와-ㄴ 르ㅓ-이 | 전혀 달지 않다 |

형용사에 반복 부호ໆ(ເຄື່ອງໝາຍຊ້ຳ 크-앙 마-이 삼 )을 붙여서 그 단어를 두 번 연달아 말하는 방식으로 상태의 강조를 나타낼 수도 있습니다.

| | | |
|---|---|---|
| 상태동사 | ປາສົດໆ<br>빠- 쏟 쏟 | 아주 신선한(싱싱한) 생선 |
| | ໝາກໂມຫວານໆ<br>마-ㄱ 모- 완 와-ㄴ | 아주 단 수박 |

한편, ໆ이 형용사가 아닌 동작동사 뒤에 붙으면 동작의 지속을 나타냅니다. 그리고 부사 뒤에 붙어 부사가 가진 의미를 강조(또는 약화)시키기도 합니다. 또한, 셀 수 있는 명사에 붙이면 명사를 복수형으로 만들어 줍니다.

| | | |
|---|---|---|
| 동작동사 | ຫຼິ້ນໆ<br>린 린 | 놀고 놀다. |
| 부사 | ງາມຫຼາຍໆ<br>응아-ㅁ 라이 라-이 | 아주아주 아름답다. |
| 명사 | ເດັກໆ<br>덱 덱 | 아이들 |

✔ 장모음으로 이루어진 단어에 ໆ이 붙은 경우, 첫 번째 음절은 짧게 발음하고 두 번째 음절은 장모음으로 발음합니다.

## • ~해 보다 ເບິ່ງ

'보다'라는 뜻의 ເບິ່ງ 브ㅓㅇ 과 '시도하다'라는 뜻의 ລອງ을 함께 사용하여 [ລອງ 러-ㅇ +동사+ເບິ່ງ 브ㅓㅇ ] (또는 [동사+ລອງ 러-ㅇ +ເບິ່ງ 브ㅓㅇ ])의 형태로 행위의 시도나 경험을 나타낼 수 있습니다.

ລອງຊີມເບິ່ງ.
러-ㅇ 시-ㅁ 브ㅓㅇ
맛을 보다.

ລອງໃຊ້ເບິ່ງ.
러-ㅇ 사이 브ㅓㅇ
사용해 보다.

ລອງນຸ່ງເບິ່ງ. / ລອງໃສ່ເບິ່ງ.
러-ㅇ 눙 브ㅓㅇ / 러-ㅇ 싸이 브ㅓㅇ
입어 보다.

ລອງຂັບເບິ່ງ.
러-ㅇ 캅 브ㅓㅇ
운전해 보다.

## • 가능 표현(1) ໄດ້

동사 뒤에 ໄດ້ 다이 를 붙여서 '~할 수 있다'라는 가능의 의미를 표현합니다. '~해도 좋다'라는 허가의 의미로도 사용할 수 있습니다. 긍정문은 [동사+(목적어)+ໄດ້ 다이 ]의 형태로, 부정문은 [동사+(목적어)+ບໍ່ໄດ້ 버- 다이 ]의 형태로 나타냅니다. 문장 앞에 요청 표현 ຂໍ 커- 를 붙이면 '(제가) ~해도 됩니까?'라는 허가 표현, ຊ່ວຍ 수-아이 , ກະລຸນາ 깔 루 나- 를 붙이면 '~해 주실 수 있습니까?'라는 부탁 표현이 됩니다. 또한 ໄດ້ 다이 는 '~도', '또한'의 뜻을 가진 ກໍ 꺼- 와 결합하여 [동사/문장+ກໍໄດ້ 꺼- 다이 ]의 형태로 동사의 행위 또는 문장의 내용 역시 가능함을 나타냅니다.

ເປີດປ່ອງຢ້ຽມໄດ້.
쁘ㅓ-ㄷ 뻐-ㅇ 이-얌 다이
창문을 열 수 있다(=창문을 열어도 좋다).

ຫຼຸດລາຄາໄດ້ບໍ?
룯 라- 카- 다이 버-
값을 깎아줄 수 있습니까?

ໄດ້. / ບໍ່ໄດ້.
다이 / 버- 다이
네(가능합니다). / 아니요(가능하지 않습니다).

ຖາມກໍໄດ້.
타-ㅁ 꺼- 다이
질문 또한 가능하다(=질문해도 좋다).

## • 다양한 어조사

### (1) 공손표지 : ເດີ 드ㅓ-

| | |
|---|---|
| ລະວັງ**ເດີ**<br>라 왕 드ㅓ- | ຂໍໂທດ**ເດີ**<br>커- 토-ㄷ 드ㅓ- |
| 조심해요 | 실례합니다 |

### (2) 공감, 권유 : ເນາະ 너, ນໍ 너-, ນໍ້ 너-

| | |
|---|---|
| ເມື່ອຍຫຼາຍ**ນໍ້**<br>므-아이 라-이 너- | ຮຽນນຳກັນ**ເນາະ**<br>히-얀 남 깐 너 |
| 많이 피곤하겠네요 | 함께 공부할까요? |

### (3) 제안, 권유, 약한 명령 : ປະ 빠, ເທາະ 터

| | |
|---|---|
| ພວກເຮົາໄປທ່ຽວ**ເທາະ**!<br>푸-악 하오 빠이 티-야우 터 | ອະນາໄມຫ້ອງ**ປະ**!<br>아 나- 마이 허-ㅇ 빠 |
| 우리 여행가자! | 방 청소하자! |

### (4) 약한 명령, 설득 : ແມະ 매, ແມ້ 매-, ສະ 싸, ສາ 싸-

| | |
|---|---|
| ຕັ້ງໃຈເຮັດວຽກ**ແມ້**<br>땅 짜이 헨 위-약 매- | ກິນ**ສາ**<br>낀 싸- |
| 열심히 일해라 | 좀 먹어 |

### (5) 확인 : ຕິ 띠, ຕີ້ 띠-

ບໍ່ແມ່ນ**ຕີ້**
버- 매-ㄴ 띠-

그렇지 않을걸요?

### (6) 불복 ໄດ໋ 다이, ໄດ 다이

ບໍ່ໄດ້ເຮັດໄດ໋!
버- 다이 헨 다이

(내가) 안했거든요!

라오스어의 어조사는 문장의 맨 끝에 붙어 말하는 사람의 기분이나 판단을 표현합니다. 어조사는 사람에 따라 발음을 달리하거나 다르게 표기하기도 합니다.

## 문형 연습

A: ປື້ມຫົວນີ້ລາຄາເທົ່າໃດ?
쁨 후-아 니- 라- 카- 타오 다이

A: 이 책은 얼마입니까?

B: ຫ້າສິບພັນກີບ.
하- 씹 판 끼-ㅂ

B: 50,000낍입니다.

A: ປາກກາຊຸດນັ້ນເທົ່າໃດ?
빠-ㄱ 까- 숟 난 타오 다이

A: 저 펜 세트는 얼마입니까?

B: ຊຸດລະ ຊາວຫ້າພັນກີບ.
쑫 라 사-오 하- 판 끼-ㅂ

B: 한 세트에 25,000낍입니다.

1)

| | |
|---|---|
| ກະໂປງໂຕນີ້<br>까 뽀-ㅇ 또- 니- | 이 치마 |
| ໜຶ່ງແສນ<br>능 쌔-ㄴ | 100,000 |
| ສິ້ນຜືນນັ້ນ<br>씬 프-ㄴ 난 | 저 '씬'(라오스 전통치마) |
| ຜືນ / ແປດສິບພັນ<br>프-ㄴ / 빼-ㄷ 씹 판 | 벌 / 80,000 |

2)

| | |
|---|---|
| ຕຶກຫຼັງນີ້<br>뜩 랑 니- | 이 건물 |
| ສາມຮ້ອຍລ້ານ<br>싸-ㅁ 허-이 라-ㄴ | 300,000,000 |
| ລົດໃຫຍ່ຄັນນັ້ນ<br>롣 냐이 칸 난 | 저 자동차 |
| ຄັນ / ເກົ້າສິບລ້ານ<br>칸 / 까오 씹 라-ㄴ | 대 / 90,000,000 |

A: ໂມງອັນນີ້ດີຫຼາຍ!
모-ㅇ 안 니- 디- 라-이

ແຕ່ລາຄາແພງໜ້ອຍໜຶ່ງ. ຫຼຸດໄດ້ບໍ?
때- 라- 카- 패-ㅇ 너-이 능 룯 다이 버-

A: 이 시계 정말 좋네요! 그러나 가격이 조금 비싸요. 깎아줄 수 있어요?

B: ບໍ່ໄດ້. ອັນນັ້ນລາຄາຖືກໆແລ້ວ.
버- 다이 안 난 라- 카- 특 트-ㄱ 래-우

B: 안 돼요. 그것의 가격은 이미 아주 저렴해요.

A: ຊິເອົາ 2 ອັນ.
시 아오 써-ㅇ 안

ທັງໝົດ 650,000 ກີບ ສາ.
탕 몯 혹 쌔-ㄴ 하- 씹 판 끼-ㅂ 싸-

A: 두 개 할게요. 전부 650,000낍에 해주세요.

B: ຕົກລົງ. 650,000 ກີບ ກໍໄດ້.
똑 롱 혹 쌔-ㄴ 하- 씹 판 끼-ㅂ 꺼- 다이

B: 알겠어요. 650,000낍에 드릴게요.

1)

| | |
|---|---|
| ຕັ່ງໜ່ວຍນີ້<br>땅 누-아이 니- | 이 의자 |
| ໜ່ວຍນັ້ນ<br>누-아이 난 | 그것 |
| ໜ່ວຍ<br>누-아이 | ~개 |

2)

| | |
|---|---|
| ເກີບຄູ່ນີ້<br>끄ㅓ-ㅂ 쿠- 니- | 이 신발 |
| ຄູ່ນັ້ນ<br>쿠- 난 | 그것 |
| ຄູ່<br>쿠- | ~켤레 |

3)

| | |
|---|---|
| ໂທລະທັດເຄື່ອງນີ້<br>토- 라 탇 크-앙 니- | 이 텔레비전 |
| ເຄື່ອງນັ້ນ<br>크-앙 난 | 그것 |
| ເຄື່ອງ<br>크-앙 | ~대 |

## 어휘 Plus

### • ຄຳຄຸນນາມຕ່າງໆ 여러가지 형용사
캄 쿤 나-ㅁ 땅 따-ㅇ

| | | | |
|---|---|---|---|
| 무겁다 | ໜັກ<br>낙 | 가볍다 | ເບົາ<br>바오 |
| 높다/(키가) 크다 | ສູງ<br>쑤-ㅇ | 키가 작다 | ເຕ້ຍ<br>띠-야 |
| 뚱뚱하다 | ຕຸ້ຍ<br>뚜이 | 마르다 | ຈ່ອຍ<br>쩌-이 |
| 빠르다 | ໄວ<br>와이 | 느리다/늦다 | ຊ້າ<br>사- |
| 즐겁다/재밌다 | ມ່ວນ<br>무-안 | 지루하다/재미없다 | ເບື່ອ<br>브-아 |
| 귀엽다 | ໜ້າຮັກ<br>나- 학 | 잘생기다/멋있다 | ຫຼໍ່<br>러- |
| 만족스럽다 | ພໍໃຈ<br>퍼- 짜이 | 슬프다 | ໂສກເສົ້າ<br>쏘-ㄱ 싸오 |
| 놀라다 | ຕົກໃຈ<br>똑 짜이 | 아쉽다 | ເສຍດາຍ<br>씨-야 다-이 |
| 피곤하다 | ເມື່ອຍ<br>므-아이 | 기운차다/활기있다 | ມີຊີວິດຊີວາ<br>미- 시- 윋 시- 와- |
| 어리석다 | ໂງ່<br>응오- | 똑똑하다 | ສະຫຼາດ<br>쌀 라-ㄷ |

- **ສີຕ່າງໆ** 여러가지 색깔
  씨- 땅 따-ㅇ

| | | | |
|---|---|---|---|
| 흰색 | ສີຂາວ<br>씨- 카-오 | 검정색 | ສີດຳ<br>씨- 담 |
| 빨강색 | ສີແດງ<br>씨- 대-ㅇ | 녹색 | ສີຂຽວ<br>씨- 키-야우 |
| 노랑색 | ສີເຫຼືອງ<br>씨- 르-앙 | 하늘색/파란색 | ສີຟ້າ<br>씨- 파- |
| 분홍색 | ສີບົວ<br>씨- 부-아 | 파란색/남색 | ສີນ້ຳເງິນ<br>씨- 남 응언 |
| 주황색 | ສີສົ້ມ<br>씨- 쏨 | 갈색 | ສີນ້ຳຕານ<br>씨- 남 따-ㄴ |
| 회색 | ສີເທົາ<br>씨- 타오 | 보라색 | ສີມ່ວງ<br>씨- 무-앙 |
| 은색 | ສີເງິນ<br>씨- 응언 | 금색 | ສີທອງ<br>씨- 터-ㅇ |

## 표현 Plus

| | |
|---|---|
| ນ້ຳໜັກເທົ່າໃດ?<br>남 낙 타오 다이 | 무게가 얼마예요? |
| ນ້ຳໜັກ 3 ກິໂລ.<br>남 낙 싸-ㅁ 끼 로- | 무게가 3킬로입니다. |
| ສູງເທົ່າໃດ?<br>쑤-ㅇ 타오 다이 | 키가 얼마예요? |
| ສູງ 170 ຊັງຕີແມັດ.<br>쑤-ㅇ 허-이 쩬 씹 상 띠- 맨 | 키가 170센티미터입니다. |
| ໄລຍະທາງເທົ່າໃດ?<br>라이 냐 타-ㅇ 타오 다이 | 거리가 얼마예요? |
| ໄລຍະທາງ 50 ກິໂລແມັດ.<br>라이 냐 타-ㅇ 하- 씹 끼 로- 맨 | 거리가 50킬로미터예요. |
| ຄວາມໄວເທົ່າໃດ?<br>쿠와-ㅁ 와이 타오 다이 | 속도가 얼마예요? |
| ຄວາມໄວ 80 ກິໂລແມັດຕໍ່ຊົ່ວໂມງ.<br>쿠와-ㅁ 와이 빼-ㄷ 씹 끼 로- 맨 떠- 수-아 모-ㅇ | 속도가 시속 80킬로미터예요. |

## 연습문제

### 1. [보기]와 같이 빈 칸에 알맞은 단어를 넣어 문장을 완성하세요.

| ບໍ່ | ໂພດ | ຫຼາຍ | ໜ້ອຍໜຶ່ງ | ປານໃດ | ເລີຍ |
|---|---|---|---|---|---|
| 버- | 포-ㄷ | 라-이 | 너-이 능 | 빠-ㄴ 다이 | 르ㅓ-이 |

[보기] ອາກາດມື້ນີ້ບໍ່ໜາວປານໃດ.
아- 까-ㄷ 므- 니- 버- 나-우 빠-ㄴ 다이

오늘 날씨는 그다지 춥지 않습니다. (ໜາວ 춥다)
나-우

1) ອາຫານ____________________.
아- 하-ㄴ

음식이 조금 짭니다. (ເຄັມ 짜다)
켐

2) ກາເຟ____________________.
까- 페-

커피가 전혀 뜨겁지 않습니다. (ຮ້ອນ 뜨겁다 / 덥다)
허-ㄴ

3) ລາຄາ____________________.
라- 카-

가격이 지나치게 비쌉니다. (ແພງ 비싸다)
패-ㅇ

4) ຂ້ອຍ____________________.
커-이

저는 그를 매우 좋아합니다. (ມັກ 좋아하다)
막

## 2. 주어진 단어를 배열하여 문장을 완성하세요.

1) 모자를 써 보다. (ໝວກ ໃສ່ ລອງ ເບິ່ງ)
무-악 싸이 러-ㅇ 브ㅓㅇ

______________________

2) 값을 깎아줄 수 있습니까? (ບໍ່ ຫຼຸດ ໄດ້ ລາຄາ)
버- 룯 다이 라- 카-

______________________

3) 책 한 권에 얼마입니까? (ລະ ປຶ້ມ ເທົ່າໃດ ຫົວ)
라 쁨 타오 다이 후-아

______________________

## 3. [보기]와 같이 가격을 흥정해서 사 보세요.

[보기]

A: ມັນຝຣັ່ງລາຄາເທົ່າໃດ? (감자 얼마예요?)
만 파랑 라- 카- 타오 다이

B: ກິໂລລະ 30,000 ກີບ. (킬로당 삼만 낍이에요.)
끼 로- 라 싸-ㅁ 씹 판 끼-ㅂ

A: ແພງຫຼາຍ! ຫຼຸດລາຄາໄດ້ບໍ? (매우 비싸네요! 값을 깎아줄 수 있어요?)
패-ㅇ 라-이 룯 라- 카- 다이 버-

B: ກິໂລລະ 25,000 ກີບກໍໄດ້. (킬로당 이만 오천 낍에도 가능해요.)
끼 로- 라 사-오 하- 판 끼-ㅂ 꺼- 다이

A: ຄັນຊັ້ນ, ຂໍ 2 ກິໂລແດ່. (그럼, 2킬로 주세요.)
칸 싼 커- 써-ㅇ 끼 로- 대-

1) 수박 두 개 ໝາກໂມສອງໜ່ວຍ
정가: 개당 20,000낍 → 희망 가격: 개당 15,000낍

2) 가방 한 개 ກະເປົາອັນໜຶ່ງ
정가: 800,000낍 → 희망 가격: 750,000낍

3) 자전거 한 대 ລົດຖີບຄັນໜຶ່ງ
정가: 1,500,000낍 → 희망 가격: 1,300,000낍

## 문화 들여다보기

# 라오스의 전통 의복, 씬(ສິ້ນ)

© Vixay

‘씬(ສິ້ນ)’은 라오스 여성들이 입는 전통 치마입니다. 큰 통치마를 랩 스커트 방식으로 몸에 감아 둘러 입습니다. 일반적으로 치마 밑단에 자수 장식을 넣어 투톤의 색상을 이룹니다.

베틀로 손수 짠 실크나 면으로 만들어진 전통 방식의 씬도 있지만, 합성 섬유로 만들어진 저렴한 씬도 있습니다. 자수의 양이나 디자인에 따라서도 씬의 가격은 크게 달라집니다.

결혼식 등 중요한 행사가 있을 때에는 긴소매의 전통 블라우스와 씬을 입고 어깨에 파비양(ຜ້າບ່ຽງ)를 두릅니다.

씬은 평상복으로도 애용됩니다. 평상시에는 일반적인 티셔츠에 단순한 무늬, 실용적인 소재의 소재의 씬을 입습니다.

학교나 직장에 갈 때에도 씬을 입습니다. 여학생의 교복, 공무원의 정복, 승무원의 제복 등 라오스의 여성 유니폼 하의는 대부분 씬이기 때문입니다. 복장 규정이 따로 없는 일반 회사라도 직장 여성들은 대부분 씬을 입고 출근합니다. 이렇듯 라오스 여성들은 거의 언제나 씬을 입고 있기 때문에, 씬은 라오스 여성의 상징이라고도 할 수 있습니다.

ບົດທີ

09

# ຂ້ອຍກຳລັງຮຽນຢູ່

## 저는 공부를 하고 있어요.

**학습목표**

1. 명사형 접두어를 사용하여 학업/과목명을 말할 수 있다.
2. 의문사 ແນວໃດ를 사용하여 방법에 대해 묻고 답할 수 있다.
3. 상대의 행복을 기원하거나 응원할 수 있다.

## 대화 1

쏨사이와 너이가 시험에 대해 이야기합니다.

ສົມຊາຍ: ນ້ອຍ, ກຳລັງເຮັດຫຍັງຢູ່?
쏨 사-이: 너-이 깜 랑 헷 냥 유-

쏨사이: 너이, 지금 뭐 하고 있어요?

ນ້ອຍ: ຂ້ອຍກຳລັງຮຽນຢູ່. ມື້ອື່ນມີເສັງພາສາອັງກິດ.
너-이: 커-이 깜 랑 히-얀 유-. 므- 으-ㄴ 미- 쎙 파- 싸- 앙 낃

너이: 저는 공부를 하고 있어요. 내일 영어 시험이 있어요.

ສົມຊາຍ: ເສັງວິຊາຫຍັງ?
쏨 사-이: 쎙 위 사- 냥

쏨사이: 무슨 과목 시험을 봐요?

ນ້ອຍ: ເສັງວິຊາການຂຽນ.
너-이: 쎙 위 사- 까-ㄴ 키-얀

너이: 쓰기 시험을 봐요.

ສົມຊາຍ: ເຈົ້າກຳລັງຮຽນຢູ່ມະຫາວິທະຍາໄລແຫ່ງຊາດລາວແມ່ນບໍ?
쏨 사-이: 짜오 깜 랑 히-얀 유- 마 하- 위 타 냐- 라이 해-ㅇ 사-ㄷ 라-오 매-ㄴ 버-

쏨사이: 당신은 라오스국립대에서 공부하고 있지요?

ນ້ອຍ: ແມ່ນແລ້ວ.
너-이: 매-ㄴ 래-우

너이: 맞아요.

ຂ້ອຍຮຽນຢູ່ປີ 4 ແລ້ວ ຈຶ່ງຕ້ອງເສັງໄດ້ໃນເທື່ອນີ້.
커-이 히-얀 유- 삐- 씨- 래-우 쯩 떠-ㅇ 쎙 다이 나이 트-아 니-

저는 4학년이기 때문에 이번에 반드시 시험에 합격해야만 해요.

ສົມຊາຍ: ສູ້ໆເດີ. ຂໍໃຫ້ມີຜົນສຳເລັດເດີ.
쏨 사-이: 쑤 쑤- 드 ㅓ- 커- 하이 미- 폰 쌈 렌 드 ㅓ-

쏨사이: 힘내요(화이팅)! 좋은 결과가 있기를 바라요.

## 어휘

|  |  |  |  |
|---|---|---|---|
| ກຳລັງ ~ ຢູ່<br>[깜 랑 유-] | ~고 있다(현재진행형) | ຕ້ອງ<br>[떠-ㅇ] | 반드시 ~해야만 한다 (must) |
| ມື້ອື່ນ<br>[므- 으-ㄴ] | 내일 | ເສັງໄດ້<br>[쎙 다이] | 시험에 합격하다 |
| ເສັງ<br>[쎙] | 시험 | ເທື່ອ<br>[트-아] | ~번, ~회 |
| ວິຊາ<br>[위 사-] | 과목 | ສູ້ໆ<br>[쑤 쑤-] | 파이팅(응원, 격려 표현) |
| ການຂຽນ<br>[까-ㄴ 키-얀] | 쓰기(writing) | ຂໍໃຫ້<br>[커-하이] | ~기를 바랍니다 (기원 표현) |
| ມະຫາວິທະຍາໄລ<br>[마 하- 위 타 냐- 라이] | 대학교 | ຜົນ<br>[폰] | 결과 |
| ແຫ່ງຊາດ<br>[해-ㅇ 사-ㄷ] | 국가의, 국립의 | ສຳເລັດ<br>[쌈 렌] | 성공하다 |

## 활용 표현

ກຳລັງ ~ ຢູ່
깜 랑 유-

~를 하는 중입니다.

ຕ້ອງ ~
떠-ㅇ

반드시 ~ 해야 합니다.

ຂໍໃຫ້ ~
커- 하이

~기를 바라다/소망하다

## 대화 2

뚜이와 유진이 라오스어 공부 방법에 대해 이야기합니다.

**ຕຸ້ຍ:** ເຈົ້າຮຽນພາສາລາວແນວໃດ?<br>
뚜이: 짜오 히-얀 파- 싸- 라-오 내-우 다이<br>
뚜이: 당신은 라오스어 공부를 어떻게 해요?

**ຢູຈິນ:** ປົກກະຕິແລ້ວ ອ່ານປຶ້ມພ້ອມອອກສຽງດັງໆ.<br>
유- 찐: 뽁 까 띠 래-우 아-ㄴ 쁨 퍼-ㅁ 어-ㄱ 씨-양 당 당<br>
유진: 보통 큰 소리를 내면서 책을 읽어요.

ບາງຄັ້ງເບິ່ງວິດີໂອເປັນພາສາລາວ.<br>
바-ㅇ 캉 브ㅓㅇ 위 디- 오- 뻰 파- 싸- 라-오<br>
가끔 라오스어 동영상도 봐요.

**ຕຸ້ຍ:** ການຮຽນຄົນດຽວແມ່ນຍາກຫຼາຍ.<br>
뚜이: 까-ㄴ 히-얀 콘 디-야우 매-ㄴ 냐-ㄱ 라-이<br>
뚜이: 혼자서 공부하는 것은 매우 어려워요.

**ຢູຈິນ:** ຄວາມຈິງແລ້ວ, ຂ້ອຍຮູ້ສຶກອາຍ.<br>
유- 찐: 쿠와-ㅁ 찡 래-우 커-이 후- 쓱 아-이<br>
유진: 사실은, 제가 좀 부끄러움을 타요.

**ຕຸ້ຍ:** ບໍ່ຕ້ອງອາຍ. ເຈົ້າຄວນຝຶກການເວົ້ານຳຄົນລາວ.<br>
뚜이: 버- 떠-ㅇ 아-이 짜오 쿠-언 픅 까-ㄴ 와오 남 콘 라-오<br>
뚜이: 부끄러워할 필요 없어요. 당신은 라오스인과 말하기 연습을 해야 해요.

## 어휘

|  |  |  |
|---|---|---|
| ແນວໃດ | [내-우 다이] | 어떻게 |
| ປົກກະຕິ | [뽁 까 띠] | 보통이다, 일반적이다 |
| ອ່ານ | [아-ㄴ] | 읽다 |
| ພ້ອມ | [퍼-ㅁ] | 동시에, ~하면서 |
| ສຽງ | [씨-양] | 소리 |
| ດັງ | [당] | (소리가) 크다 |
| ບາງຄັ້ງ | [바-ㅇ 캉] | 가끔, 어떤 때 |
| ວິດີໂອ | [위 디- 오] | 비디오, 동영상 |
| ຄົນດຽວ | [콘 디-야우] | 혼자, 홀로 |
| ຍາກ | [냐-ㄱ] | 어렵다 |
| ຄວນ | [쿠-안] | ~해야 한다(should) |
| ຝຶກ | [픅] | (반복) 연습하다 |
| ການເວົ້າ | [까-ㄴ 와오] | 말하기(speaking) |
| ຄວາມຈິງ | [쿠와-ㅁ 찡] | 사실, 진실 |
| ຮູ້ສຶກ | [후- 쓱] | 느끼다 |
| ອາຍ | [아-이] | 부끄럽다, 쑥스럽다 |

## 활용 표현

**~ ແນວໃດ?**
내-우 다이

어떻게 ~ 합니까?

**ບໍ່ຕ້ອງ ~**
버- 떠-ㅇ

~할 필요가 없습니다.

## 문법

### • 의문사(어떻게) ແນວໃດ

상태나 수단, 방법을 물을 때는 ແນວໃດ 내-우 다이 를 문장 끝에 붙입니다. 구어체로 ຈັ່ງໃດ 짱 다이 를 사용할 수도 있습니다. '어떻게 ~합니까?'는 [동사+ ແນວໃດ/ຈັ່ງໃດ 내-우 다이/짱 다이 ]로 표현하며, 명사와 함께 '~는 어떻습니까?'라는 의미를 나타낼 때는 ເປັນ 뻰 을 붙여 [명사+ເປັນແນວໃດ/ເປັນຈັ່ງໃດ 뻰 내-우 다이/뻰 짱 다이 ]로 표현합니다.

ຂຽນແນວໃດ?
키-얀 내-우 다이

어떻게 (글씨를) 씁니까?

ໄປຈັ່ງໃດນໍ້.
빠이 짱 다이 너-

어떻게 가는 게 좋을까? (가는 길, 가는 방법 등)

ວຽງຈັນເປັນແນວໃດ?
위-양 짠 뻰 내-우 다이

비엔티안은 어때요?

### • 진행 표현 ກຳລັງ

조동사 ກຳລັງ 깜랑 은 동사 앞에 붙어 '~하는 중'이라는 진행의 의미를 나타냅니다. 동작동사뿐만 아니라 상태동사에도 결합할 수 있으며, 상태동사에 쓰일 때는 그러한 상태에 놓여 있음을 강조합니다. '있다'는 의미의 ຢູ່ 유- 를 더하여 [ກຳລັງ 깜랑 +동사+(목적어)+ຢູ່ 유- ]의 형태로 사용할 수 있습니다.

| | | |
|---|---|---|
| 동작동사 | ຂ້ອຍກຳລັງພົບໝູ່.<br>커-이 깜랑 폽 무- | 나는 친구를 만나러 가는 중이다. |
| | ຕອນນີ້ກຳລັງເຮັດຢູ່.<br>떠-ㄴ 니- 깜랑 헷 유- | 지금 하는 중이다. |
| 상태동사 | ລາວກຳລັງບໍ່ສະບາຍ.<br>라-오 깜랑 버- 싸 바-이 | 그는 몸이 안 좋다. |

## • 의무 표현 ຕ້ອງ, ຄວນ

'반드시 ~해야 한다 라는 필수, 의무를 나타낼 때에는 ຕ້ອງ 떠-ㅇ 을 동사의 앞에 붙입니다. 조금 완곡하게 권유, 조언을 할 때에는 ຄວນ 쿠-안 을 사용할 수 있습니다. ຕ້ອງ 떠-ㅇ 은 영어의 must에 가깝고, ຄວນ 쿠-안 은 영어의 should에 가깝다고 할 수 있습니다. [ຕ້ອງ 떠-ㅇ +동사] 또는 [ຄວນ 쿠-안 +동사]의 형태로 표현합니다.

부정의 경우 각각 ບໍ່ຕ້ອງ 버- 떠-ㅇ , ບໍ່ຄວນ 버- 쿠-안 이 되는데, ບໍ່ຄວນ 버- 쿠-안 은 '~해서는 안 된다'는 의미지만, ບໍ່ຕ້ອງ 버- 떠-ㅇ 은 '~할 필요 없다'는 의미이므로 잘 구분하여 사용해야 합니다.

ບໍ່ຕ້ອງ 버- 떠-ㅇ 은 곧잘 허가 표현인 ກໍໄດ້ 꺼- 다이 를 동반하여 [ບໍ່ຕ້ອງ 버- 떠-ㅇ +동사+(ກໍໄດ້ 꺼- 다이 )]의 형태로 쓰입니다.

ຂ້ອຍຕ້ອງໄປຫຼວງພະບາງ.
커-이 떠-ㅇ 빠이 루-앙 파 바-ㅇ

나는 반드시 루앙프라방에 가야 한다.

ເຈົ້າຕ້ອງຮຽນພາສາລາວບໍ?
짜오 떠-ㅇ 히-얀 파- 싸- 라-오 버-

당신은 반드시 라오스어를 공부해야 합니까?

ເຈົ້າ, ຕ້ອງ. / ບໍ່, ບໍ່ຕ້ອງ.
짜오, 떠-ㅇ / 버-, 버- 떠-ㅇ

네. 반드시요. / 아니요. 꼭 그럴 필요는 없어요.

ບໍ່ຕ້ອງເວົ້າກໍໄດ້.
버- 떠-ㅇ 와오 꺼- 다이

말할 필요 없습니다.

ເຈົ້າຄວນຝຶກການເວົ້າ.
짜오 쿠-안 픅 까-ㄴ 와오

당신은 말하기를 연습해야 합니다.

ລາວບໍ່ຄວນດື່ມເຫຼົ້າ.
라-오 버- 쿠-안 드-ㅁ 라오

그는 술을 마시면 안 됩니다.

## • 명사형 접두어 ການ, ຄວາມ

동사에 ການ 까-ㄴ 이나 ຄວາມ 쿠와-ㅁ 을 붙여 명사를 만들 수 있습니다. 동작동사 앞에 ການ 까-ㄴ 을 붙이면 '~하기'(예: 읽기, 걷기 등)류의 동명사가 되어 주어나 목적어로 사용할 수 있습니다. 상태동사 앞에 ຄວາມ 쿠와-ㅁ 을 붙이면 추상명사(예: 선, 행복 등)가 됩니다.

| | | |
|---|---|---|
| ການ + ອ່ານ (읽다) | → ການອ່ານ<br>까-ㄴ 아-ㄴ | 읽기 |
| ການ + ຂຽນ (쓰다) | → ການຂຽນ<br>까-ㄴ 키-얀 | 쓰기 |
| ການ + ໃຊ້ (사용하다) | → ການໃຊ້<br>까-ㄴ 사이 | 사용하기, 사용 |
| ຄວາມ + ສຸກ (행복하다) | → ຄວາມສຸກ<br>쿠와-ㅁ 쑥 | 행복 |
| ຄວາມ + ດີ (좋다) | → ຄວາມດີ<br>쿠와-ㅁ 디- | 선(善) |

한편, 일부 동사는 ການ 까-ㄴ 과 ຄວາມ 쿠와-ㅁ 모두 결합할 수 있습니다. 같은 단어더라도 ການ 까-ㄴ 이 붙은 경우와 ຄວາມ 쿠와-ㅁ 이 붙은 경우는 각각 다른 의미를 가집니다. 전자는 동명사, 후자는 추상명사가 됩니다.

| | | |
|---|---|---|
| ການ + ຄິດ (생각하다) | → ການຄິດ<br>까-ㄴ 킫 | 생각하기, 생각하는 것 |
| ຄວາມ + ຄິດ (생각하다) | → ຄວາມຄິດ<br>쿠와-ㅁ 킫 | 생각, 사고, 견해 |
| ການ + ຮັກ (사랑하다) | → ການຮັກ<br>까-ㄴ 학 | 사랑하기, 사랑하는 것 |
| ຄວາມ + ຮັກ (사랑하다) | → ຄວາມຮັກ<br>쿠와-ㅁ 학 | 사랑 |

## • 기원 표현

상대방을 축복하거나 기원할 때에는 ຂໍໃຫ້ 커- 하이 를 문장 앞에 붙입니다. 즉, [ຂໍໃຫ້ 커- 하이 + (주어) + 동사]의 형태가 됩니다. 축복과 기원을 표현하는 화행에서 주어는 대화의 청자가 되므로 으레 생략됩니다. 또한 ມີ(있다)동사와 결합하여 '~이 있기를 바란다'는 식으로 표현하는 경우가 많습니다.

ຂໍໃຫ້ມີຄວາມສຸກ.
커- 하이 미- 쿠와-ㅁ 쑥

행복이 있기를 바랍니다(=행복하세요).

ຂໍໃຫ້ມີຄວາມສຳເລັດ.
커- 하이 미- 쿠와-ㅁ 쌈 렌

성공이 있기를 바랍니다(=성공을 바랍니다).

## 문형 연습

A: ເຈົ້າອ່ານປຶ້ມແນວໃດ?
짜오 아-ㄴ 쁨 내-우 다이
A: 당신은 책을 어떻게 읽습니까?

B: ຂ້ອຍອ່ານພ້ອມອອກສຽງດັງ.
커-이 아-ㄴ 퍼-ㅁ 어-ㄱ 씨양 당
B: 큰 소리를 내면서 읽습니다.

A: ປຶ້ມຫົວນີ້ເປັນແນວໃດ?
쁨 후-아 니- 뻰 내-우 다이
A: 이 책은 어떻습니까?

B: ມີປະໂຫຍດຫຼາຍ.
미- 빠 뇨-ㄷ 라-이
B: 아주 유용합니다.

| 1) | | 2) | |
|---|---|---|---|
| ຂາຍສິນຄ້າ<br>카-이 씬 카- | 상품을 팔다 | ສົ່ງພັດສະດຸ<br>쏭 팓 싸 두 | 소포를 보내다 |
| ຂາຍອອນລາຍ<br>카-이 어-ㄴ 라인 | 온라인으로 팔다 | ສົ່ງທາງທະເລ<br>쏭 타-ㅇ 탈 레- | 선편으로 보내다 |
| ສິນຄ້າອັນນີ້<br>씬 카- 안 니- | 이 상품 | ພັດສະດຸນີ້<br>팓 싸 두 니- | 이 소포 |
| ບໍ່ຖືກປານໃດ<br>버- 트-ㄱ 빠-ㄴ 다이 | 별로 싸지 않다 | ໜັກໜ້ອຍໜຶ່ງ<br>낙 너-이 능 | 조금 무겁다 |

---

A: ເຈົ້າກຳລັງເຮັດຫຍັງຢູ່?
짜오 깜 랑 헫 냥 유-
A: 당신은 지금 뭘 하고 있어요?

B: ຂ້ອຍກຳລັງເຮັດວຽກຢູ່. ມື້ອື່ນມີປະຊຸມ.
커-이 깜 랑 헫 위-약 유- 므- 으-ㄴ 미- 빠 숨
B: 일을 하고 있어요. 내일 회의가 있어요.

A: ເຈົ້າຕ້ອງໄປປະຊຸມບໍ?
짜오 떠-ㅇ 빠이 빠 숨 버-
A: 당신은 회의에 반드시 가야 합니까?

B: ເຈົ້າ, ຕ້ອງ. / ບໍ່, ບໍ່ຕ້ອງ.
짜오 떠-ㅇ / 버- 버- 떠-ㅇ
B: 네. 반드시요. / 아니요. 꼭 그럴 필요는 없어요.

| 1) | | 2) | |
|---|---|---|---|
| ຊື້<br>스- | 사다 | ອ່ານ<br>아-ㄴ | 읽다 |
| ຊື້ຂອງຂວັນ / ງານລ້ຽງ<br>스- 커-ㅇ 쿠완 / 응아-ㄴ 리-양 | 선물을 사다 / 파티 | ອ່ານປຶ້ມ / ເສັງ<br>아-ㄴ 쁨 / 셍 | 책을 읽다 / 시험 |
| ໄປງານລ້ຽງ<br>빠이 응아-ㄴ 리-양 | 파티에 가다 | ເສັງໄດ້<br>셍 다이 | 시험에 합격하다 |

## 어휘 Plus

• ວິຊາ 과목
위 사-

| | | | |
|---|---|---|---|
| 읽기 | ການອ່ານ<br>까-ㄴ 아-ㄴ | 쓰기 | ການຂຽນ<br>까-ㄴ 키-얀 |
| 말하기 | ການເວົ້າ<br>까-ㄴ 와오 | 듣기 | ການຟັງ<br>까-ㄴ 팡 |
| 초급 | ລະດັບຕົ້ນ<br>라 답 똔 | 중급 | ລະດັບກາງ<br>라 답 까-ㅇ |
| 고급 | ລະດັບສູງ<br>라 답 쑤-ㅇ | 점수 / 성적 | ຄະແນນ<br>카 내-ㄴ |
| 교재 / 교과서 | ປຶ້ມແບບຮຽນ<br>쁨 배-ㅂ 히-얀 | 숙제 | ວຽກບ້ານ<br>위-약 바-ㄴ |

## 표현 Plus

|  |  |
| --- | --- |
| ພວກເຮົາເລີ່ມຕົ້ນຮຽນກັນເທາະ.<br>푸-악 하오 르ㅓ-ㅁ 똔 히-얀 깐 터 | 수업을 시작합시다. |
| ພວກເຮົາຮຽນຮອດໃສແລ້ວ?<br>푸-악 하오 히-얀 허-ㄷ 싸이 래-우 | (지난 시간에) 우리 어디까지 공부했나요? |
| ເວົ້າຕາມຫຼັງຂ້ອຍເດີ.<br>와오 따-ㅁ 랑 커-이 드ㅓ- | 저를 따라 말하세요. |
| ພ້ອມກັນເວົ້າອີກຄັ້ງເດີ.<br>퍼-ㅁ 깐 와오 이-ㄱ 캉 드ㅓ- | 모두 함께 한 번 더 말하세요. |
| ເບິ່ງກະດານແດ່.<br>브ㅓㅇ 까 다-ㄴ 대- | 칠판을 보세요. |
| ເຊີນຖາມ. / ເຊີນຕອບ.<br>스ㅓ-ㄴ 타-ㅁ / 스ㅓ-ㄴ 떠-ㅂ | 질문하세요. / 대답하세요. |
| ຖືກ. / ບໍ່ຖືກ.<br>트-ㄱ / 버- 트-ㄱ | 맞아요. / 틀려요. |
| ຈື່ແລ້ວບໍ?<br>쯔- 래-우 버- | 기억합니까? |
| ເຂົ້າໃຈແລ້ວບໍ?<br>카오 짜이 래-우 버- | 이해했습니까? |
| ພັກ 10 ນາທີ.<br>팍 씹 나- 티- | 10분 쉽시다. |
| ມີຄຳຖາມບໍ?<br>미- 캄 타-ㅁ 버- | 질문이 있습니까? |
| ໝົດເວລາແລ້ວ.<br>몯 웰- 라- 래-우 | (수업이) 끝났습니다. |

## 연습문제

**1.** 주어진 문장과 ຕ້ອງ 떠-ㅇ / ບໍ່ຕ້ອງ 버-떠-ㅇ 을 사용하여 '반드시 ~해야 한다', '~할 필요 없다'는 표현을 만들어 보세요.

1) ເຈົ້າສົ່ງເອກະສານ. (당신은 서류를 보낸다.)
짜오 쏭 에- 까 싸-ㄴ

→ ______________________________.

→ ______________________________.

2) ລາວໃຊ້ຄອມພິວເຕີ. (그는 컴퓨터를 사용한다.)
라-오 사이 커-ㅁ 피우 뜨ㅓ-

→ ______________________________.

→ ______________________________.

3) ຂ້ອຍອາບນໍ້າ. (나는 목욕한다.)
커-이 아-ㅂ 남

→ ______________________________.

→ ______________________________.

4) ເຂົາເຈົ້າໄປບາສີສູ່ຂວັນ. (그들은 '바씨' 의식에 간다.)
카오 짜오 빠이 바- 씨- 쑤- 쿠완

→ ______________________________?

→ ______________________________?

## 2. 다음 표현을 사용하여 대화를 완성하세요.

| ແນວໃດ<br>내-우 다이 | ເປັນແນວໃດ<br>뻰 내-우 다이 |
|---|---|

1) A: ເຫຼົ້າລາວ________________________? (라오스 술은 어때요?)
   라오 라-오

   B: ຂ້ອຍບໍ່ຮູ້ຄືກັນຍັງບໍ່ເຄີຍດື່ມ (저도 몰라요. 아직 마셔본 적이 없어요.)
   커-이 버- 후- 크- 깐 냥 버- 크ㅓ-이 드-ㅁ

2) A: ຈາກບ່ອນນີ້ໄປໂຮງຮຽນ______________________? (여기서 학교에 어떻게 가요?)
   짜-ㄱ 버-ㄴ 니- 빠이 호-ㅇ 히-얀

   B: ໄປທາງນີ້ຊື່ໆ ແລ້ວລ້ຽວຊ້າຍ. (이 길로 쭉 가다가 왼쪽으로 꺾으세요.)
   빠이 타-ㅇ 니- 스 스- 래-우 리-야우 사-이

3) A: ມື້ນີ້ອາກາດ______________________? ຮ້ອນບໍ? (오늘 날씨는 어때요? 더워요?)
   므- 니- 아- 까-ㄷ 허-ㄴ 버-

   B: ບໍ່, ບໍ່ຮ້ອນປານໃດ (별로 안 더워요.)
   버- 버- 허-ㄴ 빠-ㄴ 다이

## 3. 다음 중 알맞은 것을 골라 동사를 명사로 만드세요.

| ການ<br>까-ㄴ | ຄວາມ<br>쿠와-ㅁ |
|---|---|

1) 걷다 → 걷기

ຍ່າງ → ＿＿＿＿＿＿ຍ່າງ
냐-ㅇ

2) 말하다 → 말하기

ເວົ້າ → ＿＿＿＿＿＿ເວົ້າ
와오

3) 좋다 → 선(善), 덕(德)

ດີ → ＿＿＿＿＿＿ດີ
디-

4) 아름답다 → 아름다움, 미(美)

ງາມ → ＿＿＿＿＿＿ງາມ
응아-ㅁ

5) 알다 → 아는 것

6) 알다 → 지식

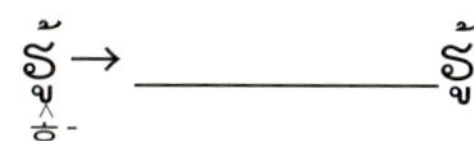

문화 들여다보기

# 라오스의 교육

© Tanes Ngamsom

근대 교육이 도입되기 이전 라오스의 교육은 불교 사원에서 이루어졌습니다.

프랑스 식민시기인 1893년 라오스에 공교육이 공식적으로 도입되었지만, 그 대상은 극히 제한적이었습니다.

오늘날에도 여전히 라오스의 교육 여건은 매우 열악합니다. 라오스 정부는 GDP의 2.9%를 교육비로 지출하고 있으며(2014년 기준) 해외 원조와 다양한 기금에 많은 부분을 의존하고 있습니다. 아직도 시골 마을에는 학교가 너무 멀거나, 부모를 도와 일손을 보태야 한다는 이유로 교육을 포기하는 경우가 많습니다. 평균 수학기간은 10년입니다.

© Blue Plover

현재 라오스의 학제는 초등학교 5년, 전기 중등교육(중학교) 4년, 후기 중등교육(고등학교) 3년으로 총 12년제입니다. 6세부터 14세까지는 무상 의무교육을 실시하고 있습니다.

ບົດທີ

10

# ອາດຈະຄາວຽກ

## 바쁠지도 몰라요.

1. 통화 표현을 사용하여 전화를 걸고 받을 수 있다.
2. 상대의 일정을 묻거나 제안할 수 있다.
3. 이유나 원인을 묻고 대답할 수 있다.

## 대화 1

쏨사이가 전화를 걸어 너이와의 통화를 요청합니다.

ແມ່ນ້ອຍ: ຮາໂຫຼ?
매- 너-이: 하- 로-
너이 어머니: 여보세요?

ສົມຊາຍ: ຮາໂຫຼ, ສະບາຍດີ. ນີ້ແມ່ນເຮືອນຂອງນ້ອຍບໍ?
쏨 사-이: 하- 로- 싸 바-이 디- 니- 매-ㄴ 흐-안 커-ㅇ 너-이 버-
쏨사이: 여보세요, 안녕하세요. 너이의 집인가요?

ແມ່ນ້ອຍ: ແມ່ນແລ້ວ. ເຈົ້າແມ່ນໃຜ?
매- 너-이: 매-ㄴ 래-우 짜오 매-ㄴ 파이
너이 어머니: 맞아요. 누구세요?

ສົມຊາຍ: ຂ້ອຍແມ່ນໝູ່ຂອງນ້ອຍ, ຊື່ວ່າສົມຊາຍ.
쏨 사-이: 커-이 매-ㄴ 무- 커-ㅇ 너-이 스- 와 쏨 사-이
쏨사이: 너이의 친구, 쏨사이라고 해요.

ຂໍລົມສາຍກັບນ້ອຍແດ່ໄດ້ບໍ?
커- 롬 싸-이 깝 너-이 대- 다이 버-
너이와 통화할 수 있을까요?

ແມ່ນ້ອຍ: ຕອນນີ້ລາວບໍ່ຢູ່. ອີກປະມານ 10 ນາທີຄົງຈະມາ.
매- 너-이: 떠-ㄴ 니- 라-오 버- 유- 이-ㄱ 빠 마-ㄴ 씹 나- 티- 콩 짜 마-
너이 어머니: 그녀는 지금 없어요. 아마 10분 후쯤 올 거예요.

ສົມຊາຍ: ຄັນຊັ້ນ, ຈັກໜ້ອຍຊິໂທຫາໃໝ່.
쏨 사-이: 칸 산 짝 너-이 시 토- 하- 마이
쏨사이: 그럼, 이따가 다시 전화할게요.

## 어휘

| | | | |
|---|---|---|---|
| ຮາໂຫຼ [하- 로-] | 여보세요(Hello) | ຄົງຈະ [콩 짜] | (틀림없이) ~을 것이다 |
| ລົມ [롬] | 이야기하다, 대화하다 | ຄັນຊັ້ນ [칸 산] | 그럼, 그렇다면 |
| ສາຍ [싸-이] | 1. 줄, 선<br>2. 라인(통신, 항공 등) | ຈັກໜ້ອຍ [짝 너-이] | 이따가, 곧 |
| ປະມານ [빠 마-ㄴ] | 대략, ~쯤 | ໂທຫາ [토- 하-] | 전화걸다 |

## 활용 표현

ຮາໂຫຼ?
하- 로-

여보세요?

ຂໍລົມສາຍກັບ ~ ແດ່ໄດ້ບໍ?
커- 롬 싸-이 깝 대- 다이 버-

~ 와 통화할 수 있을까요?

## 대화 2

쏨사이와 너이가 만날 날짜를 정합니다.

**ສົມຊາຍ:** ຮາໂຫຼ, ນ້ອຍບໍ?
쏨 사-이: 하- 로- 너-이 버-

쏨사이: 여보세요, 너이예요?

**ນ້ອຍ:** ເຈົ້າ. ມີວຽກຫຍັງບໍ?
너-이: 짜오 미- 위-약 냥 너

너이: 네. 무슨 일이 있어요?

**ສົມຊາຍ:** ມື້ນີ້ເຈົ້າວ່າງບໍ?
쏨 사-이: 므- 니- 짜오 와-ㅇ 버-

쏨사이: 오늘 한가해요?

**ນ້ອຍ:** ວ່າງຢູ່. ເປັນຫຍັງ?
너-이: 와-ㅇ 유- 뻰 냥

너이: 한가해요. 왜요?

**ສົມຊາຍ:** ເພາະວ່າມື້ນີ້ອາກາດດີຫຼາຍ. ໄປທ່ຽວນຳກັນບໍ?
쏨 사-이: 퍼 와- 므- 니- 아- 까-ㄷ 디- 라-이 빠이 티-야우 남 깐 버-

쏨사이: 왜냐하면 오늘 날씨가 아주 좋아서요. 함께 놀러 갈까요?

**ນ້ອຍ:** ຂໍໂທດ, ມື້ນີ້ຂ້ອຍບໍ່ສະບາຍປານໃດ.
너-이: 커- 토-ㄷ 므- 니- 커-이 버- 싸 바-이 빠-ㄴ 다이
ມື້ອື່ນດີກວ່າ.
므- 으-ㄴ 디- 꾸와-

너이: 미안해요. 오늘 몸이 별로 안 좋아요. 내일이 더 나아요.

**ສົມຊາຍ:** ແຕ່ມື້ອື່ນຂ້ອຍອາດຈະຄາວຽກ.
쏨 사-이: 때- 므- 으-ㄴ 커-이 아-ㄷ 짜 카- 위-약

쏨사이: 그러나 내일 저는 아마 바쁠지도 몰라요.

| | |
|---|---|
| | ວັນອາທິດນີ້ເດ ເປັນແນວໃດ? |
| | 완 아- 틴 니- 데- 뻰 내-우 다이 |
| | 이번 주 일요일은 어때요? |
| ນ້ອຍ: | ວັນອາທິດດີທີ່ສຸດ. ແລ້ວພົບກັນວັນອາທິດເດີ. |
| 너-이: | 완 아- 틴 디- 티- 쑫 래-우 폽 깐 완 아- 틴 드ㅓ- |
| 너이: | 일요일이 가장 좋아요. 그러면 일요일에 만나요. |

## 어휘

| | | | |
|---|---|---|---|
| ວ່າງ [와-ㅇ] | 1. 한가하다<br>2. (공간이) 비어 있다 | ທ່ຽວ [티-야우] | 여행하다, 놀러 가다 |
| ເປັນຫຍັງ [뻰 냥] | 의문사(왜) | ບໍ່ສະບາຍ [버- 싸 바-이] | 몸이 안 좋다,<br>마음이 편안하지 않다 |
| ເພາະວ່າ [퍼 와-] | 왜냐하면 | ກວ່າ [꾸와-] | ~보다 더 |
| ອາກາດ [아- 까-ㄷ] | 날씨 | ອາດຈະ [아-ㄷ 짜] | ~을지도 모르다 |
| ດີ [디-] | 좋다 | ທີ່ສຸດ [티- 쑫] | 가장 ~하다 |

## 활용 표현

**ເພາະ(ວ່າ) ~**
퍼 와-

왜냐하면 ~

**~ ດີກວ່າ**
디- 꾸와-

~ 하는 것이 더 낫다 / ~가 더 낫다

**~ ດີທີ່ສຸດ**
디- 티- 쑫

~ 하는 것이 가장 좋다 / ~가 가장 좋다

# 문법

## • 의문사(왜) ເປັນຫຍັງ

'왜 ~합니까?'라는 이유를 물어볼 때에는 [ເປັນຫຍັງ 뻰 냥 +동사(구)]의 형태로 표현합니다. 문장에 주어를 넣는 경우, 주어의 뒤에 '그래서'라는 뜻의 ຈຶ່ງ 쯩 을 붙이기도 합니다. 따라서, '왜 <주어>는 <동사>합니까?'라는 의미는 [ເປັນຫຍັງ 뻰 냥 +주어+ຈຶ່ງ 쯩 +동사(구)]로 나타낼 수 있습니다.

ເປັນຫຍັງຮຽນພາສາລາວ?
뻰 냥 히-얀 파- 싸- 라-오

왜 라오스어를 공부합니까?

ເປັນຫຍັງເຈົ້າຈຶ່ງຮຽນພາສາລາວ?
뻰 냥 짜오 쯩 히-얀 파- 싸- 라-오

왜 당신은 라오스어를 공부합니까?

ເພາະວ່າຢາກລົມກັບໝູ່ຄົນລາວ.
퍼 와- 야-ㄱ 롬 깝 무- 콘 라-오

라오스인 친구와 대화하고 싶기 때문입니다.

ເປັນຫຍັງຕຳຫຼວດຈຶ່ງມາ?
뻰 냥 땀 루-앋 쯩 마-

왜 경찰이 왔습니까?

ເພາະວ່າເກີດອຸບັດຕິເຫດຂຶ້ນ.
퍼 와- 끄ㅓ-ㄷ 우 받 띠 헤-ㄷ 큰

사고가 일어났기 때문입니다.

## • 이유/원인 표현 ເພາະ, ຈຶ່ງ

이유나 원인을 표현할 때에는 '왜냐하면 ~이기 때문에'라는 ເພາະ 퍼 (ວ່າ와) 또는 ຍ້ອນ 녀-ㄴ (ວ່າ 와 )를 문장 앞에 붙여서 말합니다. 결과절은 '그래서'라는 뜻의 ຈຶ່ງ 쯩 을 사용하여 표현할 수 있습니다. 이때 ຈຶ່ງ 쯩 은 결과절의 주어 뒤에 붙습니다.

ນ້ອຍອ່ານປຶ້ມເພາະວ່າມື້ອື່ນມີເສັງ.
너-이 아-ㄴ 쁨 퍼 와- 므- 으-ㄴ 미- 쎙

너이는 책을 읽는다. 내일 시험이 있기 때문이다.

ມື້ອື່ນມີເສັງນ້ອຍຈຶ່ງອ່ານປຶ້ມ.
므- 으-ㄴ 미- 쎙 너-이 쯩 아-ㄴ 쁨

내일 시험이 있다. 그래서 너이는 책을 읽는다.

ເພາະວ່າມື້ອື່ນມີເສັງນ້ອຍຈຶ່ງອ່ານປຶ້ມ.
퍼 와- 므- 으-ㄴ 미- 쎙 너-이 쯩 아-ㄴ 쁨

내일 시험이 있기 때문에 그래서 너이는 책을 읽는다.

## • 비교 표현 ກວ່າ

'A는 B보다 ~하다'라는 비교 표현은 [A + 형용사 + ກວ່າ 꾸와- + B]의 형태입니다. 예를 들어 'A가 B보다 더 좋다/낫다'라는 의미를 나타낼 때에는 [A + ດີ 디- + ກວ່າ 꾸와- + B]로 표현합니다. 대화 맥락에 따라서는 비교의 대상인 B를 생략하고 'A가 더 ~하다'라고만 표현해도 괜찮습니다.

ຫ້ອງນີ້ໃຫຍ່ກວ່າຫ້ອງນັ້ນ.
허-ㅇ 니- 냐이 꾸와- 허-ㅇ 난

이 방은 저 방보다 더 크다.

ຫ້ອງນີ້ໃຫຍ່ກວ່າ.
허-ㅇ 니- 냐이 꾸와-

이 방이 더 크다.

ວຽງຈັນຢູ່ທາງທິດເໜືອກວ່າປາກເຊ.
위-양 짠 유- 타-ㅇ 틷 느-아 꾸와- 빠-ㄱ 세-

비엔티안이 팍세보다 북쪽에 있다.

ວຽງຈັນຢູ່ທາງທິດເໜືອກວ່າ.
위-양 짠 유- 타-ㅇ 틷 느-아 꾸와-

비엔티안이 더 북쪽에 있다.

## • 최상 표현 ທີ່ສຸດ

'A는 가장 ~하다'는 [A + 형용사 + ທີ່ສຸດ 티- 쑫 ]으로 말합니다. 예를 들어 [A + ດີ 디- + ທີ່ສຸດ 티- 쑫 ]은 'A가 가장 좋다/낫다'라는 의미입니다. ທີ່ສຸດ 티- 쑫 대신 ກວ່າໝູ່ 꾸와- 무- 를 사용하기도 합니다.

ຫ້ອງນີ້ໃຫຍ່ທີ່ສຸດ.
허-ㅇ 니- 냐이 티- 쑫

이 방이 가장 크다.

= ຫ້ອງນີ້ໃຫຍ່ກວ່າໝູ່.
허-ㅇ 니- 냐이 꾸와- 무-

이 방이 더 크다.

ຫຼວງພະບາງຢູ່ທາງເໜືອທີ່ສຸດ.
루-앙 파 바-ㅇ 유- 타-ㅇ 느-아 티- 쑫

루앙프라방은 가장 북쪽에 있다.

= ຫຼວງພະບາງຢູ່ທາງເໜືອກວ່າໝູ່.
루-앙 파 바-ㅇ 유- 타-ㅇ 느-아 꾸와- 무-

루앙프라방은 가장 북쪽에 있다.

## • 추측 표현 ຄົງຈະ, ອາດຈະ

조동사 ຄົງຈະ 콩 짜 는 동사(구) 앞에 위치하여 '(아마) ~을 것이다'라는 높은 가능성의 추측을 표현합니다. 의문문의 답은, ຄົງຈະ 콩 짜 에 동사를 붙인 형태로 대답하며, 부정문을 만들 때에는 ບໍ່ 버- 를 ຄົງຈະ 콩 짜 뒤에 붙입니다.

좀 더 가능성이 낮을 때에는 '~을지도 모른다'는 의미의 ອາດຈະ 아-ㄷ 짜 를 사용합니다. 부정문은 ຄົງຈະ 콩 짜 와 마찬가지로 ອາດຈະ 아-ㄷ 짜 의 뒤에 ບໍ່ 버- 를 붙입니다. ອາດຈະ 아-ㄷ 짜 부정문은 보통 완곡 표현인 ກໍໄດ້ 꺼- 다이 를 문장 끝에 붙입니다.

ມື້ອື່ນອາກາດຄົງຈະດີ.
므- 으-ㄴ 아- 까-ㄷ 콩 짜 디-

이 방이 가장 크다.

ມື້ອື່ນອາກາດຄົງຈະບໍ່ດີ.
므- 으-ㄴ 아- 까-ㄷ 콩 짜 버- 디-

내일 날씨가 (아마) 나쁠 것이다.

ອາດຈະມີໂອກາດ.
아-ㄷ 짜 미- 오- 까-ㄷ

기회가 있을지도 모른다.

ອາດຈະບໍ່ມີໂອກາດກໍໄດ້.
아-ㄷ 짜 버- 미- 오- 까-ㄷ 꺼- 다이

기회가 없을지도 모른다(기회가 없을 수도 있다).

## 문형 연습

| | |
|---|---|
| A: ຂ້ອຍສູງກວ່າເຈົ້າ.<br>커-이 쑤-ㅇ 꾸와- 짜오 | A: 저는 당신보다 키가 큽니다. |
| B: ບໍ່. ຂ້ອຍສູງກວ່າ.<br>버- 커-이 쑤-ㅇ 꾸와- | B: 아니요. 제가 더 큽니다. |
| A: ໃຜສູງທີ່ສຸດ?<br>파이 쑤-ㅇ 티- 쑫 | A: 누가 가장 큽니까? |
| C: ທັງສອງຄົນສູງຄືກັນ.<br>탕 써-ㅇ 콘 쑤-ㅇ 크- 깐 | C: 두 사람 모두 큽니다. |

1)

| | |
|---|---|
| ງາມ<br>응아-ㅁ | 아름답다 |
| ງາມ<br>응아-ㅁ | 아름답다 |

2)

| | |
|---|---|
| ສະຫຼາດ<br>쌀 라-ㄷ | 똑똑하다 |
| ສະຫຼາດ<br>쌀 라-ㄷ | 똑똑하다 |

3)

| | |
|---|---|
| ໄວ<br>와이 | 빠르다 |
| ໄວ<br>와이 | 빠르다 |

4)

| | |
|---|---|
| ຫຼໍ່<br>러- | 잘생기다 |
| ຫຼໍ່<br>러- | 잘생기다 |

A: ພວກເຮົາໄປແນວໃດດີ? ຂີ່ລົດເມບໍ?
푸-악 하오 빠이 내-우 다이 디- 키- 롣 메- 버

A: 우리 어떻게 가야 좋을까요? 버스를 탑니까?

B: ຂີ່ຕຸກຕຸກດີກວ່າ.
키- 뚝 뚝 디- 꾸와-

B: 뚝뚝을 타는 게 더 나아요.

C: ບໍ່. ຂີ່ແທັກຊີດີທີ່ສຸດ.
버- 키- 택 시- 디- 티- 쑫

C: 아니요. 택시를 타는 게 가장 좋습니다.

B: ແຕ່ຄົງຈະບໍ່ມີແທັກຊີ.
때- 콩 짜 버- 미- 택 시-

B: 하지만 택시가 없을 것입니다.

A: ບາງທີອາດຈະມີ.
바-ㅇ 티- 아-ㄷ 짜 미-

A: 어쩌면 있을지도 몰라요.

1)

| | |
|---|---|
| ກິນ / ກິນດ້ວຍມື<br>낀 / 낀 두-아이 므- | 먹다 / 손으로 먹다 |
| ໃຊ້ໄມ້ທູ່<br>사이 마이 투- | 젓가락을 사용하다 |
| ໃຊ້ສ້ອມກິນ<br>사이 써-ㅁ 낀 | 포크를 사용해서 먹다 |
| ສ້ອມ<br>써-ㅁ | 포크 |

2)

| | |
|---|---|
| ສົ່ງ / ສົ່ງທາງທະເລ<br>쏭 / 쏭 타-ㅇ 탈 레- | 보내다 / 선편으로 보내다 |
| ສົ່ງທາງລົດເມ<br>쏭 타-ㅇ 롣 메- | 버스편으로 보내다 |
| ສົ່ງທາງອາກາດ<br>쏭 타-ㅇ 아- 까-ㄷ | 항공편으로 보내다 |
| ທາງອາກາດ<br>타-ㅇ 아- 까-ㄷ | 항공편 |

A: ຕຳໝາກຫຸ່ງ ແລະ ຂົ້ວຜັກບົ້ງ ເຈົ້າມັກຫຍັງຫຼາຍກວ່າ?
땀 마-ㄱ 훙 래 쿠-아 팍 봉 짜오 막 냥 라-이 꾸와-

A: 땀막훙과 공심채볶음 중에 당신은 무엇을 더 좋아해요?

B: ຂ້ອຍມັກຕຳໝາກຫຸ່ງຫຼາຍກວ່າ.
커-이 막 땀 마-ㄱ 훙 라-이 꾸와-

B: 저는 땀막훙을 더 좋아해요.

A: ເປັນຫຍັງເຈົ້າຈຶ່ງມັກຕຳໝາກຫຸ່ງຫຼາຍກວ່າ?
뻰 냥 짜오 쯩 막 땀 마-ㄱ 훙 라-이 꾸와-

A: 당신은 왜 땀막훙을 더 좋아해요?

B: ເພາະວ່າຂ້ອຍມັກອາຫານເຜັດ.
퍼 와- 커-이 막 아- 하-ㄴ 펜

B: 저는 매운 음식을 좋아하기 때문이에요.

1)

| | |
|---|---|
| ນ້ຳເຢັນ / ນ້ຳຮ້ອນ / ດື່ມ<br>남 옌 / 남 허-ㄴ / 드-ㅁ | 찬 물 / 뜨거운 물 / 마시다 |
| ດື່ມ / ນ້ຳຮ້ອນ<br>드-ㅁ / 남 허-ㄴ | 마시다 / 뜨거운 물 |
| ດື່ມ / ນ້ຳຮ້ອນ<br>드-ㅁ / 남 허-ㄴ | 마시다 / 뜨거운 물 |
| ບໍ່ມັກເຢັນ<br>버- 막 옌 | 찬 것을 안 좋아하다 |

2)

| | |
|---|---|
| ໝູ່ຄົນລາວ / ໝູ່ຄົນໄທ / ມີ<br>무- 콘 라-오 / 무- 콘 타이 /미- | 라오스인 친구/ 태국인 친구/ 있다 |
| ມີ / ໝູ່ຄົນລາວ<br>미- / 무- 콘 라-오 | 있다 / 라오스인 친구 |
| ມີ / ໝູ່ຄົນລາວ<br>미- / 무- 콘 라-오 | 있다 / 라오스인 친구 |
| ຢູ່ລາວດົນແລ້ວ<br>유- 라-오 돈 래-우 | 라오스에서 오래 살다 |

## 어휘 Plus

### • ວິທີການສື່ສານ 통신수단

위 티- 까-ㄴ 쓰- 싸-ㄴ

| | | | |
|---|---|---|---|
| 휴대폰 | ມືຖື<br>므- 트- | 유선전화 | ໂທລະສັບຕັ້ງໂຕະ<br>토-ㄹ 라 쌉 땅 또 |
| 공중전화 | ໂທລະສັບສາທາລະນະ<br>토-ㄹ 라 쌉 싸- 타- 라 나 | 이메일 주소 | ທີ່ຢູ່ອີເມວ<br>티- 유- 이- 메-우 |
| 지역번호 | ລະຫັດທ້ອງຖິ່ນ<br>라- 한 터-ㅇ 틴 | 국가번호 | ລະຫັດປະເທດ<br>라- 한 빠 테-ㄷ |
| 문자, 메시지 | ຂໍ້ຄວາມ<br>커- 쿠와-ㅁ | 페이스북 메시지 | ຂໍ້ຄວາມເຟສບຸກ<br>커- 쿠와-ㅁ 페- 싸 북 |
| 포스팅하다 | ຂໍ້ຄວາມ / ໂພສ<br>커- 쿠와-ㅁ / 포-ㄷ | 댓글을 달다 | ຄອມເມັ້ນ / ສະແດງຄວາມຄິດເຫັນ<br>커-ㅁ 멘 /<br>싸 대-ㅇ 쿠와-ㅁ 킨 헨 |

## 표현 Plus

|  |  |
|---|---|
| ເຮືອນຕຸ້ຍແມ່ນບໍ່?<br>흐-안 뚜이 매-ㄴ 버- | 뚜이 씨의 집 맞나요? |
| ສະດວກລົມບໍ?<br>싸 두-악 롬 버- | 통화 가능하세요? |
| ໂທຈາກໃສ?<br>토- 짜-ㄱ 싸이 | 어디에서 전화하셨어요(누구세요)? |
| ໂທຜິດແລ້ວ.<br>토- 핃 래-우 | 전화 잘못 걸었습니다. |
| ແລ້ວຊິໂທມາໃໝ່.<br>래-우 시 토- 마- 마이 | 다음에 또 걸게요. |
| ໂທບໍ່ຕິດ.<br>토- 버- 띧 | 전화가 안 걸려요. |
| ສາຍບໍ່ວ່າງ.<br>싸-이 버- 와-ㅇ | 통화중입니다. |
| ເທົ່ານີ້ກ່ອນເດີ.<br>타오 니- 꺼-ㄴ 드ㅓ- | 이만 끊을게요. |
| ເບີມືຖືເຈົ້າເບີຫຍັງ?<br>브ㅓ- 므- 트- 짜오 브ㅓ- 냥 | 당신의 핸드폰 번호는 몇 번입니까? |
| ເບີໂທລະສັບແມ່ນ ~<br>브ㅓ- 토- 라 쌉 매-ㄴ | 전화번호는 ~입니다. |

## 연습문제

### 1. 주어진 단어들을 배열하여 문장을 완성하세요.

1) 당신은 왜 라오스어를 배웁니까?

(ພາສາລາວ ເຈົ້າ ຈິ່ງ ຮຽນ ເປັນຫຍັງ)

파- 싸- 라-오 짜오 쯩 히-얀 뻰 냥

→ ______________________________

2) 왜냐하면 라오스어가 흥미로워서요.

(ສົນໃຈ ພາສາລາວ ໜ້າ ເພາະວ່າ)

쏜 짜이 파- 싸- 라-오 나- 퍼 와-

→ ______________________________

3) 당신은 왜 늦었습니까?

(ຊ້າ ມາ ເປັນຫຍັງ ເຈົ້າ)

사- 마- 뻰 냥 짜오

→ ______________________________

4) 왜냐하면 비가 와서 늦었어요.

(ມາ ຝົນ ຍ້ອນວ່າ ຈິ່ງ ຊ້າ ຕົກ)

마- 폰 녀-ㄴ 와- 쯩 사- 똑

→ ______________________________

## 2. 주어진 단어를 사용하여 빈 칸을 채워보세요.

[보기] ເຜັດ (맵다)
펜

1) ມ່ວນ (재미있다)
무-안

2) ໜ້າຮັກ (귀엽다)
나- 학

3) ແພງ (비싸다)
패-ㅇ

4) ຖືກ (싸다)
트-ㄱ

5) ສູງ (높다 / 키가 크다)
쑤-ㅇ

| A가 B보다 더 ~ 다. | A가 가장 ~ 다. |
|---|---|
| ▶ A ເຜັດກວ່າ B.<br>A 펜 꾸와- B | ▶ A ເຜັດທີ່ສຸດ.<br>A 펜 티- 쑫<br>▶ A ເຜັດກວ່າໝູ່.<br>A 펜 꾸와- 무- |
| ▶ | ▶<br>▶ |
| ▶ | ▶<br>▶ |
| ▶ | ▶<br>▶ |
| ▶ | ▶<br>▶ |
| ▶ | ▶<br>▶ |

## 3. 다음 표현을 사용하여 문장을 완성해 보세요.

ຈະ 짜　　ຄົງຈະ 콩 짜　　ອາດຈະ 아-ㄷ 짜

1) ມື້ອື່ນແມ່_____________ໄປຕະຫລາດ. (내일 어머니는 시장에 갈 것이다.)
므- 으-ㄴ 매- 빠이 딸 라-ㄷ

2) ມື້ອື່ນແມ່_____________ໄປຊື້ເຄື່ອງນຸ່ງ. (내일 어머니는 아마 옷을 사러 가실 것이다.)
므- 으-ㄴ 매- 빠이 스- 크-앙 눙

3) ມື້ອື່ນແມ່_____________ບໍ່ຊື້ກະໂປງ. (내일 어머니는 치마를 안 사실지도 모른다.)
므- 으-ㄴ 매- 버- 스- 까 뽀-ㅇ

문화 들여다보기

# 라오스의 지형과 기후

© Peter Hermes Furian

라오스의 면적은 약 23만 6,800km²이며 5개 나라로 둘러싸인 내륙국입니다. 라오스 북부에는 라오스에서 가장 높은 산 푸비야(2,820m)를 비롯, 험준한 산과 고원이 울창한 밀림으로 뒤덮여 있습니다.

라오스 중부는 전형적인 동고서저 지형입니다. 북부의 험준한 산맥이 중부 동쪽으로 이어져 베트남과 자연 경계를 이룹니다. 반면 서쪽에는 비옥한 평야가 메콩강을 따라 남쪽까지 길게 펼쳐집니다.

메콩강은 태국과 라오스의 국경선이기도 합니다. 메콩강은 중국 윈난성에서부터 시작하여 라오스를 통과하여 베트남을 거쳐 바다로 나가는 긴 강입니다. 메콩강은 라오스의 북부와 남부를 잇는 교통로이자 식수와 농업용수, 수산물 등 다양한 자원의 공급원으로서 라오스의 대동맥과 같다고 할 수 있습니다. 비엔티안, 루앙프라방, 팍세 등 라오스의 주요 도시들은 모두 메콩강 유역의 평야 지대에 위치합니다.

라오스 남서부의 고원 지대는 서늘하고 강수량이 많아 프랑스 식민시기부터 커피와 고무가 재배되고 있습니다.

© Basile Morin

라오스는 열대 계절풍 기후 지역으로, 한 해를 건기와 우기로 나눌 수 있습니다. 4, 5월부터 9, 10월까지가 우기입니다. 우기가 시작되기 직전인 4월 무렵 저지대에 위치한 비엔티안의 기온은 40도 내외까지 올라갈 정도로 매우 무덥습니다. 우기가 끝나는 10월 무렵부터는 아침저녁이 선선하고 쾌적하기 때문에 라오스 여행을 계획한다면 10월~2월이 가장 추천할 만합니다.

ບົດທີ

# 11

# ຈະເຊັກອິນເມື່ອໃດ?

## 언제 체크인하실 겁니까?

학습목표

1. 호텔 객실을 문의하고 예약할 수 있다.
2. 선택의문문으로 질문하고 대답할 수 있다.
3. 가능 표현 ເປັນ을 사용하여 능력 유무를 표현할 수 있다.

## 대화 1

제인이 호텔에 객실 문의를 합니다.

**ພະນັກງານ:** ສະບາຍດີ. ໂຮງແຮມລ້ານຊ້າງຍິນດີໃຫ້ບໍລິການ.
파 낙 응아-ㄴ: 싸 바-이 디- 호-ㅇ 해-ㅁ 라-ㄴ 사-ㅇ 닌 디- 하이 버- 리 까-ㄴ

직원: 안녕하세요. 란쌍 호텔은 서비스를 제공하게 되어 기쁩니다.

**ເຈນ:** ສະບາຍດີ. ຂ້ອຍຢາກຖາມຫ້ອງພັກ. ມີຫ້ອງວ່າງບໍ່?
쩨-ㄴ: 싸 바-이 디- 커-이 야-ㄱ 타-ㅁ 허-ㅇ 팍 미- 허-ㅇ 와-ㅇ 버-

제인: 안녕하세요. 객실 문의를 드리고자 합니다. 빈 방이 있습니까?

**ພະນັກງານ:** ຈະເຊັກອິນເມື່ອໃດ?
파 낙 응아-ㄴ: 짜 섹 인 므-아 다이

직원: 언제 체크인하시려고요?

**ເຈນ:** ເຊັກອິນເລີຍໄດ້ບໍ? ພັກ 4 ມື້ 3 ຄືນ. ຜູ້ໃຫຍ່ 2 ຄົນ.
쩨-ㄴ: 섹 인 르ㅓ-이 다이 버- 팍 씨- 므- 싸-ㅁ 크-ㄴ 푸- 냐이 써-ㅇ 콘

제인: 지금 당장 가능한가요? 3박 4일 묵을 거예요. 성인 두 명이에요.

**ພະນັກງານ:** ໄດ້. ທ່ານຕ້ອງການຫ້ອງຕຽງຄູ່ ຫຼື ຫ້ອງຕຽງດ່ຽວ?
파 낙 응아-ㄴ: 다이 타-ㄴ 떠-ㅇ 까-ㄴ 허-ㅇ 띠-양 쿠- 르- 허-ㅇ 띠-양 디-야우

직원: 가능합니다. 손님께서는 트윈룸을 원하십니까 아니면 더블룸?

**ເຈນ:** ຊິເອົາຫ້ອງຄູ່.
쩨-ㄴ: 시 아오 허-ㅇ 쿠-

제인: 트윈룸으로 할게요.

**ພະນັກງານ:** ລ່ວມອາຫານເຊົ້າ, ຄືນລະ 500,000 ກີບ.
파 낙 응아-ㄴ: 루-암 아- 하-ㄴ 사오 크-ㄴ 라 하- 씹 판 끼-ㅂ

직원: 조식 포함, 1박당 50만 낍입니다.

## 어휘

|  |  |  |
|---|---|---|
| ໂຮງແຮມ | [호-ㅇ 해-ㅁ] | 호텔 |
| ລົມ | [롬] | 기쁘다 |
| ໃຫ້ບໍລິການ | [하이 버- 리 까-ㄴ] | (손님을) 섬기다, 서비스를 제공하다 |
| ຖາມ | [타-ㅁ] | 묻다, 질문하다 |
| ຫ້ອງພັກ | [허-ㅇ 팍] | 객실 |
| ພັກ | [팍] | 1. (일시적으로) 머물다, 숙박하다<br>2. 쉬다 |
| ເຊັກອິນ | [섹 인] | 체크인 |
| ເມື່ອໃດ | [므-아 다이] | 언제 |
| ເລີຍ | [르ㅓ-이] | 당장, 곧바로 |
| ຄືນ | [크-ㄴ] | 밤 |
| ຜູ້ໃຫຍ່ | [푸- 냐이] | 성인 |
| ທ່ານ | [타-ㄴ] | 당신(존칭) |
| ຕ້ອງການ | [떠-ㅇ 까-ㄴ] | 원하다 |
| ຫ້ອງຕຽງຄູ່ | [허-ㅇ 띠-양 쿠-] | 트윈 베드룸 (침대가 두 개인 방) |
| ຫ້ອງຕຽງດ່ຽວ | [허-ㅇ 띠-양 디-야우] | 더블/싱글 베드룸 (침대가 한 개인 방) |
| ລ່ວມ(ຮ່ວມ) | [루-암(후-암)] | 합치다, 한 데 놓다, 연결하다 |

## 활용 표현

**~ ເມື່ອໃດ?**

므-아 다이

언제 ~ 입니까/합니까?

**A ຫຼື B**

A 르- B

A 아니면 B

## 대화 2

유진이 호텔의 미팅룸을 예약합니다.

| | |
|---|---|
| ຢູຈິນ:<br>유- 찐: | ຂ້ອຍສາມາດໃຊ້ຫ້ອງປະຊຸມໂຮງແຮມໄດ້ບໍ?<br>커-이 싸- 마-ㄷ 사이 허-ㅇ 빠 숨 호-ㅇ 해-ㅁ 다이 버- |
| 유진: | 호텔의 미팅룸을 사용할 수 있습니까? |
| ພະນັກງານ:<br>파 낙 응아-ㄴ: | ໄດ້. ທ່ານຈະຈັດງານລ້ຽງບໍ?<br>다이 타-ㄴ 짜 짯 응아-ㄴ 리-양 버- |
| 직원: | 가능합니다. 연회를 열려고 하십니까? |
| ຢູຈິນ:<br>유- 찐: | ບໍ່. ພຽງແຕ່ໃຊ້ສຳລັບປະຊຸມເທົ່ານັ້ນ.<br>버- 피-양 때- 사이 쌈 랍 빠 숨 타오 난 |
| 유진: | 아니요. 단지 회의 용도뿐입니다. |
| ພະນັກງານ:<br>파 낙 응아-ㄴ: | ທ່ານຕ້ອງການໃຊ້ເມື່ອໃດ?<br>타-ㄴ 떠-ㅇ 까-ㄴ 사이 므-아 다이 |
| 직원: | 언제 사용하고 싶습니까? |
| ຢູຈິນ:<br>유- 찐: | ມື້ອື່ນຕັ້ງແຕ່ ບ່າຍໂມງ ຫາ 3 ໂມງແລງ.<br>므- 으-ㄴ 땅 때- 바-이 모-ㅇ 하- 싸-ㅁ 모-ㅇ 래-ㅇ |
| 유진: | 내일 오후 1시부터 3시까지입니다. |
| ພະນັກງານ:<br>파 낙 응아-ㄴ: | ໂດຍ, ຂ້ອຍຈະກຽມໄວ້.<br>도-이 커-이 짜 끼-얌 와이 |
| 직원: | 네, 준비해 두겠습니다. |
| | ກະລຸນາອ່ານເອກະສານນີ້ແດ່ເດີ.<br>깔 루 나- 아-ㄴ 에- 까 싸-ㄴ 니- 대- 드ㅣ- |
| | 이 문서를 읽어주십시오. |

ຢູຈິນ: ເອກະສານກ່ຽວກັບຫຍັງ? ຂ້ອຍອ່ານພາສາລາວບໍ່ເປັນ.
유- 찐: 에- 까 싸-ㄴ 끼-야우 깝 냥 커-이 아-ㄴ 파- 싸- 라-오 버- 뻰

유진: 무엇에 대한 것입니까? 저는 라오스어를 읽을 줄 몰라요.

ພະນັກງານ: ແຈ້ງການກ່ຽວກັບການໃຊ້ຫ້ອງປະຊຸມ.
파 낙 응아-ㄴ: 째-ㅇ 까-ㄴ 끼-야우 깝 까-ㄴ 사이 허-ㅇ 빠 숨

직원: 회의실 사용에 대한 안내문입니다.

## 어휘

|  |  |  |
|---|---|---|
| ສາມາດ | [싸- 마-ㄷ] | ~을 수 있다, 가능하다 |
| ໃຊ້ | [사이] | 사용하다 |
| ປະຊຸມ | [빠 숨] | 회의, 컨퍼런스, (공적) 모임 |
| ຈັດ | [짣] | 1. (순서대로) 배열하다, 정리하다 2. (행사를) 마련하다, 기획하다 |
| ງານລ້ຽງ | [응아-ㄴ 리-양] | 연회, 파티 |
| ພຽງແຕ່ | [피-양 때-] | 오직, 단지 |
| ເທົ່ານັ້ນ | [타오 난] | 그 정도 뿐 |
| ສຳລັບ | [쌈 랍] | ~용, ~를 위해 |
| ກຽມ | [끼-얌] | 준비하다 |
| ໄວ້ | [와이] | 놓다, 두다 |
| ເອກະສານ | [에- 까 싸-ㄴ] | 서류, 문서 |
| ກ່ຽວກັບ | [끼-야우 깝] | ~에 대하여 |
| ເປັນ | [뻰] | (훈련 등을 통해) ~을 줄 알다 |
| ແຈ້ງການ | [째-ㅇ 까-ㄴ] | 안내문, 공지 |

## 활용 표현

**~ ໄວ້**
와이

~해 두다

**~ ເປັນ / ບໍ່ເປັນ**
뻰 / 버- 뻰

~ (으)ㄹ 줄 알다 / 모르다

# 문법

## • 의문사(언제) ເມື່ອໃດ

5과에서 나온 ມື້ໃດ 므- 다이 와 마찬가지로 ເມື່ອໃດ 므-아 다이 는 '언제'라는 의미를 가집니다. 즉, 라오스어에서 '언제 ~합니까?'는 [동사+ມື້ໃດ 므- 다이] 또는 [동사+ເມື່ອໃດ 므-아 다이 ]로 표현합니다.

ມື້ໃດ 므- 다이 의 '언제'는 '무슨 요일/어떤 날짜'인지를 묻는 느낌이 강하며, 대답 또한 ມື້ 므- 가 들어간 어휘 즉 ມື້ວານນີ້ 므- 와-ㄴ 니- (어제), ມື້ນີ້ 므- 니- (오늘), ມື້ອື່ນ 므- 으-ㄴ (내일) 등의 표현이나 특정 요일/날짜로 답해야 자연스럽습니다. 그에 비해 ເມື່ອໃດ 므-아 다이 의 '언제'는 좀 더 넓은 의미로서, 대답은 해/년 단위부터 분/초 단위까지 가능하며 이 외에도 ຈັກໜ້ອຍ 짝 너-이 (이따가), ເມື່ອກີ້ນີ້ 므-아 끼- 니- (조금 전에), ເມື່ອກ່ອນ 므-아 꺼-ㄴ (예전에) 등 다양한 시간 표현으로 대답할 수 있습니다.

특정된 시간, 짧은 기간을 강조하고 싶을 때에는 '어떤 때, 어떤 경우에'라는 의미의 ຕອນໃດ 떠-ㄴ 다이 도 쓸 수 있습니다.

ເດັກນ້ອຍຄົນນີ້ເກີດມື້ໃດ?
덱 너-이 콘 니- 끄ㅓ-ㄷ 므- 다이

이 아기는 언제(며칠에) 출생했습니까?

ເກີດວັນເສົາທີ່ຜ່ານມາ / ວັນເສົາກ່ອນ.
끄ㅓ-ㄷ 완 싸오 티- 파-ㄴ 마- / 완 싸오 꺼-ㄴ

지난 토요일에 출생했습니다.

ເດັກນ້ອຍເລີ່ມຍ່າງຕັ້ງແຕ່ເມື່ອໃດ?
덱 너-이 르ㅓ-ㅁ 냐-ㅇ 땅 때- 므-아 다이

아기들은 언제부터 걷기 시작합니까?

ເລີ່ມຍ່າງຕັ້ງແຕ່ປະມານອາຍຸ 1 ປີ.
르ㅓ-ㅁ 냐-ㅇ 땅 때- 빠 마-ㄴ 아- 뉴 능 삐-

1살 무렵부터 걷기 시작합니다.

ເດັກນ້ອຍຮ້ອງໄຫ້ຕອນໃດ?
덱 너-이 허-ㅇ 하이 떠-ㄴ 다이

아기들은 언제(어떤 때에) 웁니까?

ຮ້ອງໄຫ້ຕອນຫິວຫຼືຕອນຢາກນອນ.
허-ㅇ 하이 떠-ㄴ 히우 르- 떠-ㄴ 야-ㄱ 너-ㄴ

배고플 때나 졸릴 때에 웁니다.

## • 선택의문문

'A아니면 B'와 같이 두 가지 선택지를 놓고 묻는 경우는 [A+ຫຼື 르- +B]로 표현합니다. 이때 선택지는 동사, 명사, 부사 등 모두 가능하며, 둘 중 한 가지를 고르면 단어 그대로 대답이 됩니다.

### [동사+ຫຼື 르-+동사]

ເຈົ້າຮຽນຫຼືບໍ່ຮຽນ?
짜오 히-얀 르- 버- 히-얀

당신은 공부합니까 안 합니까?

ຮຽນ.
히-얀

공부합니다.

ລາວແລ່ນຫຼືຍ່າງ?
라-오 래-ㄴ 르- 냐-ㅇ

그는 달립니까 아니면 걷습니까?

ແລ່ນ.
래-ㄴ

달립니다.

### [명사+ຫຼື 르-+명사]

ເຈົ້າຮຽນພາສາລາວຫຼືພາສາໄທ?
짜오 히-얀 파- 싸- 라-오 르- 파- 싸- 타이

당신은 라오스어를 공부합니까 아니면 태국어를 공부합니까?

ພາສາລາວ.
파- 싸- 라-오

라오스어(를 공부합니다).

### [동사(구)+부사+ຫຼື 르-+부사]

ເຈົ້າກິນເຂົ້າແລ້ວຫຼືຍັງ?
짜오 낀 카오 래-우 르- 냥

당신은 밥을 먹었습니까 아니면 아직입니까?

ຍັງ.
냥

아직입니다.

## • 여러가지 전치사

라오스어 전치사는 명사, 대명사, 동사 등의 앞에 위치하여, 목적, 수단, 시간, 장소 등과 관련한 의미를 나타냅니다. 자주 사용되는 것들은 다음과 같습니다.

| 전치사 | 예문 | 뜻 |
|---|---|---|
| ຈາກ<br>짜-ㄱ<br>~에서, ~부터(거리) | ຂ້ອຍໄດ້ຮັບຈົດໝາຍ**ຈາກ**ໝູ່.<br>커-이 다이 합 쫃 마-이 짜-ㄱ 무- | 나는 친구로부터 편지를 받았다. |
| | ລາວມາ**ຈາກ**ເກົາຫຼີ.<br>라-오 마 짜-ㄱ 까올 리- | 그는 한국에서 왔다. |
| ຕັ້ງແຕ່, ແຕ່<br>땅 때-, 때-<br>~부터(시간) | ພວກເຮົາຈະພັກ**ຕັ້ງແຕ່**ມື້ນີ້.<br>푸-악 하오 짜 팍 땅 때- 므- 니- | 우리는 오늘부터 숙박할 것이다. |
| ເຖິງ, ຫາ, ຮອດ<br>트ㅓㅇ, 하-, 허-ㄷ<br>~까지(시간, 거리) | ຖ້ຽວບິນ**ຈາກ**ວຽງຈັນ**ເຖິງ**ປາກເຊ<br>티-야우 빈 짜-ㄱ 위-양 짠 트ㅓㅇ 빠-ㄱ 세 | 비엔티안에서 팍세까지의 비행편 |
| | ໃຊ້ຫ້ອງປະຊຸມ**ຕັ້ງແຕ່** ບ່າຍໂມງ **ຫາ** 3 ໂມງແລງ.<br>사이 허-ㅇ 빠 숨 땅 때- 바-이 모-ㅇ 하- 싸-ㅁ 모-ㅇ 래-ㅇ | 오후 1시부터 3시까지 회의실을 사용합니다. |
| ກ່ອນ<br>꺼-ㄴ<br>~전에, ~에 앞서 | ກຽມເອກະສານ**ກ່ອນ**ປະຊຸມ.<br>끼-얌 에-ㄱ 까 싸-ㄴ 꺼-ㄴ 빠 숨 | 회의 전에 서류를 준비하다. |
| ຫຼັງ<br>랑<br>~후에, ~한 다음에 | ມີງານລ້ຽງ**ຫຼັງ**ປະຊຸມ.<br>미- 응아-ㄴ 리-양 랑 빠 숨 | 회의 후에 연회가 있다. |
| ຕະຫຼອດ<br>딸 러-ㄷ<br>~동안, 내내 | ຮ້ອນ**ຕະຫຼອດ**ປີ.<br>허-ㄴ 딸 러-ㄷ 삐- | 일 년 내내 덥다. |
| ເພື່ອ<br>프-아<br>을 위해, ~을 위한 | ແມ່ຊື້ຂອງຂວັນ**ເພື່ອ**ລູກ.<br>매- 스- 커-ㅇ 쿠완 프-아 루-ㄱ | 어머니는 자녀를 위해 선물을 샀습니다. |
| ສຳລັບ<br>쌈 랍<br>~을/를 위한, ~용(用) | ຂອງຂວັນແມ່ນປຶ້ມ**ສຳລັບ**ເດັກນ້ອຍ.<br>커-ㅇ 쿠완 매-ㄴ 쁨 쌈 랍 덱 너-이 | 선물은 아동용 책입니다. |
| ກ່ຽວກັບ<br>끼-야우 깝<br>~에 대해, ~에 관한 | ປຶ້ມ**ກ່ຽວກັບ**ປະຫວັດສາດ<br>쁨 끼-야우 깝 빠 왇 싸-ㄷ | 역사에 관한 책 |
| | ຈະອະທິບາຍ**ກ່ຽວກັບ**ເລື່ອງນີ້.<br>짜 아 티 바-이 끼-야우 깝 르-앙 니- | 이 일에 대해 설명하겠습니다. |
| ດ້ວຍ<br>두-아이<br>~으로<br>(도구, 원료, 수단) | ກິນເຂົ້າ**ດ້ວຍ**ບ່ວງ.<br>낀 카오 두-아이 부-앙 | 숟가락으로 밥을 먹는다. |
| | ປ່ອງຢ້ຽມນີ້ແມ່ນເຮັດ**ດ້ວຍ**ໄມ້.<br>뻐-ㅇ 이-얌 니- 매-ㄴ 헫 두-아이 마이 | 이 창문은 나무로 만들어진 것이다. |
| | ໄປເຊອຸນ**ດ້ວຍ**ຍົນ.<br>빠이 세- 운 두-아이 뇬 | 비행기로 서울에 간다. |

| | | |
|---|---|---|
| ໂດຍ<br>도-이<br>~으로 (수단, 편),<br>~에 의해(by) | ໄປເຊອຸນ**ໂດຍ**ຖ້ຽວQV(ຄິວວີ)923.<br>빠이 세- 운 도-이 티-야우 키우 위- 까오 싸-오 싸-ㅁ | QV923편으로 서울에 간다. |
| | ປຶ້ມຫົວນີ້ຂຽນ**ໂດຍ**ອາຈານນາລອນ.<br>쁨 후-아 니- 키-얀 도-이 아- 짜-ㄴ 나- 러-ㄴ | 이 책은 나런 교수님에 의해 쓰였다. |
| ກັບ<br>깝<br>~와/과 (동반) | ຂ້ອຍມີນ້ອງຊາຍ**ກັບ**ນ້ອງສາວ.<br>커-이 미- 너-ㅇ 사-이 깝 너-ㅇ 싸-오 | 나는 남동생과 여동생이 있다. |
| | ນ້ອງສາວໜ້າຮັກຄື**ກັບ**ຕຸກກະຕາ.<br>너-ㅇ 싸-오 나- 학 크- 깝 뚝 까 따- | 여동생은 인형과 같이 귀엽다. |
| | ຮຽນພາສາລາວ**ກັບ**ໝູ່.<br>히-얀 파- 싸- 라-오 깝 무- | 친구와 라오스어를 공부한다.<br>(친구와 함께 공부한다.) |
| ນຳ<br>남<br>~와/과 (부가, 의존) | ຮຽນພາສາລາວ**ນຳ**ໝູ່ຄົນລາວ.<br>히-얀 파- 싸- 라-오 남 무- 콘 라-오 | 라오스인 친구와 라오스어를<br>공부한다(배운다). |
| | ຂໍເບຍເດີ, ແລ້ວກໍນ້ຳກ້ອນ**ນຳ**ແດ່.<br>커- 비-야 드 ㅓ- 래-우 꺼- 남 꺼-ㄴ 남 대- | 맥주 주세요. 얼음도요. |

## • 가능 표현(2) ເປັນ

ເປັນ 뻰 은 '(직업, 소속 등이) ~이다'라는 뜻의 지정사로 배웠습니다(3과 참조). 그러나 동사 뒤에 위치하면 '~(으)ㄹ 수 있다', '(으)ㄹ 줄 안다'는 가능 표현이 됩니다.

ເຈົ້າເວົ້າພາສາເກົາຫຼີ**ເປັນ**ບໍ່?
짜오 와오 파- 싸- 까올 리- 뻰 버-

당신은 한국어를 말할 줄 압니까?

**ເປັນ**. / ບໍ່**ເປັນ**.
뻰 / 버- 뻰

네(할 줄 알아요). / 아니요(할 줄 몰라요).

가장 다양한 상황에서 두루 사용할 수 있는 가능 표현은 [동사+(목적어)+ໄດ້ 다이 ]입니다(8과 참조). 이에 반해 [동사+(목적어)+ເປັນ 뻰 ]은 연습 등을 통해서 기능, 능력을 갖춘 경우를 표현합니다. 덧붙여, [동사+(목적어)+ໄຫວ 와이 ]는 능력의 유무와 상관없이 역량이나 힘이 남아있기 때문에 가능한 경우에 사용합니다. 부정의 경우 각 가능 표현 앞에 ບໍ່ 버-를 붙입니다.

| | | |
|---|---|---|
| ໄດ້<br>다^이 | ຂັບລົດບໍ່ໄດ້.<br>캅 롣 버- 다^이 | 운전할 수 없습니다.<br>▶ 차가 고장나서, 시간이 없어서, 술을 먹어서, 운전이 금지된 도로라서 등 다양한 상황에 두루 사용<br>▶ 맥락에 따라 '운전하면 안 됩니다'라는 금지 표현으로도 사용 |
| ເປັນ<br>뻰 | ຂັບລົດບໍ່ເປັນ.<br>캅 롣 버- 뻰 | (배운 적이 없어서) 운전할 줄 모릅니다. |
| ໄຫວ<br>와이 | ຂັບລົດບໍ່ໄຫວ.<br>캅 롣 버- 와이 | (힘들어서 더 이상) 운전할 수 없습니다. |

## • 부동사 ໄວ້

ໄວ້ 와^이 는 본동사로 사용될 때는 '유지하다, 보존하다, 지키다'라는 의미를 가지고 있습니다. 다른 동사 뒤에 위치하면 [동사+(목적어)+ໄວ້ 와^이 ]의 형태로 '~해 놓다/두다'라는 상태의 지속이나 보존의 의미가 됩니다.

ຂໍທີ່ຢູ່ໄວ້.
커- 티- 유- 와^이

주소를 요청해 두다.

ຈົດທີ່ຢູ່ໄວ້.
쫃 티- 유- 와^이

주소를 적어(메모해) 두다.

ຈອງຫ້ອງພັກໄວ້.
쩌-ㅇ 허-ㅇ 팍 와^이

객실을 예약해 두다.

## 문형 연습

A: ເຈົ້າຈະເຊັກເອົາເມື່ອໃດ?
짜오 짜 섹 아오 므-아 다이

A: 당신은 언제 체크아웃할 것입니까?

B: ຂ້ອຍຈະເຊັກເອົາຫຼັງອາຫານເຊົ້າ.
커-이 짜 섹 아오 랑 아- 하-ㄴ 사오

B: 조식 후에 체크아웃할 것입니다.

A: ຈອງອາຫານເຊົ້າໄວ້ແລ້ວບໍ?
쩌-ㅇ 아- 하-ㄴ 사오 와이 래-우 버

A: 조식을 예약해 두었습니까?

B: ຍັງ. ຈະຈອງໄວ້.
냥 짜 쩌-ㅇ 와이

B: 아직입니다. 예약해 두겠습니다.

1)

| | |
|---|---|
| ອະນາໄມຫ້ອງ<br>아 나- 마이 허-ㅇ | 방을 청소하다 |
| ອະນາໄມໄວໆນີ້<br>아 나- 마이 와이 와이 니 | 곧 청소하다 |
| ຈັດລະບຽບເຄື່ອງ<br>짝 라 비-얍 크-앙 | 물건을 정돈하다 |
| ຈັດລະບຽບ<br>짝 라 비-얍 | 정돈하다 |

2)

| | |
|---|---|
| ໃຊ້ຫ້ອງປະຊຸມ<br>사이 허-ㅇ 빠 숨 | 회의실을 사용하다 |
| ໃຊ້ຕະຫຼອດວັນ<br>사이 딸 러-ㄷ 완 | 하루 종일 사용하다 |
| ປະກາດແຈ້ງການ<br>빠 까-ㄷ 째-ㅇ 까-ㄴ | 행사를 공지하다 |
| ປະກາດ<br>빠 까-ㄷ | 공지하다 |

A: ເຈົ້າກິນເຂົ້າຫຼືບໍ່ກິນ?
짜오 낀 카오 르- 버- 낀

A: 당신은 식사합니까 아니면 안 합니까?

B: ກິນ.
낀

B: 식사합니다.

A: ເຈົ້າກິນອາຫານລາວຫຼືອາຫານເກົາຫຼີ?
짜오 낀 아- 하-ㄴ 라-오 르- 아- 하-ㄴ 까올 리-

A: 라오스 음식을 먹습니까 아니면 한국 음식을 먹습니까?

B: ກິນອາຫານລາວ.
낀 아- 하-ㄴ 라-오

B: 라오스 음식을 먹습니다.

A: ເຈົ້າເຮັດອາຫານລາວເປັນບໍ?
짜오 헷 아- 하-ㄴ 라-오 뻰 버-

A: 당신은 라오스 요리를 할 줄 압니까?

B: ແນ່ນອນ. ເຮັດອາຫານລາວເປັນ.
내- 너-ㄴ 헷 아- 하-ㄴ 라-오 뻰

B: 물론이죠. 라오스 요리를 할 줄 압니다.

1)

| | |
|---|---|
| ໄປໂຮງຮຽນ / ບໍ່ໄປ<br>빠이 호-ㅇ 히-얀 / 버- 빠이 | 학교에 가다 / 안 가다 |
| ບໍ່ໄປ<br>버- 빠이 | 안 가다 |
| ໄປເຮືອນ / ຕະຫຼາດ<br>빠이 흐-안 / 딸 라-ㄷ | 집에 가다 / 시장 |
| ໄປເຮືອນ<br>빠이 흐-안 | 집에 가다 |
| ຂັບລົດ<br>칼 롣 | 운전하다 |
| ຂັບລົດ<br>칼 롣 | 운전하다 |

2)

| | |
|---|---|
| ມີເງິນ / ບໍ່ມີ<br>미- 응으ㅓㄴ / 버- 미- | 돈이 있다 / 없다 |
| ມີ<br>미- | 있다 |
| ຊື້ມືຖື / ແລັບທັອບ<br>스- 므- 트- / 랩 텁 | 핸드폰을 사다 / 노트북 |
| ຊື້ແລັບທັອບ<br>스- 랩 텁 | 노트북을 사다 |
| ໃຊ້ຄອມພິວເຕີ<br>사이 커-ㅁ 피우 뜨ㅓ- | 컴퓨터를 사용하다 |
| ໃຊ້ຄອມພິວເຕີ<br>사이 커-ㅁ 피우 뜨ㅓ- | 컴퓨터를 사용하다 |

## 어휘 Plus

- ໂຮງແຮມ 호텔
  호-ㅇ 해-ㅁ

| 체크인 | ເຊັກອິນ<br>섹 인 | 체크아웃 | ເຊັກເອົ້າ<br>섹 아오 |
|---|---|---|---|
| 보증금 | ຄ່າປະກັນ<br>카- 빠 깐 | 여권 | ໜັງສືເດີນທາງ<br>낭- 쓰- 드ㅓ-ㄴ 타-ㅇ |
| 선풍기 | ພັດລົມ<br>팓 롬 | 에어컨 | ແອ<br>애- |
| 엘리베이터 | ລິບ<br>립 | 냉장고 | ຕູ້ເຢັນ<br>뚜- 옌 |
| 팁 | ທິບ<br>팁 | 금고 | ຕູ້ນິລະໄພ<br>뚜- 니 라 파이 |
| 침대 시트 | ຜ້າປູຕຽງ<br>파- 뿌- 띠-양 | 이불 | ຜ້າຫົ່ມ<br>파- 홈 |
| 베개 | ໝອນ<br>머-ㄴ | 열쇠 | ກະແຈ<br>까 째- |
| 전화로 예약하다 | ຈອງທາງໂທລະສັບ<br>쩌-ㅇ 타-ㅇ 토- 라 쌉 | 인터넷으로 예약하다 | ຈອງຜ່ານອິນເຕີເນັດ<br>쩌-ㅇ 파-ㄴ 인 뜨ㅓ- 넫 |

## 표현 Plus

| | |
|---|---|
| ມີລົດໄປສົ່ງສະໜາມບິນບໍ?<br>미- 론 빠이 쏭 싸 나-ㅁ 빈 버- | 공항에 데려다주는 차가 있습니까? |
| ມີຄ່າບໍລິການເພີ່ມ.<br>미- 카- 버- 리 까-ㄴ 프ㅓ-ㅁ | 추가 서비스 요금이 있습니다. |
| ຂໍເຊັກເອົ້າຊ້າໄດ້ບໍ?<br>커- 섹 아오 사- 다이 버- | 레이트 체크아웃 가능합니까? |
| ໄດ້ຈົນເຖິງບ່າຍໂມງ.<br>다이 쫀 트ㅓㅇ 바-이 모-ㅇ | 한 시까지 가능합니다. |
| ຂ້ອຍສາມາດໃຊ້ສະລອຍນ້ຳໄດ້ບໍ?<br>커-이 싸- 마-ㄷ 사이 싸 러-이 남 다이 버- | 수영장을 사용할 수 있습니까? |
| ໂດຍ. ບໍ່ເສຍຄ່າສຳລັບແຂກ.<br>도-이 버- 씨-야 카- 쌈 랍 캐-ㄱ | 네. 투숙객에게는 무료입니다. |
| ຫ້ອງອອກກຳລັງກາຍຢູ່ຊັ້ນໃດ?<br>허-ㅇ 어-ㄱ 깜 랑 까-이 유- 산 다이 | 피트니스룸은 몇 층에 있습니까? |

## 연습문제

**1. 아래 문장을 사용하여 깨우가 할 줄 아는 것과 할 줄 모르는 것을 라오스어로 쓰세요.**

1) 깨우는 요리할 줄 안다. (ເຮັດກິນ)
헨 낀

→ ແກ້ວ________________

2) 깨우는 스마트폰을 사용할 줄 모른다. (ໃຊ້ມືຖືສະມາດໂຟນ)
사이 므- 트- 싸 마-ㄷ 포-ㄴ

→ ແກ້ວ________________

3) 깨우는 피아노를 칠 줄 모른다. (ຫຼິ້ນເປຍໂນ)
린 삐야 노-

→ ແກ້ວ________________

4) 깨우는 골프를 칠 줄 안다. (ຕີກ໊ອບ)
띠- 꺼-ㅂ

→ ແກ້ວ________________

## 2. 아래 표현을 사용하여 문장을 만들어 보세요.

| ເພື່ອ<br>프-아 | ສຳລັບ<br>쌈 랍 | ກ່ຽວກັບ<br>끼-야우 깝 | ດ້ວຍ<br>두-아이 | ກ່ອນ<br>꺼-ㄴ | |
|---|---|---|---|---|---|
| ກັບ<br>깝 | ນຳ<br>남 | ໂດຍ<br>도-이 | ຕັ້ງແຕ່<br>땅 때- | ຕະຫຼອດ<br>딸 러-ㄷ | ຫຼັງ<br>랑 |

1) A: ນີ້ແມ່ນປື້ມແບບຮຽນ________ຄົນຕ່າງປະເທດບໍ? (이것은 외국인용 교재입니까?)
니- 매-ㄴ 쁨 배-ㅂ 히-얀 콘 따-ㅇ 빠 테-ㄷ 버-

B: ແມ່ນແລ້ວ, ຂ້ອຍໄດ້ກຽມ________ເຈົ້າ. (네, 맞아요. 당신을 위해 준비했습니다.)
매-ㄴ 래-우 커-이 다이 끼-얌 짜오

2) A: ເຈົ້າເຮັດວຽກ________ເມື່ອໃດ? (당신은 언제부터 일했습니까?)
짜오 헷 위-약 므-아 다이

B: ________ຈາກອາຫານເຊົ້າ, ເຮັດວຽກ________ວັນ. (아침 식사 후부터 하루종일 일했습니다.)
짜-ㄱ 아- 하-ㄴ 사오 헷 위-약 완

3) A: ຂ້ອຍບໍ່ຮູ້________ວັດທະນະທຳລາວຫຼາຍ. (저는 라오스 문화에 대해 잘 모릅니다.)
커-이 버- 후- 왇 타 나 탐 라-오 라-이

B: ຄັນຊັ້ນ, ຮຽນ________ປຶ້ມຫົວນີ້. (그럼 이 책으로 공부해 보세요.)
칸 산 히-얀 쁨 후-아 니-

4) A: ຂ້ອຍຈະສົ່ງສິ່ງຂອງ________EMS. (저는 짐을 EMS로 보낼 것입니다.)
커-이 짜 쏭 씽 커-ㅇ 이- 엠 엣

B: ກະລຸນາຂຽນໃບສະໝັກ________. (먼저 신청서를 기입해 주세요.)
깔 루 나- 키-얀 바이 싸 막

## 3. 다음 대화를 읽고 질문에 답하세요.

A: ຈະມີປະຊຸມ ___ⓐ___? 1 ໂມງ ຫຼື 2 ໂມງ?
짜 미- 빠 춤 능 모-ㅇ 르- 써-ㅇ 모-ㅇ

B: 1 ໂມງ. ເຈົ້າກໍຈະເຂົ້າຮ່ວມບໍ?
능 모-ㅇ 짜오 꺼- 짜 카오 후-암 버-

A: ແມ່ນແລ້ວ. ມີບ່ອນນັ່ງ ___ⓑ___ ຂ້ອຍບໍ?
매-ㄴ 래-우 미- 버-ㄴ 낭 커-이 버-

B: 제가 준비해 두겠습니다.

1) 빈칸 ⓐ에 들어갈 가장 알맞은 말을 고르세요.

① ມື້ນີ້ 므- 니-　② ມື້ໜ້າ 므-나-　③ ມື້ໃດ 므- 다이　④ ເມື່ອໃດ 므-아 다이

2) 빈칸 ⓑ에 들어갈 말을 고르세요.

① ກັບ 깝　② ຈາກ 짜-ㄱ　③ ສຳລັບ 쌈 랍　④ ກ່ຽວກັບ 끼-야우 깝

3) 밑줄 친 문장에 해당하는 것을 고르세요.

① ຂ້ອຍຈະກຽມໄວ້
커-이 짜 끼-얌 와이

② ກຽມໄວ້ຢູ່ແລ້ວ
끼-얌 와이 유- 래-우

③ ຊ່ວຍກຽມແດ່
쑤-아이 끼-얌 대-

④ ເຈົ້າຕ້ອງກຽມ
짜오 떠-ㅇ 끼-얌

문화 들여다보기

# 라오스인의 이름: 본명과 별명

라오스인의 본명은 이름(스, ຊື່)과 성(남싸꾼, ນາມສະກຸນ)으로 구성되어 있고, 서양식을 따라 성이 이름 뒤에 옵니다. 학교나 직장 등 공식적인 장소에서 이름만 사용하는 경우가 많습니다. 학교나 직장 등 공식적인 장소에서는 주로 이름만 사용합니다. 이름 앞에 호칭을 붙이는데, 남성에게는 Mr.에 해당하는 타우(ທ້າວ), 여성에게는 Ms.에 해당하는 낭(ນາງ)을 붙입니다. 더 격식을 차릴 때에는 탄(ທ່ານ)/탄낭(ທ່ານ ນາງ)을 붙여 예를 갖춥니다.

이러한 라오스인의 본명은 대개 팔리, 산스크리트어 계통의 다음절어로 길이가 길고 발음도 어렵습니다. 그래서 일상생활에서 가족들이나 친구, 지인들 간에 서로를 부를 때에는 별명, 즉 스린(ຊື່ຫຼິ້ນ)을 사용합니다. 이 때문에 오랜 기간 알고 지낸 사이인데도 정작 본명은 모르는 경우도 흔합니다.

별명은 본명의 음절 일부를 따 오거나, 발음하기 쉬운 1음절 또는 2음절어인 경우가 많습니다. 예를 들어, 본명이 위양캄 난타웡두앙씨(ວຽງຄໍາ ນັນທະວົງດວງສີ)라면, 별명은 '캄(ຄໍາ)'이라고 하는 식입니다. '너이(ນ້ອຍ, 작다)'나 '뚜이(ຕຸ້ຍ, 뚱뚱하다)' 등의 형용사나 오리(ເປັດ), 곰(ໝີ), 물고기(ປາ)와 같은 동물 명칭을 활용하기도 합니다. 최근에는 짧은 서양식 이름을 별명으로 사용하는 경우도 많습니다.

한편, 라오스에서도 친근한 상대를 부를 때에는 '오빠/형', '언니/누나' 등의 친족 호칭어를 사용합니다. 한국과 마찬가지로 실제 혈연관계 여부와는 상관이 없습니다. 또한 '스린' 앞에도 친족 호칭어를 붙여 '00언니', '00삼촌'의 방식으로 부를 수 있습니다. 예를 들어, '깨우(ແກ້ວ)'라는 별명을 가진 손아랫사람이 있다면 넝깨우(ນ້ອງແກ້ວ)라고 부르면 됩니다.

ບົດທີ
12

# ຂ້ອຍເຄີຍໄປຫຼວງພະບາງ

## 저는 루앙프라방에 가 본 적이 있어요.

 학습목표

1. 여행 경험에 대해 말할 수 있다.
2. 가정문으로 상대에게 조언할 수 있다.
3. 관계대명사 ທີ່를 사용하여 명사구를 만들 수 있다.

## 대화 1

뚜이가 루앙프라방 여행 경험을 이야기합니다.

ຢູຈິນ: ເຈົ້າເຄີຍໄປຫຼວງພະບາງບໍ?
유- 찐: 짜오 크ㅓ-이 빠이 루-앙 파 바-ㅇ 버-

유진: 루앙프라방에 가본 적 있어요?

ຕຸ້ຍ: ເຄີຍ. ໄປປີກາຍນີ້, ຂ້ອຍເຄີຍໄປຫຼວງພະບາງກັບຄອບຄົວ.
뚜이: 크ㅓ-이 빠이 삐 까-이 니- 커-이 크ㅓ-이 빠이 루-앙 파 바-ㅇ 깝 커-ㅂ 쿠아

뚜이: 네. 작년에 가족들과 루앙프라방에 가 봤어요.

ຢູຈິນ: ເປັນຕາຄັກນໍ້! ຫຼວງພະບາງເປັນແນວໃດ?
유- 찐: 뻰 따 칵 너- 루-앙 파 바-ㅇ 뻰 내-우 다이

유진: 좋았겠다! 루앙프라방은 어땠어요?

ຕຸ້ຍ: ມ່ວນຫຼາຍ.
뚜이: 무-안 라-이

뚜이: 정말 재미있었어요.

ກ່ອນອື່ນ, ຢູ່ຫຼວງພະບາງມີຫຼາຍບ່ອນທີ່ມີຊື່ສຽງເຊັ່ນ ວັດຊຽງທອງ.
꺼-ㄴ 으-ㄴ 유- 루-앙 파 바-ㅇ 미 라-이 버-ㄴ 티- 미- 스 씨-양 센 왇 씨-양 터-ㅇ

우선, 루앙프라방에는 유명한 곳이 많아요. 예를 들면 왓시엥통 사원처럼요.

ນອກຈາກນັ້ນ, ອາກາດເຢັນສະບາຍ ແລະ ອາຫານກໍແຊບ.
너-ㄱ 짜-ㄱ 난 아- 까-ㄷ 옌 싸 바-이 래 아- 하-ㄴ 꺼- 새-ㅂ

뿐만 아니라, 날씨도 시원하고 음식 또한 맛있었어요.

ຢູຈິນ: ໜ້າສົນໃຈເນາະ. ຂ້ອຍກໍຕ້ອງໄປໃຫ້ໄດ້.
유- 찐: 나- 쏜 짜이 너 커-이 꺼- 떠-ㅇ 빠이 하이 다이

유진: 흥미롭네요. 저도 반드시 가봐야겠어요.

## 어휘

|  |  |
|---|---|
| ເຄີຍ [크ㅓ́-이] | 1. ~(으)ㄴ 적이 있다<br>2. ~에 익숙하다 |
| ປີກາຍນີ້ [삐- 까-이 니̂-] | 작년 |
| ເປັນຕາ [뻰 따̌-] | ~(으)ㄹ 만하다,<br>~의 가치가 있다 |
| ຄັກ [칵] | 1. 확실히, 정확히<br>2. 잘 되다, 제대로 되다 |
| ມ່ວນ [무-안] | 즐겁다, 재미있다 |
| ກ່ອນອື່ນ [꺼-ㄴ 으-ㄴ] | 우선, 무엇보다도 |
| ບ່ອນ [버-ㄴ] | 장소, 곳 |
| ທີ່ [티-] | 관계대명사 |
| ມີຊື່ສຽງ [미́- 스- 씨̌-양] | 유명하다 |
| ເຊັ່ນ [센] | 예를 들어 |
| ວັດຊຽງທອງ [왇 시́-양 터́-ㅇ] | 왓시엥통 사원 |
| ນອກຈາກນັ້ນ [너̂-ㄱ 짜̀-ㄱ 난̂] | 뿐만 아니라, 그 외에도 |
| ເຢັນສະບາຍ [옌 싸 바̌-이] | (기분 좋게) 시원하다 |
| ໜ້າ [나̀-] | 1. 얼굴, 2. 다음, 차후<br>3. ~(으)ㄹ 만하다,<br>~의 가치가 있다 |
| ສົນໃຈ [쏜 짜̌이] | 흥미 있다, 관심이 있다 |
| ໃຫ້ໄດ້ [하̀이 다̂이] | 반드시, 꼭, 틀림없이 |

## 활용 표현

**ເຄີຍ ~**

크ㅓ́-이

~ 한 적이 있다.

**ເຊັ່ນ ~**

센

예를 들면 ~

## 대화 2

제인의 여행 계획에 대해 쏨사이가 조언을 합니다.

ເຈນ: ວັນສຸກໜ້າ ຂ້ອຍຊິໄປບຸນທາດຫຼວງກັບຢູຈິນ.
쩨-ㄴ: 완 쑥 나- 커이 시 빠이 분 타-ㄷ 루-앙 깝 유- 찐

제인: 저는 다음주 금요일에 유진과 탓루앙 축제에 갈 거예요.

ສົມຊາຍ: ແມ່ນບໍ?
쏨 사-이: 매-ㄴ 버-
ຖ້າເປັນແນວນັ້ນ, ຂ້ອຍຊິເອົາປຶ້ມຄູ່ມືການທ່ອງທ່ຽວວຽງຈັນໃຫ້ເຈົ້າ.
타- 뻰 내-우 난 커-이 시 아오 쁨- 쿠- 므- 까-ㄴ 터-ㅇ 티-야우 위-양 짠 하이 짜오

쏨사이: 그래요? 그렇다면, 비엔티안 관광 안내서를 당신에게 줄게요.

ເຈນ: ແທ້ບໍ? ຂອບໃຈຫຼາຍໆທີ່ຊ່ວຍເຫຼືອມາສະເໝີ.
쩨-ㄴ: 태- 버- 커-ㅂ 짜이 라이 라-이 티- 수-아이 르-아 마- 사 므ㅓ-

제인: 진짜요? 언제나 도와줘서 정말 고마워요.

ສົມຊາຍ: ແຕ່ວ່າຈອງປີ້ຍົນແລ້ວບໍ?
쏨 사-이: 때- 와- 쩌-ㅇ 삐- 뇬 래-우 버-

쏨사이: 그런데, 비행기표는 예약했어요?

ເຈນ: ຍັງບໍ່ທັນຈອງ.
쩨-ㄴ: 냥 버- 탄 쩌-ㅇ

제인: 아직 예약 안 했어요.

ສົມຊາຍ: ຖ້າບໍ່ໄດ້ຈອງກ່ອນ ປີ້ຄືຊິໝົດ.
쏨 사-이: 타- 버- 다이 쩌-ㅇ 꺼-ㄴ 삐- 크- 시 몯

쏨사이: 만약 빨리 예약하지 않으면 표가 매진될 거예요.

ເຈນ: ສົມພໍ. ຄວນຈະຈອງເລີຍເນາະ.
쩨-ㄴ: 쏨 퍼- 쿠-안 짜 쩌-ㅇ 르ㅓ-이 너

제인: 그렇군요. 당장 예약해야겠네요.

## 어휘

| 어휘 | 뜻 |
|---|---|
| ວັນສຸກ [완 쑥] | 금요일 |
| ບຸນທາດຫຼວງ [분 타-ㄷ 루-앙] | 탓루앙 축제 |
| ບຸນ [분] | 축제 |
| ຖ້າ [타-] | 1. 만약 ~라면<br>2. 기다리다 |
| ແນວ [내-우] | 종류, 유형, 범주 |
| ຄູ່ມື [쿠- 므-] | 설명서, 매뉴얼 |
| ການທ່ອງທ່ຽວ [까-ㄴ 터-ㅇ 티-야우] | 관광 |
| ໃຫ້ [하이] | 1. 주다, ~해 주다<br>2. ~에게 |
| ຊ່ວຍເຫຼືອ [수-아이 르-아] | 돕다, 보조하다, 원조하다 |
| ສະເໝີ [싸 므ㅓ-] | 항상, 언제나 |
| ປີ້ [삐-] | 표, 티켓 |
| ຍົນ [뇬] | 비행기 |
| ຍັງ [냥] | 아직 그렇다면, 그런 경우라면 |
| ທັນ [탄] | 1. (제 때에) 맞추다, 늦지 않다<br>2. 따라잡다, 앞지르다 |
| ໄດ້ [다이] | 1. ~을 수 있다(가능)<br>2. 얻다, 획득하다<br>3. 과거 표현 |
| ຄືຊິ [크- 시] | 아마 ~(으)ㄹ 것 같다 |
| ໝົດ [몯] | 끝나다, 소진되다 |
| ສົມພໍ [솜 퍼-] | 1. 과연, 역시<br>2. 그렇군요(잘 모르던 사실이나 정보를 알게 되었을 때) |

## 활용 표현

**ຖ້າ ~**
타-

만약 ~ 하면

**ເອົາ ~ ໃຫ້ A**
아오 - 하이 A

A에게 ~를 주다

# 문법

## • 경험 표현 ເຄີຍ

ເຄີຍ 크ㅓ-이 는 과거의 경험을 나타내는 조동사입니다. [주어+ເຄີຍ 크ㅓ-이 +동사]의 형태로 '~한 적이 있다'는 의미를 표현합니다. 부정은 ເຄີຍ 크ㅓ-이 앞에 부정소 ບໍ່ 버- 를 붙여 [주어+ບໍ່ເຄີຍ 버- 크ㅓ-이 +동사]로 말합니다.

| | | |
|---|---|---|
| 동작동사 | ລາວເຄີຍຮຽນພາສາລາວ.<br>라-오 크ㅓ-이 히-얀 파- 싸- 라-오 | 그는 라오스어를 배운 적이 있다. |
| | ລາວບໍ່ເຄີຍຮຽນພາສາລາວ.<br>라-오 버- 크ㅓ-이 히-얀 파- 싸- 라-오 | 그는 라오스어를 배운 적이 없다. |
| 상태동사 | ຂ້ອຍເຄີຍຕຸ້ຍ.<br>커-이 크ㅓ-이 뚜이 | 나는 뚱뚱했던 적이 있다. |
| | ຂ້ອຍບໍ່ເຄີຍຕຸ້ຍ.<br>커-이 버- 크ㅓ-이 뚜이 | 나는 뚱뚱했던 적이 없다. |
| ມີ | ລາວເຄີຍມີແຟນ.<br>라-오 크ㅓ-이 미- 패-ㄴ | 그는 애인이 있던 적이 있다. |
| | ລາວບໍ່ເຄີຍມີແຟນ.<br>라-오 버- 크ㅓ-이 미- 패-ㄴ | 그는 애인이 있던 적이 없다. |
| ເປັນ | ເຈົ້າເຄີຍເປັນຕຳຫຼວດ.<br>짜오 크ㅓ-이 뻰 땀 루-안 | 당신은 경찰이었던 적이 있다. |
| | ເຈົ້າບໍ່ເຄີຍເປັນຕຳຫຼວດ.<br>짜오 버- 크ㅓ-이 뻰 땀 루-안 | 당신은 경찰이었던 적이 없다. |

'~한 적이 있습니까?'라는 의문문은 [주어+ເຄີຍ 크ㅓ-이 +동사+ບໍ 버-] 형태를 사용하며, 긍정은 ເຄີຍ 크ㅓ-이 부정은 ບໍ່ເຄີຍ 버- 크ㅓ-이 로 답합니다.

ເຈົ້າເຄີຍໄປປະເທດລາວບໍ?
짜오 크ㅓ-이 빠이 빠 테-ㄷ 라-오 버-

라오스에 가 본 적이 있습니까?

ເຄີຍ. / (ຍັງ) ບໍ່ເຄີຍ.
크ㅓ-이 / (냥) 버- 크ㅓ-이

있습니다. / (아직) 없습니다.

## • 추측 표현 ເປັນຕາ, ໜ້າ

ໜ້າ 나- 와 ເປັນຕາ 뻰 따- 는 동사, 형용사 앞에 붙어 '~스럽다', '~(으)ㄹ 만하다', '(으)ㅁ직하다', '~같아 보이다' 등의 의미를 나타냅니다. 합쳐서 ເປັນຕາໜ້າ 뻰 따- 나- 라고 표현할 수도 있습니다.
청자와 화자가 함께 어떤 대상을 보면서, 성질 또는 상태에 대해 추측, 평가하는 경우에 주로 사용됩니다. 예를 들어, 차려진 음식을 보면서 '먹음직스럽다', '맛있어 보인다' 등의 표현을 할 때 등입니다.

ອາຫານເປັນຕາໜ້າແຊບທຸກຢ່າງ.
아- 하-ㄴ 뻰 따- 나- 새-ㅂ 툭 야-ㅇ

음식이 종류별로 다 맛있어 보이네요.

ໜ້າ 또는 ເປັນຕາ와 결합하여 자주 사용되는 표현은 다음과 같습니다.

ໜ້າຮັກ / ເປັນຕາຮັກ
나- 학 / 뻰 따- 학

사랑스럽다, 귀엽다

ໜ້າຊັງ / ເປັນຕາຊັງ
나- 상 / 뻰 따- 상

혐오스럽다, 밉다, 귀엽다*

ໜ້າຢູ່ / ເປັນຕາຢູ່
나- 유 / 뻰 따- 유-

있을 만하다, 지내기에 좋아 보인다.

ໜ້າກິນ / ເປັນຕາກິນ
나- 낀 / 뻰 따- 낀

먹을 만하다, 먹음직스럽다.

* 귀신이 예쁜 아기를 질투한다는 미신 때문에 '귀엽다'는 표현 대신 '밉다'라는 표현을 사용하는 경우가 있음

ໜ້າຢ້ານ / ເປັນຕາຢ້ານ
나- 야-ㄴ / 뻰 따- 야-ㄴ

공포스럽다, 무서워 보인다.

ໜ້າອາຍ / ເປັນຕາອາຍ
나- 아-이 / 뻰 따- 아-이

부끄럽다, 창피스럽다, 민망스럽다

## • 수여 표현 ໃຫ້

라오스어의 ໃຫ້ 하이 는 다양한 사용법이 있어 어순에 따라 의미가 완전히 달라질 수 있습니다. 이번 과에서는 수여 표현 및 관련한 확장 표현들을 살펴봅니다.

### (1) '주다' (수여)

ໃຫ້ 하이 는 기본적으로 '드리다, 주다'라는 수여의 의미를 가집니다. 누구에게 주는지를 말하지 않을 때, 즉 'A가 B를 주었다'만 표현하는 경우는 [A + ໃຫ້ 하이 + B]의 형태입니다. 누구에게 주는지 말하는 경우에는, 받는 대상은 간접 목적어로서 직접 목적어 뒤에 붙습니다.

ພໍ່ໃຫ້ປຶ້ມ.
퍼- 하이 쁨

아버지가 책을 주셨다.

ພໍ່ໃຫ້ປຶ້ມຂ້ອຍ.
퍼- 하이 쁨 커-이

아버지가 나에게 책을 주셨다.

### (2) '~에/에게' (도달점)

한편, ໃຫ້ 하이 는 수여의 도달점이라는 의미로서 '~에게'라는 뜻으로도 사용됩니다. 이러한 경우는 ເອົາ 아오 (갖다, 취하다) 동사를 본동사로 사용하여 [A + ເອົາ 아오 + B + ໃຫ້ 하이 + C]의 형태로 즉 'A가 B를 C에게 주다'를 표현합니다. 이 때 문맥에 따라 B와 C는 생략 가능합니다.

ພໍ່ເອົາປຶ້ມໃຫ້ຂ້ອຍ.
퍼- 아오 쁨 하이 커-이

아버지가 나에게 책을 주셨다.

ພໍ່ເອົາໃຫ້ຂ້ອຍ.
퍼- 아오 하이 커-이

아버지가 나에게 주셨다.

ພໍ່ເອົາປຶ້ມໃຫ້.
퍼- 아오 쁨 하이

아버지가 책을 주셨다.

### (3) '~해 주다' (수혜, 봉사)

(2)의 문형에서 ເອົາ 아오 자리에 다른 동사를 넣어 '~해 주다'라는 수혜, 봉사의 의미로 확장할 수 있습니다. 예를 들어, ເອົາ 아오 대신 ຖາມ 타-ㅁ (묻다), ຊື້ 스- (사다) 등의 동사를 대치하여 '물어봐 주다', 사 주다' 등 여러 다양한 의미를 표현합니다. (2)와 동일하게 [A + ~ + B + ໃຫ້ 하이 + C]의 형태로, B, C의 생략이 가능합니다.

ພໍ່ຊື້ປຶ້ມໃຫ້ຂ້ອຍ.
퍼- 스- 쁨 하이 커-이

아버지가 나에게 책을 사 주셨다.

ພໍ່ຊື້ໃຫ້ຂ້ອຍ.
퍼- 스- 하이 커-이

아버지가 나에게 사 주셨다.

ພໍ່ຊື້ປຶ້ມໃຫ້.
퍼- 스- 쁨 하이

아버지가 책을 사 주셨다.

### (4) '~해 주세요' (공손한 부탁)

한편, 대화문에서는 A(시혜자)가 청자이고 C(수혜자)가 화자이므로, 이를 생략하고 [ ~ + (B) + ໃຫ້ 하이 ] 형태로 '~해 주세요'라는 의미를 표현할 수 있습니다. 상대의 동작이 자신에게 이로운 경우에 사용합니다. 7과에서 배웠던 부탁 표현(ຊ່ວຍ 수-아이 , ກະລຸນາ 깔 루 나- )과 결합해서 [ຊ່ວຍ/ກະລຸນາ 수아-이 / 깔 루 나- + 동사(구) + ໃຫ້ 하이 + (ແດ່ 대- )]의 형태로 사용할 수 있습니다.

ໂທຫາລາວໃຫ້ແດ່.
토- 하- 라-오 하이 대-

(나를 대신해서) 그에게 전화해주세요.

ຊ່ວຍລາວໃຫ້ແດ່.
수-아이 라-오 하이 대-

(나를 대신해서) 그를 도와주세요.

ຊ່ວຍອັດປະຕູໃຫ້ແດ່.
수-아이 앋 빠 뚜- 하이 대-

문을 닫아주세요.

ກະລຸນາຂຽນທີ່ຢູ່ຂອງເຈົ້າໃຫ້ແດ່.
깔 루 나- 키-얀 티- 유- 커-ㅇ 짜오 하이 대-

당신의 주소를 적으십시오.

(1), (2), (3), (4)를 종합하면 다음과 같습니다.

| | | |
|---|---|---|
| (1) '주다' | ພໍ່ໃຫ້ປຶ້ມ.<br>퍼- 하이 쁨 | 아버지가 책을 주셨다. |
| | ພໍ່ໃຫ້ປຶ້ມຂ້ອຍ.<br>퍼- 하이 쁨 커-이 | 아버지가 책을 나에게 주셨다.<br>직접목적어 간접목적어 |
| (2) '~에/에게' | ພໍ່ເອົາປຶ້ມໃຫ້ຂ້ອຍ.<br>퍼- 아오 쁨 하이 커-이 | 아버지가 책을 나에게 주셨다. |
| | ພໍ່ເອົາໃຫ້ຂ້ອຍ.<br>퍼- 아오 하이 커-이 | 아버지가 나에게 주셨다. |
| (3) '~해 주다' | ພໍ່ຊື້ປຶ້ມໃຫ້ຂ້ອຍ.<br>퍼- 스- 쁨 하이 커-이 | 아버지가 책을 나에게 사 주셨다. |
| | ພໍ່ຊື້ໃຫ້ຂ້ອຍ.<br>퍼- 스- 하이 커-이 | 아버지가 나에게 사 주셨다. |
| (4) '~해 주세요' | ຊ່ວຍຊື້ປຶ້ມໃຫ້ແດ່.<br>수-아이 스- 쁨 하이 대- | (나를 위해 당신이) 책을 사 주세요. |

## • 가정 표현 ຖ້າ

'만약 ~라면'이라는 가정 표현을 나타내려면, 조건절의 맨 앞에 ຖ້າ 타- 를 붙입니다. 그리고 뒤따르는 결과절에 ກໍ 꺼- 를 붙이기도 합니다. 이것은 앞의 주절을 뒤의 결과절이 받았다는 것을 나타냅니다.

ຖ້າມີເງິນ ຕ້ອງຊື້ເຮືອນຫຼັງນັ້ນ.
타- 미- 응어-ㄴ 떠-ㅇ 스- 흐-안 랑 난

만약 돈이 있으면 반드시 저 집을 사야 한다.

ຖ້າບໍ່ມາກ່ອນ ຄືຊິບໍ່ມີບ່ອນນັ່ງ.
타- 버- 마- 꺼-ㄴ 크- 시 버- 미- 버-ㄴ 낭

만약 일찍 오지 않는다면 자리가 없을 것 같다.

ຖ້າເວົ້າເປັນພາສາລາວ ກໍຄົງຈະດີ.
타- 와오 뻰 파- 싸- 라-오 꺼- 콩 짜 디-

만약 라오스어로 말한다면 좋을 것이다.

## • 관계대명사 ທີ່

문장이 명사를 수식하는 경우, 명사와 문장 사이에 관계대명사를 붙여 [명사+ທີ່ 티- +문장]의 형태로 표현합니다. 관계대명사는 ທີ່ 티- 외에도 ອັນ 안, ເຊິ່ງ 스ㅓㅇ / ຊຶ່ງ 승 등이 있습니다. ເຊິ່ງ 스ㅓㅇ / ຊຶ່ງ 승 은 비교적 긴 문장이나 문어체 문장에 사용합니다. 수식관계가 명확한 경우나 수식부분이 짧은 경우는 관계대명사를 생략할 수도 있습니다.

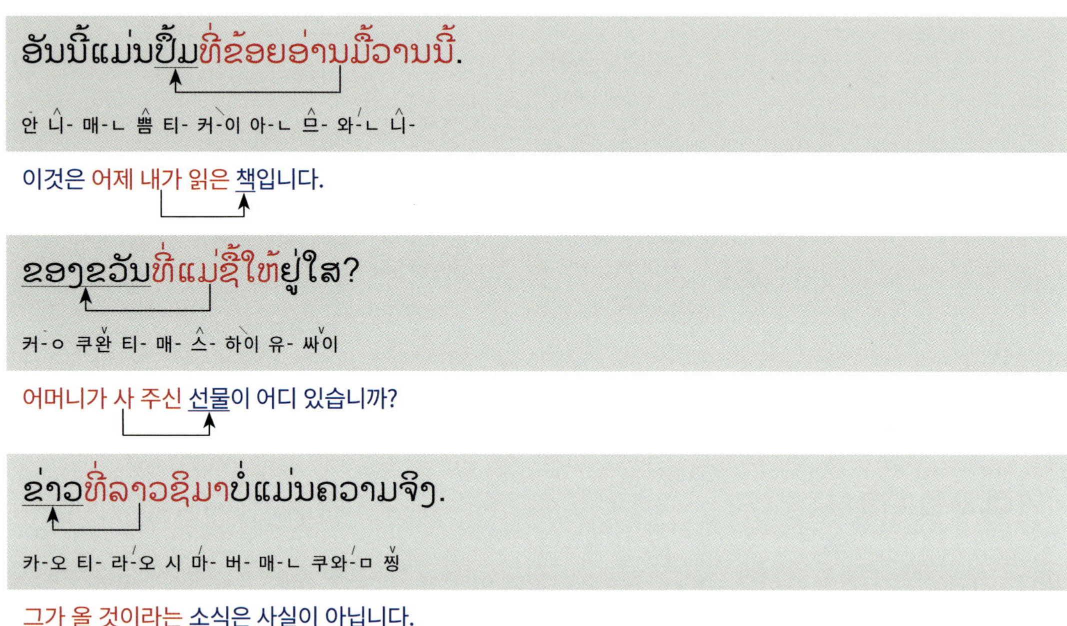

## 문형 연습

A: ເຈົ້າເຄີຍກິນເຂົ້າໜົມລາວບໍ?
짜오 크ㅓ-이 낀 카오 놈 라-오 버-

A: 당신은 라오스 과자를 먹어본 적이 있습니까?

B: ຍັງບໍ່ທັນເຄີຍ.
냥 버- 탄 크ㅓ-이

B: 아직 없습니다.

A: ຂ້ອຍຊິເອົາ ເຂົ້າໜົມລາວໃຫ້ເຈົ້າ.
커-이 시 아오 카오 놈 라-오 하이 짜오

A: 제가 당신에게 라오스 과자를 줄게요.

B: ຂອບໃຈ! ໜ້າແຊບ.
커-ㅂ 짜이 나- 새-ㅂ

B: 감사합니다! 맛있어 보이네요.

A: ຖ້າມີໂອກາດ, ໄປຕະຫຼາດເຊົ້າເບິ່ງ.
타- 미- 오- 까-ㄷ 빠이 따 라-ㄷ 사오 브ㅓㅇ

ຢູ່ຫັ້ນມີຮ້ານທີ່ຂາຍເຂົ້າໜົມແຊບໆ.
유- 한 미- 하-ㄴ 티- 카-이 카오 놈 샙 새-ㅂ

A: 기회가 있으면 아침 시장에 가 보세요.

그곳에 맛있는 과자를 파는 상점이 있습니다.

1)

| | |
|---|---|
| ອ່ານປຶ້ມລາວ<br>아-ㄴ 쁨 라-오 | 라오스 책을 읽다 |
| ມີແຕ່ປຶ້ມແບບຮຽນ<br>미- 때- 쁨 배-ㅂ 히-얀 | 교과서뿐이다 |
| ຊື້ / ປຶ້ມລາວ<br>스- / 쁨 라-오 | 사다 / 라오스 책 |
| ສົນໃຈ<br>쏜 짜이 | 흥미롭다 |
| ໝູ່ຄົນລາວ / ແຄມຂອງ<br>무- 콘 라-오 / 캐-ㅁ 커-ㅇ<br>ຮ້ານທີ່ຂາຍປຶ້ມລາວ<br>하-ㄴ 티- 카-이 쁨 라-오 | 라오스인 친구 / 메콩 강변 / 라오스 책을 파는 가게 |

2)

| | |
|---|---|
| ຮູບເງົາລາວ<br>후-ㅂ 응아오 라-오 | 라오스 영화 |
| ມີແຕ່ຄັ້ງດຽວ<br>미- 때- 캉 디-야우 | 단 한 번뿐이다 |
| ແນະນຳ / ຮູບເງົາລາວ<br>내 남 / 후-ㅂ 응아오 라-오 | 소개하다 / 라오스 영화 |
| ມ່ວນ<br>무-안 | 재미있다 |
| ເວລາ / ວຽງຈັນເຊັນເຕີ<br>웰-라- / 위-양 짠 센 뜨ㅓ-<br>ໂຮງຮູບເງົາທີ່<br>호-ㅇ 후-ㅂ 응아오 티-<br>ສະແດງຮູບເງົາລາວ<br>싸 대-ㅇ 후-ㅂ 응아오 라-오 | 시간 / 비엔티안 센터 / 라오스 영화를 상영하는 영화관 |

A: ແມ່ເອົາຂອງຂວັນໃຫ້.
매- 아오 커-ㅇ 쿠완 하이

A: 어머니가 선물을 줍니다.

B: ແມ່ເອົາຂອງຂວັນໃຫ້ໃຜ?
매- 아오 커-ㅇ 쿠완 하이 파이

B: 어머니가 누구에게 선물을 줍니까?

A: ແມ່ເອົາຂອງຂວັນໃຫ້ນ້ອງ.
매- 아오 커-ㅇ 쿠완 하이 너-ㅇ

A: 어머니가 동생에게 선물을 줍니다.

B: ເຈົ້າເອົາຫຍັງໃຫ້ນ້ອງ?
짜오 아오 냥 하이 너-ㅇ

B: 당신은 동생에게 무엇을 줍니까?

A: ຂ້ອຍເຮັດເຄື່ອງຫຼິ້ນໃຫ້ນ້ອງ.
커-이 헫 크-앙 리-ㄴ 하이 너-ㅇ

A: 저는 동생에게 장난감을 만들어 줍니다.

1)

| | |
|---|---|
| ອາຈານ / ປຶ້ມ<br>아-짜-ㄴ / 쁨 | 교수 / 책 |
| ອາຈານ / ປຶ້ມ<br>아-짜-ㄴ / 쁨 | 교수 / 책 |
| ອາຈານ / ປຶ້ມ / ສົມຊາຍ<br>아-짜-ㄴ / 쁨 / 쏨 사-이 | 교수 / 책 / 쏨사이 |
| ສົມຊາຍ<br>쏨 사-이 | 쏨사이 |
| ຂຽນຈົດໝາຍ / ສົມຊາຍ<br>키-얀 쫃 마-이 / 쏨 사-이 | 편지를 쓰다 / 쏨사이 |

2)

| | |
|---|---|
| ໝູ່ / ແຜນທີ່<br>무- 패-ㄴ 티- | 친구 / 지도 |
| ໝູ່ / ແຜນທີ່<br>무- / 패-ㄴ 티- | 친구 / 지도 |
| ໝູ່ / ແຜນທີ່ / ຂ້ອຍ<br>무- / 패-ㄴ 티- / 커-이 | 친구 / 지도 / 저(나) |
| ໝູ່<br>무- | 친구 |
| ຊື້ເສື້ອຜ້າ / ໝູ່<br>스- 쓰-아 파- / 무- | 옷을 사다 / 친구 |

## 어휘 Plus

### • ການທ່ອງທ່ຽວ 관광
까-ㄴ 터-ㅇ 티-야우

| | | | |
|---|---|---|---|
| 여행사 | ບໍລິສັດທ່ອງທ່ຽວ<br>버- 리 쌋 터-ㅇ 티-야우 | 가이드 | ຜູ້ແນະນຳ<br>푸- 내 남 |
| 수수료 | ຄ່າບໍລິການ<br>카- 버- 리 까-ㄴ | 환불 | ຄືນເງິນ<br>크-ㄴ 응으ㅓㄴ |
| 버스 터미널 | ສະຖານີລົດເມ<br>싸 타- 니- 롣 메- | 공항 | ສະໜາມບິນ<br>싸 나-ㅁ 빈 |
| 직항 노선 | ສາຍກົງ<br>싸-이 꽁 | 환승 | ປ່ຽນສາຍ<br>삐-얀 싸-이 |
| 축제(절기) | ງານບຸນ<br>응아-ㄴ 분 | 축제(행사) | ເທດສະການ<br>테-ㄷ 싸 까-ㄴ |
| 산 | ພູ<br>푸- | 바다 | ທະເລ<br>탈 레- |
| 강 | ແມ່ນ້ຳ<br>매- 남 | 폭포 | ນ້ຳຕົກຕາດ<br>남 똑따-ㄷ |
| 동굴 | ຖ້ຳ<br>탐 | 기념품 | ຂອງທີ່ລະນຶກ<br>커-ㅇ 티- 라 늑 |

## 표현 Plus

| | |
|---|---|
| ຄ່າໃຊ້ຈ່າຍໃນການໄປທ່ຽວຫຼາຍປານໃດ?<br>카- 사이 짜-이 나이 까-ㄴ 빠이 티-야우 라-이 빠-ㄴ 다이 | 여행 경비가 어느 정도 듭니까? |
| ຢາກຈອງປີ້ຍົນໄປເຊອຸນ.<br>야-ㄱ 쩌-ㅇ 삐- 욘 빠이 세- 운 | 서울에 가는 비행기표를 예약하고 싶습니다. |
| ມີປີ້ຫຼຸດລາຄາບໍ?<br>미- 삐- 룯 라- 카- 버- | 할인 티켓이 있습니까? |
| ຖ້າເຈົ້າຍົກເລີກບໍ່ສາມາດຮັບເງິນຄືນໄດ້.<br>타- 짜오 녹 르ㅓ-ㄱ 버- 싸- 마-ㄷ 합 응으ㅓㄴ 크-ㄴ 다이 | 만일 당신이 예약을 취소하면 환불받을 수 없습니다. |
| ຈະຕ້ອງຈ່າຍຄ່າບໍລິການ.<br>짜 떠-ㅇ 짜-이 카- 버- 리 까-ㄴ | 수수료를 지불해야 합니다. |
| ເລື່ອນເວລາບິນ.<br>르-안 웰- 라- 빈 | 비행기가 지연되었습니다. |
| ເລື່ອນເວລາບິນລົງຈອດ.<br>르-안 웰- 라- 빈 롱 쩌-ㄷ | 비행기가 연착되었습니다. |

## 연습문제

**1.** 그림을 보고 주어진 단어와 ເປັນຕາ를 사용하여 문장을 만들어 보세요.

| ມ່ວນ | ແຊບ | ຍາກ | ຮ້ອນ |
|---|---|---|---|
| 무-안 | 새-ㅂ | 냐-ㄱ | 허-ㄴ |

1)

ອາຫານ________________
아- 하-ㄴ

2)

ຮູບເງົາ________________
후-ㅂ 응아오

3)

ກາເຟ________________
까- 페-

4)

$a^2+b^2=c^2$

$c=\sqrt{a^2+b^2}$

ຂໍ້ສອບເສັງ________________
커- 써-ㅂ 쎙

## 2. 다음 단어를 사용하여 대화를 완성하세요.

| ໃຫ້ | ເອົາ | ອ່ານ | ສອນ |
|---|---|---|---|
| 하이 | 아오 | 아-ㄴ | 써-ㄴ |

1) A: ພໍ່________ຫຍັງ? (아버지가 무엇을 주었습니까?)
퍼- 냥

B: ພໍ່________ເງິນຂ້ອຍ. (아버지가 돈을 나에게 주셨습니다.)
퍼- 응으ㅓㄴ 커-이

(= ພໍ່________ເງິນ________ຂ້ອຍ.)
퍼- 응으ㅓㄴ 커-이

2) A: ໃຜ________ປຶ້ມເຈົ້າ? (누가 책을 당신에게 주었습니까?)
파이 쁨 짜오

(= ໃຜ________ປຶ້ມ________ເຈົ້າ?)
파이 쁨 짜오

B: ໝູ່________ປຶ້ມ________ຂ້ອຍ. (친구가 책을 나에게 주었습니다.)
무- 쁨 커-이

(= ໝູ່________ປຶ້ມຂ້ອຍ.)
무- 쁨 커-이

3) ເອົາຂອງຂວັນ________ລາວ. (그녀에게 선물을 주다.)
아오 커-ㅇ 쿠완 라-오

ຊື້ຂອງຂວັນ________ລາວ. (그녀에게 선물을 사 주다.)
스- 커-ㅇ 쿠완 라-오

ເຮັດຂອງຂວັນ________ລາວ. (그녀에게 선물을 만들어 주다.)
헨 커-ㅇ 쿠완 라-오

4) ອາຈານ________ປຶ້ມ________ນັກຮຽນ. (교수님이 학생에게 책을 읽어 주십니다.)
아- 짜-ㄴ 쁨 낙 히-얀

5) A: ໃຜ________ພາສາລາວ________ເຈົ້າ? (누가 당신에게 라오스어를 가르쳐 줍니까?)
파이 파- 싸- 라-오 짜오

B: ອາຈານ________ພາສາລາວ________ຂ້ອຍ. (교수님이 나에게 라오스어를 가르쳐 줍니다.)
아-짜-ㄴ 파- 싸- 라-오 커-이

## 3. 주어진 단어와 ເຄີຍ를 사용하여 [보기]와 같이 경험에 대한 대화를 만드세요.

[보기]
ໄປທ່ຽວ (여행하다) / ວຽງຈັນ (비엔티안)
빠이 티-야우 위-양 짠

→ A: ເຈົ້າເຄີຍໄປທ່ຽວວຽງຈັນບໍ? 당신은 비엔티안을 여행해 본 적이 있습니까?

B: ຂ້ອຍເຄີຍໄປທ່ຽວວຽງຈັນ. 저는 비엔티안을 여행해 본 적이 있습니다.

1) ເບິ່ງ (보다)
브ㅓㅇ

ຮູບເງົາລາວ (라오스 영화)
후-ㅂ 응아오 라-오

→ A: ເຈົ້າ______________________________ບໍ?

B: ຂ້ອຍ______________________________.

2) ຟັງ (듣다)
팡

ເພງເກົາຫຼີ (한국 노래)
페-ㅇ 까올 리-

→ A: ເຈົ້າ______________________________ບໍ?

B: ຂ້ອຍ______________________________.

3) ດື່ມ (마시다)
드-ㅁ

ເບຍລາວ (라오스 맥주)
비-야 라-오

→ A: ເຈົ້າ______________________________ບໍ?

B: ຂ້ອຍ______________________________.

문화 들여다보기

# 라오스의 축제

### ▶분삐마이

© Darren Donahue

라오스인의 새해 행사는 '분삐마이(ບຸນປີໃໝ່)'라고 불립니다. '분(ບຸນ)'은 축제, '삐마이(ປີໃໝ່)'는 새해라는 의미입니다. 불교식 음력을 따라 4월 중순경에 치러집니다. 라오스에서 가장 중요한 행사로 주말과 겹쳐 거의 일주일간 이어지며 전국에서 축하 행사가 열립니다. 4월은 건기가 끝나고 우기가 시작되는 때로, 농작물에 내리는 비를 반기기 위한 행사이기도 합니다.

또한 물은 정화를 상징하기 때문에 죄와 더러움을 씻어 주고 축복하는 의미에서 서로에게 물을 뿌리며 즐깁니다. 물 축제로 가장 유명한 곳은 루앙프라방입니다. 이 기간 물 축제를 즐기기 위해 많은 관광객이 몰려들며 미인대회가 열리고 다양한 퍼레이드가 이어집니다.

### ▶분방파이

© Darren Donahue

'분방파이(ບຸນບັ້ງໄຟ)'는 모내기가 시작되는 5월 즈음 열리는 기우제의 성격을 띤 로켓 축제입니다. 대나무에 화약이 박혀 있는 형태의 로켓을 쏘아 신에게 비를 간청합니다. 라오스인들은 가장 멀리 쏘아 올린 사람이 그해 농사에서 가장 큰 수확을 거둔다고 믿습니다. 참가자들은 익살스러운 분장을 하고 온갖 소재로 장식한 로켓을 쏘아 올립니다.

### ▶분수앙흐아

© Surasak muangsuk

'분수앙흐아(ບຸນຊ່ວງເຮືອ)'는 우기가 끝나가는 시점(9~10월경)에 루앙프라방, 비엔티안, 팍세 등 메콩강을 접한 도시에서 열리는 보트 레이싱 축제입니다. 각 마을이나 회사 단위로 팀을 만들어서 레이싱에 참가합니다. 화려하게 장식된 기다란 통나무 보트에 수십 명의 인원이 협동하여 노를 저어 가는 모습이 장관을 이룹니다. 우승한 팀은 푸짐한 상금과 트로피를 받게 됩니다.

### ▶분탓루앙

© Aaron Smith from London, United Kingdom, CC BY 2.0

비엔티안에 있는 라오스의 상징 '탓루앙(ທາດຫຼວງ)' 탑에서는 매년 11월 보름, 대규모 불교 축제가 3일간 진행됩니다. 이것이 '분탓루앙(ບຸນທາດຫຼວງ)'으로, 라오스의 독실한 불교도들은 죽기 전에 한 번은 반드시 와야 할 순례처럼 여기고 있습니다. 성대한 불꽃놀이와 함께 화려한 공연이 열리고 각 지방의 특산물을 파는 장이 섭니다.

ບົດທີ

13

# ໄປສະໜາມບິນ ໃຊ້ເວລາດົນປານໃດ?

## 공항까지 가는 데 시간이 얼마나 걸려요?

**학습목표**

1. 교통 수단을 이용한 소요 시간을 묻고 답할 수 있다.
2. 결과 표현 ກໍເລີຍ를 사용하여 인과 관계를 나타낼 수 있다.
3. ໃຫ້를 사용하여 사동문으로 말할 수 있다.

## 대화 1

제인이 여행사에서 항공권을 예약합니다.

ເຈນ: ຂ້ອຍຢາກຈອງປີ້ຍົນໄປວຽງຈັນ.
쩨-ㄴ: 커-이 야-ㄱ 쩌-ㅇ 삐- 뇬 빠이 위-양 짠
제인: 내일 오전 비엔티안 가는 항공권을 예약하려고 합니다.

ພະນັກງານ: ຖ້ຽວດຽວຫຼືຖ້ຽວໄປກັບ?
파 낙 응아-ㄴ: 티-야우 디-야우 르- 티-야우 빠이 깝
직원: 편도입니까 왕복입니까?

ເຈນ: ຖ້ຽວດຽວ. ຖ້ຽວເຊົ້າດີກວ່າ.
쩨-ㄴ: 티-야우 디-야우 티-야우 사오 디- 꾸와-
제인: 편도입니다. 아침 편이 더 좋아요.

ພະນັກງານ: ມື້ອື່ນ ທັງຖ້ຽວເຊົ້າແລະຖ້ຽວແລງເຕັມແລ້ວ.
파 낙 응아-ㄴ: 므- 으-ㄴ 탕 티-야우 사오 래 티-야우 래-ㅇ 뗌 래-우
직원: 내일은 오전 편과 오후 편 전부 만석입니다.

ເຈນ: ກໍເຮັດຫຍັງບໍ່ໄດ້ເນາະ. ຊິເອົາຖ້ຽວບິນມື້ຮືຕອນເຊົ້າ.
쩨-ㄴ: 꺼- 헷 냥 버- 다이 너 시 아오 티-야우 빈 므- 흐- 떠-ㄴ 사-오
제인: 어쩔 수 없네요. 모레 오전 편으로 할게요.

ພະນັກງານ: ເດີນທາງຈັກທ່ານ? ດຽວນີ້ຍັງເຫຼືອພຽງ 2 ບ່ອນນັ່ງເທົ່ານັ້ນ.
파 낙 응아-ㄴ: 드ㅓ-ㄴ 타-ㅇ 짝 타-ㄴ 디-야우 니- 냥 르-아 피-양 써-ㅇ 버-ㄴ 낭 타오 난
직원: 몇 사람입니까? 지금 두 자리만 아직 남아있습니다.

ເຈນ: ພໍດີ 2 ຄົນ.
쩨-ㄴ: 퍼- 디- 써-ㅇ 콘
제인: 딱 두 명이에요.

ພະນັກງານ: ພໍດີເລີຍນໍ້.
파 낙 응아-ㄴ: 퍼- 디- 르ㅓ-이 너-
직원: 딱이네요(다행이네요).

## 어휘

|  |  |
|---|---|
| ຖ້ຽວ [티-야우] | ~편 |
| ບິນ [빈] | 날다 |
| ດຽວ [디-야우] | 단독의, 홀로, 유일한 |
| ເຕັມ [뗌] | 채우다, 가득 차다 |
| ກໍເລີຍ [꺼- 르ㅓ-이] | 그래서, 그러므로 |
| ດຽວນີ້ [디-야우 니] | 지금, 이 순간(시점) |
| ເຫຼືອ [르-아] | 남다, 남기다 |
| ບ່ອນນັ່ງ [버-ㄴ 낭] | 좌석, 자리 |
| ເດີນທາງ [드ㅓ-ㄴ 타-ㅇ] | 1. 여행하다, ~로 향하다<br>2. 여행, 여정 |
| ພໍດີ [퍼- 디-] | 1. 충분하다, 적당하다<br>2. 때마침 ~하다 |
| ພໍດີເລີຍ [퍼- 디- 르ㅓ-이] | 다행이다, 다행스럽다 |

## 활용 표현

**ທັງ A ແລະ B**
탕 A 래 B

A도 B도 전부/모두

**ພໍດີ ~**
퍼- 디-

딱/마침 ~이다

## 대화 2

유진이 공항에 가기 위해 택시에 탔습니다.

ຄົນຂັບລົດ: ເຈົ້າຊິໄປໃສ?
콘 캅 롣: 짜오 시 빠이 싸이
기사: 어디에 가십니까?

ຢູຈິນ: ໄປສະໜາມບິນວັດໄຕ.
유- 찐: 빠이 싸 나-ㅁ 빈 왇 따이
유진: 왓따이 공항에 갑니다.

ຈາກບ່ອນນີ້ໄປເຖິງບ່ອນນັ້ນໃຊ້ເວລາດົນປານໃດ?
짜-ㄱ 버-ㄴ 니- 빠이 트ㅓㅇ 버-ㄴ 난 사이 웨- 라- 돈 빠-ㄴ 다이
여기에서 그곳까지 얼마나 걸려요?

ຄົນຂັບລົດ: ຕອນນີ້ລົດຄົງຈະຕິດ. ຄາດວ່າປະມານໜຶ່ງຊົ່ວໂມງ.
콘 캅 롣: 떠-ㄴ 니- 롣 콩 짜 띧 카-ㄷ 와- 빠- 마-ㄴ 능 수-아 모-ㅇ
기사: 지금은 차가 막힐 거예요. 약 1시간 정도 예상합니다.

ຢູຈິນ: ຂ້ອຍຕ້ອງຂີ່ຍົນຖ້ຽວ 2 ໂມງ. ຮີບໄປແດ່.
유- 찐: 커-이 떠-ㅇ 키- 뇬 티-야우 써-ㅇ 모-ㅇ 히-ㅂ 빠이 대-
유진: 2시 비행기를 타야 해요. 서둘러 가 주세요.

ຄົນຂັບລົດ: ຂ້ອຍຈະພະຍາຍາມໄປໃຫ້ຮອດໄວໆ.
콘 캅 롣: 커-이 짜 파- 냐- 냐-ㅁ 빠이 하이 허-ㄷ 와이 와이
기사: 최대한 빨리 가 볼게요.

ຄົນຂັບລົດ: ຮອດແລ້ວ. ໃຫ້ຈອດຢູ່ໃສ?
콘 캅 롣: 허-ㄷ 래-우 하이 쩌-ㄷ 유- 싸이
기사: 공항에 도착했습니다. 어디에 세워드릴까요?

ຢູຈິນ: ຊ່ວຍຈອດຢູ່ສາຍການບິນສາກົນໃຫ້ແດ່.
유- 찐: 수-아이 쩌-ㄷ 유- 싸-이 까-ㄴ 빈 싸- 꼰 하이 대-
유진: 국제선에 세워주세요.

## 어휘

|  |  |
|---|---|
| ຄົນຂັບລົດ [콘 캅 롣] | 운전기사 |
| ສະໜາມບິນ [싸 나-ㅁ 빈] | 공항 |
| ເຖິງ [트ㅓㅇ] | 1. 도착하다, 다다르다<br>2. ~까지 |
| ໃຊ້ [사이] | 쓰다, 사용하다 |
| ເວລາ [웰- 라-] | 시간 |
| ດົນ [돈] | (시간이) 오래다 |
| ດົນປານໃດ [돈 빠-ㄴ 다이] | 얼마나 오래 |
| ລົດ [롣] | 차, 차량 |
| ຕິດ [띧] | 붙다, 닿다, 얽히다 |
| ລົດຕິດ [롣 띧] | 차가 막히다, 교통체증 |
| ຄາດ [카-ㄷ] | 예상하다, 추측하다 |
| ຂີ່ [키] | (교통수단에) 타다 |
| ຮີບ [히-ㅂ] | 서두르다, 지체 없이 ~하다 |
| ພະຍາຍາມ [파 냐- 냐-ㅁ] | 시도하다, 노력하다 |
| ໄວ [와이] | 빠르다 |
| ຈອດ [쩌-ㄷ] | 세우다 |
| ສາຍການບິນ [싸-이 까-ㄴ 빈] | 항공, 항공 노선 |
| ສາກົນ [싸- 꼰] | 국제적, 세계적 |

## 활용 표현

**ຈາກ A ເຖິງ B**

짜-ㄱ A　트ㅓㅇ B

A에서 B까지(공간)

**~ ໃຊ້ເວລາດົນປານໃດ?**

사이 웰- 라- 돈 빠-ㄴ 다이

~하는 데 시간이 얼마나 걸려요?

# 문법

## • A와 B 모두: ທັງ A ແລະ B

[주어 + 동사 + ທັງ 탕 + A + ແລະ 래 + B]의 형태로 '~는 A와 B 모두 ~다'라는 의미를 표현할 수 있습니다. 또는 [ທັງ 탕 + A + ແລະ 래 + B + 동사]의 형태로 사용할 수도 있습니다. ແລະ 래 대신 ກັບ 깝 을 사용해도 됩니다.

| ຂ້ອຍ<br>커-이 | ມີ<br>미- | ທັງ<br>탕 | ອ້າຍ<br>아-이 | ແລະ<br>래 | ເອື້ອຍ<br>으-아이 | |
|---|---|---|---|---|---|---|
| 나/저 | 있다 | 모두 | 형 | 그리고 | 누나 | 나는 형도 누나도 있다. |

| ທັງ<br>탕 | ອ້າຍ<br>아-이 | ແລະ<br>래 | ເອື້ອຍ<br>으-아이 | ເຮັດວຽກຢູ່ນີ້.<br>헫 위-약 유- 니- | |
|---|---|---|---|---|---|
| 모두 | 형 | 그리고 | 누나 | 여기서 일한다. | 형과 누나 모두 여기서 일한다. |

## • 간접 표현 ວ່າ

'~라고 생각하다'와 '~라고 하다' 등, 문장 중간에 문장을 삽입하는 경우는 [주어 + 동사 + ວ່າ 와- + 문장]으로 표현합니다. 예를 들어, '~라고 생각하다'는 [주어 + ຄິດ 킨 + ວ່າ 와- ~], '~라고 느끼다'는 [주어+ ຮູ້ສຶກ 후- 쓱 + ວ່າ 와- ~]로 말합니다. 같은 식으로 '~라고 (말)하다'라는 간접 화법은 '말하다'라는 의미의 동사들과 결합하여 ບອກວ່າ 버-ㄱ 와-, ເວົ້າວ່າ 와오 와-, ວ່າ 와- 등으로 나타냅니다(ວ່າ 와- 는 본디 '말하다'라는 뜻을 가집니다).

ຄິດວ່າອາຈານຄືຊິຮູ້.
킨 와- 아- 짜-ㄴ 크- 시 후-

교수님은 아마 아실 거라고 생각합니다.

ລາວບອກວ່າມາບໍ່ໄດ້.
라-오 버-ㄱ 와- 마- 버- 다이

그는 못 온다고 말했습니다.

ຂ້ອຍຢ້ານວ່າຊິຕົກຍົນ.
커-이 야-ㄴ 와- 시 똑 뇬

저는 비행기를 놓칠까 봐 무섭습니다(걱정됩니다).

## • 연속 동사 구문

라오스어는 고립어이기 때문에 동사의 변형이 없으며, 접사나 연결 어미도 없습니다. 동사구(동사+목적어/보어)가 여러 개 나열될 때에도 어순이나 의미적 조건에 따라 자유롭게 이어집니다. 이를 연속 동사 구문이라고 합니다.

대표적인 예로 '서두르다'를 의미하는 동사 ຮີບ 히-ㅂ 은 후행 동사와 결합하여 '서둘러서 ~하다'를 표현합니다.

| ຮີບ<br>히-ㅂ | ຂີ່<br>키- | ລົດ.<br>롣 | | | |
|---|---|---|---|---|---|
| 서두르다 | 타다 | 차 | | | 서둘러 차에 타다. |

| ຮີບ<br>히-ㅂ | ເອົາ<br>아오 | ເງິນ<br>응언 | ມາ.<br>마- | | |
|---|---|---|---|---|---|
| 서두르다 | 가지다 | 돈 | 오다 | | 서둘러 돈을 가져오다. |

| ຮີບ<br>히-ㅂ | ຟ້າວ<br>파-오 | ໄປ<br>빠이 | ຊື້<br>스- | ປີ້.<br>삐- | |
|---|---|---|---|---|---|
| 서두르다 | 긴급하다<br>성급하다 | 가다 | 사다 | 표 | 서둘러 급히 표를 사러 가다. |

## • 결과 표현 ກໍເລີຍ

ກໍເລີຍ 꺼- 르ㅓ-이 는 '그래서', '그러므로'의 의미를 가지며, 인과 관계를 나타내는 접속사로 기능합니다. 선행절에서 이유나 원인이 나오고, ກໍເລີຍ 꺼- 르ㅓ-이 이하의 내용이 결과를 나타냅니다. 주로 문어나 공식 표현에 사용되는 ຈຶ່ງ 쯩 (9과 참조)과 달리, ກໍເລີຍ 꺼- 르ㅓ-이 는 일상 대화에서 많이 사용됩니다.

ລົດຕິດລາວກໍເລີຍເຂົ້າວຽກຊ້າ.
롣 띧 라-오 꺼- 르ㅓ-이 카오 위-약 사-

차가 막혀서 그는 회사에 지각했다.

(= ລົດຕິດລາວຈຶ່ງເຂົ້າວຽກຊ້າ.)
롣 띧 라-오 쯩 카오 위-약 사-

차가 막혀서 그는 회사에 지각했다.

ຖ້ຽວບິນກາງເວັນເຕັມກໍເລີຍຊື້ຖ້ຽວບິນກາງຄືນ.
티-야우 빈 까-ㅇ 웬 뗌 꺼- 르ㅓ-이 스- 티-야우 빈 까-ㅇ 크-ㄴ

낮 비행 편이 만석이라 밤 비행 편을 샀다.

## • 사동 표현 ໃຫ້

지난 과에서는 수여 표현으로서의 ໃຫ້ 하이 를 배웠습니다. 그 밖에 ໃຫ້ 하이 의 중요한 용법 중 하나는 '~게 하다/ ~시키다'는 의미의 사동 표현입니다.

### (1) 'A가 B가 ~하도록 하다(시키다)' [A + ໃຫ້ 하이 + B + 동사(구)]

ແມ່ໃຫ້ຂ້ອຍເຮັດວຽກບ້ານ.
매- 하이 커-이 헫 위-약 바-ㄴ

어머니는 내가 숙제하도록 했다(시켰다).

대화문에서는 A(주어, 허락의 주체)가 청자이므로, A를 생략하고 [ໃຫ້ 하이 + B + 동사(구)]의 형태로 'B가 ~하게 하세요'라는 의미를 표현할 수 있습니다. 대화 맥락에서 허락의 객체가 누구인지 분명히 드러난다면, B까지 생략할 수도 있습니다.

ໃຫ້ຂ້ອຍໄປຫຼິ້ນນຳໝູ່. → ໃຫ້ໄປຫຼິ້ນນຳໝູ່.

하이 커-이 빠이 린 남 무- → 하이 커-이 빠이 린 남 무-

제가 친구들과 놀러가게 하세요(허락해주세요). → 친구들과 놀러가게 하세요(허락해주세요).

ໃຫ້ຂ້ອຍຊ່ວຍບໍ? → ໃຫ້ຊ່ວຍບໍ?

하이 커-이 수-아이 버- → 하이 수-아이 버-

제가 돕도록 하실래요(제가 도와줄까요)? → 돕도록 하실래요(도와줄까요)?

### (2) 'A라는 원인이 B가 ~하도록 하다(시키다)' [A + ເຮັດໃຫ້ 헬 하이 + B + 동사(구)]

A와 B의 인과관계가 분명한 경우 ໃຫ້ 하이 앞에 ເຮັດ 헬 (하다)을 붙입니다. 이때, 'B로 하여금 ~하게 하다'(결과)는 A(주어=원인)의 의지와 무관하게 발생한 것입니다.

ລູກເຮັດໃຫ້ພໍ່ແມ່ເສຍໃຈ.

루-ㄱ 헬 하이 퍼- 매- 씨-야 짜이

자녀로 인해 부모가 실망하게 했다(실망시켰다).

ຝົນຕົກໜັກຫຼາຍເຮັດໃຫ້ນ້ຳຖ້ວມ.

폰 똑 낙 라-이 헬 하이 남 투-암

비가 많이 와서 홍수를 일으켰다.

ອາກາດບໍ່ດີເຮັດໃຫ້ຍົນຂຶ້ນບໍ່ໄດ້.

아- 까-ㄷ 버- 디- 헬 하이 욘 큰 버- 다이

날씨가 안 좋아서 비행기가 뜨게 하지 못했다(뜨지 못했다).

### (3) A가 B가 ~하도록 ~하다 [A + 동사(구) + ໃຫ້ 하이 + B + 동사(구)]

ເຮັດ 헷 (하다) 외에도 ໃຫ້ 하이 앞에 다양한 동사를 붙여서 '~하도록 말하다/강요하다/권하다/금지하다' 등 다양한 사동 표현으로 확장시킬 수 있습니다.

ແມ່ບອກໃຫ້ຂ້ອຍເຮັດວຽກບ້ານ.
매- 버-ㄱ 하이 커-이 헷 위-약 바-ㄴ

어머니는 내가 숙제하도록 말했다.

ແມ່ບັງຄັບໃຫ້ຂ້ອຍຮຽນ.
매- 방 캅 하이 커-이 히-얀

어머니는 내가 공부하도록 강요했다.

ແມ່ຊວນໃຫ້ຂ້ອຍມາກິນເຂົ້າ.
매- 수-안 하이 커-이 마- 낀 카오

어머니는 내가 와서 밥을 먹도록 권했다.

ແມ່ອະນຸຍາດໃຫ້ຂ້ອຍໄປທ່ຽວປູຊານ.
매- 아 누 야-ㄷ 하이 커-이 빠이 티-야우 뿌- 사-ㄴ

어머니는 내가 부산에 여행가도록 허락하셨다.

### (4) A하게 B [동사(구) + ໃຫ້ 하이 + 부사]

ອະນາໄມໃຫ້ສະອາດແດ່.
아 나- 마이 하이 싸 아-ㄷ 대-

깨끗하게 청소하세요.

ເວົ້າໃຫ້ຊ້າໆແດ່.
와오 하이 사 사- 대-

천천히(=느리게) 말하세요.

ຟັງໃຫ້ດີ ແລ້ວຕອບຄຳຖາມ.
팡 하이 디- 래-우 떠-ㅂ 캄 타-ㅁ

잘 듣고 질문에 대답하시오.

## 문형 연습

A: ລາວເວົ້າວ່າຫຍັງ?
라-오 와오 와- 냥

A: 그는 뭐라고 말했습니까?

B: ລາວເວົ້າວ່າບໍ່ສະບາຍ.
라-오 와오 와- 버- 싸 바-이

B: 그는 몸이 안 좋다고 말했습니다.

A: ເຈົ້າຄິດວ່າຫຍັງ?
짜오 킫 와- 냥

A: 당신은 무엇을 생각합니까?

B: ຂ້ອຍຄິດວ່າລາວອາດຈະເປັນຫວັດ.
커-이 킫 와- 라-오 아-ㄷ 짜 뻰 왇

B: 저는 그가 감기에 걸렸을지도 모른다고 생각합니다.

| | | | | | |
|---|---|---|---|---|---|
| 1) | ກັງວົນ / ຫຍັງ<br>깡 원 / 냥 | 걱정하다 / 무엇 | 2) | ຂຽນ / ຫຍັງ<br>키-얀 / 냥 | 쓰다 / 무엇 |
| | ກັງວົນ / ຝົນຕົກ<br>깡 원 / 폰 똑 | 걱정하다 / 비가 오다 | | ຂຽນ / ຄິດຮອດແມ່<br>키-얀 / 킫 허-ㄷ 매- | 쓰다 / 어머니가 그립다 |
| | ຄາດ / ແນວໃດ<br>카-ㄷ / 내-우 다이 | 예상하다 / 어떠하다 | | ຖາມ / ຫຍັງ<br>타-ㅁ / 냥 | 묻다 / 무엇 |
| | ຄາດ / ຝົນບໍ່ຕົກ<br>카-ㄷ / 폰 버- 똑 | 예상하다 / 비가 안 올 것이다 | | ຖາມ / ມາເມື່ອໃດ<br>타-ㅁ / 마- 므-아 다이 | 묻다 / 언제 오다 |

---

A: ວຽກບ້ານຫຼາຍກໍເລີຍຕ້ອງຮີບກັບໄປບ້ານ.
위-약 바-ㄴ 라-이 꺼- 르ㅓ-이 떠-ㅇ 히-ㅂ 깝 빠이 바-ㄴ

A: 숙제가 많기 때문에 서둘러 집에 돌아가야 합니다.

B: ທັງເຈົ້າແລະລາວມີວຽກບ້ານຫຼາຍຄືກັນບໍ?
탕 짜오 래 라-오 미- 위-약 바-ㄴ 라-이- 크- 깐 버-

B: 당신도 그녀도 모두 숙제가 많이 있습니까?

A: ເຈົ້າ, ແມ່ນແລ້ວ.
짜오 매-ㄴ 래-우

A: 네. 맞아요.

| | | | | | |
|---|---|---|---|---|---|
| 1) | ບໍ່ມີເວລາ / ຂີ່ລົດເມ<br>버- 미- 웰- 라- / 키- 롣 메- | 시간이 없다 / 버스를 타다 | 2) | ຕື່ນຊ້າ / ຂີ່ລົດແທັກຊີ່ໄປ<br>뜨-ㄴ 사- / 키- 롣 택 시- 빠이 | 늦게 일어나다 / 택시를 타고 가다 |
| | ຂີ່ລົດເມຄັນນັ້ນ<br>키 로-ㄷ 메- 칸 난 | 저 버스를 타다 | | ຕື່ນຊ້າ<br>뜨-ㄴ 사 | 늦잠을 자다 |

A: ຈາກບ້ານເຖິງບໍລິສັດໃຊ້ເວລາດົນປານໃດ?
짜-ㄱ 바-ㄴ 트-ㅇ 버- 리 쌋 사이 웰- 라- 돈 빠-ㄴ 다이

A: 집에서 회사까지 시간이 얼마나 걸려요?

B: ຍ່າງໄປປະມານ 30 ນາທີ.
냐-ㅇ 빠이 빠 마-ㄴ 싸-ㅁ 씹 나- 티

B: 걸어가면 약 30분 정도요.

1) ວຽງຈັນ / ຫຼວງພະບາງ — 위-양 짠 / 루-앙 파 바-ㅇ — 비엔티안 / 루앙프라방
ຂີ່ລົດເມ / ປະມານ 10 ຊົ່ວໂມງ — 키- 롣 메- / 빠 마-ㄴ 씹 수-아 모-ㅇ — 버스를 타다 / 약 10시간

2) ສະໜາມບິນ / ສະຖານີລົດເມ — 싸 나-ㅁ 빈 / 싸 타- 니- 롣 메- — 공항 / 버스터미널
ຂີ່ລົດ / ພໍດີ 1 ຊົ່ວໂມງ — 키- 롣 / 퍼- 디- 능 수-아 모-ㅇ — 차를 타다 / 딱 1시간

---

A: ໃຜເຮັດໃຫ້ເຈົ້າອະນາໄມ?
파이 헫 하이 짜오 아 나- 마이

A: 누가 당신에게 청소하게 했습니까(시켰습니까)?

B: ແມ່ເຮັດໃຫ້ຂ້ອຍອະນາໄມ.
매- 헫 하이 커-이 아 나- 마이

B: 어머니가 나에게 청소하게 했습니다(시켰습니다).

1) ເດັກ / ຮ້ອງເພງ — 덱 / 허-ㅇ 펭 — 아이 / 노래부르다
ໝູ່ / ເດັກ / ຮ້ອງເພງ — 무- / 덱 / 허-ㅇ 펭 — 친구 / 아이 / 노래부르다

2) ລາວ / ຂັບລົດ — 라-오 / 캅 롣 — 그 / 운전하다
ຫົວໜ້າ / ລາວ / ຂັບລົດ — 후-아 나- / 라-오 / 캅 롣 — 상사 / 그 / 운전하다

## 어휘 Plus

• ຍານພາຫະນະ 교통수단
냐-ㄴ 파-하 나

| 차 | ລົດ<br>롣 | 자동차/승용차 | ລົດໃຫຍ່<br>롣 냐이 |
|---|---|---|---|
| 오토바이 | ລົດຈັກ<br>롣 짝 | 승합차(밴) | ລົດຕູ້<br>롣 뚜- |
| 택시 | ແທັກຊີ<br>택 시- | 버스 | ລົດເມ<br>롣 메- |
| 썽태우 | ສອງແຖວ<br>써-ㅇ 태-우 | 뚝뚝 | ຕຸກຕຸກ<br>뚝 뚝 |
| 쌈러 | ສາມລໍ້<br>싸-ㅁ 러- | 배 | ເຮືອ<br>흐-아 |
| 기차 | ລົດໄຟ<br>롣 파이 | 비행기 | ຍົນ<br>뇬 |

## 표현 Plus

| | |
|---|---|
| ຕ້ອງລໍຖ້າໄຟແດງ.<br>떠-ㅇ 러- 타- 파이 대-ㅇ | 신호(빨간불)를 기다려야 합니다. |
| ລົດຄັນນັ້ນລ່ວງໄຟແດງ.<br>롣 칸 난 루-앙 파이 대-ㅇ | 저 차가 빨간불에 지나갔습니다. |
| ເກີດອຸບັດຕິເຫດຂຶ້ນ.<br>끄ㅓ-ㄷ 우 받 띠 헤-ㄷ 큰 | 교통사고가 났습니다. |
| ຢຸດ!<br>윧 | 멈추세요! |
| ລະວັງ!<br>라 왕 | 조심하세요! |
| ອັນຕະລາຍ!<br>안 따 라-이 | 위험해요! |
| ອອກຈາກລົດກ່ອນແດ່.<br>어-ㄱ 짜-ㄱ 롣 꺼-ㄴ 대- | 일단 차에서 나오세요. |
| ສະແດງໃບຂັບຂີ່ແດ່.<br>싸 대-ㅇ 바이 캅 키- 대- | 운전면허증을 보여주세요. |

## 연습문제

### 1. 알맞은 단어를 찾아 연결하세요.

| | |
|---|---|
| 1) 자동차 • | • ① ລົດເມ 롣 메- |
| 2) 오토바이 • | • ② ລົດຈັກ 롣 짝 |
| 3) 쌈러 • | • ③ ລົດໃຫຍ່ 롣 냐-이 |
| 4) 뚝뚝 • | • ④ ຍົນ 논 |
| 5) 썽태우 • | • ⑤ ລົດໄຟ 롣 파이 |
| 6) 버스 • | • ⑥ ເຮືອ 흐-아 |
| 7) 기차 • | • ⑦ ຕຸກຕຸກ 뚝 뚝 |
| 8) 배 • | • ⑧ ສາມລໍ້ 싸-ㅁ 러 |
| 9) 택시 • | • ⑨ ແທັກຊີ 택 시- |
| 10) 비행기 • | • ⑩ ສອງແຖວ 써-ㅇ 태-우 |

**2. 다음 표현을 ຖາມວ່າ 타-ㅁ 와-, ບອກວ່າ 버-ㄱ 와-, ໄດ້ຍິນວ່າ 다이 닌 와-를 사용하여 [보기]와 같이 간접 표현 문장으로 만드세요.**

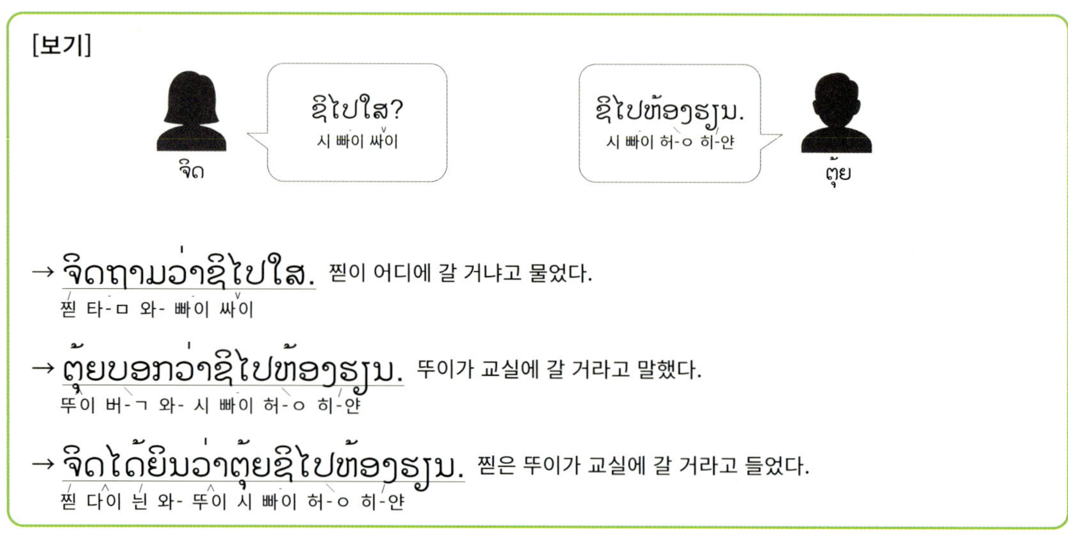


→ ຈິດຖາມວ່າຊິໄປໃສ. 찐이 어디에 갈 거냐고 물었다.
찐 타-ㅁ 와- 빠이 싸이

→ ຕຸ້ຍບອກວ່າຊິໄປຫ້ອງຮຽນ. 뚜이가 교실에 갈 거라고 말했다.
뚜이 버-ㄱ 와- 시 빠이 허-ㅇ 히-얀

→ ຈິດໄດ້ຍິນວ່າຕຸ້ຍຊິໄປຫ້ອງຮຽນ. 찐은 뚜이가 교실에 갈 거라고 들었다.
찐 다이 닌 와- 뚜이 시 빠이 허-ㅇ 히-얀

1) → ______________________. (찐이 어디에서 왔냐고 물었다.)

2) → ______________________. (뚜이가 루앙프라방에서 왔다고 말했다.)

3) → ______________________. (찐은 뚜이가 루앙프라방에서 왔다고 들었다.)

1) → ______________________. (찐이 누구를 사랑하냐고 물었다.)

2) → ______________________. (뚜이는 그녀를(찐을) 사랑한다고 말했다.)

3) → ______________________. (찐은 뚜이가 그녀를 사랑한다고 들었다.)

**3. 주어진 문장과 ໃຫ້ 하이 를 사용하여 '어머니가 ~에게 ~도록 하다(시키다)'라는 표현을 만들어 보세요.**

1) 어머니가 아버지에게 편지를 보내도록 시키셨다.
(ພໍ່ / ສົ່ງຈົດໝາຍ)
퍼- / 쏭 쫃 마-이

→ ແມ່________________________.

2) 어머니가 누나에게 라오스에 가도록 시키셨다.
(ເອື້ອຍ / ໄປປະເທດລາວ)
으-아이 / 빠이 빠 테-ㄷ 라-오

→ ແມ່________________________.

3) 어머니가 동생에게 잠에서 깨도록 하셨다.
(ນ້ອງ / ຕື່ນນອນ)
너-ㅇ / 뜨-ㄴ 너-ㄴ

→ ແມ່________________________.

4) 어머니가 나에게 부엌과 침실 모두 청소하도록 시키셨다.
(ຂ້ອຍ / ອະນາໄມທັງຫ້ອງຄົວແລະຫ້ອງນອນ)
커-이 / 아 나- 마이 탕 허-ㅇ 쿠-아 래 허-ㅇ 너-ㄴ

→ ແມ່________________________.

문화 들여다보기

# 라오스의 교통 수단

© Ilya Plekhanov

라오스에서는 대중 교통이 그리 발달되어 있지 않습니다. 시내버스는 수도 비엔티안에서만 운영되고 있으며 노선도 매우 제한적입니다. 트럭의 짐칸을 승객이 앉을 수 있는 기다란 좌석으로 개조한 '썽태우(ສອງແຖວ)'가 시외 구간을 오가는 노선 버스의 역할을 합니다. 시장 앞이나 터미널에서 승객을 충분히 채울 때까지 기다렸다 출발하기 때문에 기약 없이 기다릴 수도 있습니다.

택시는 수도와 주요 도시에만 있으며, 흔히 다니지 않아 예약 없이 길거리에서 택시를 잡기란 쉽지 않습니다. 택시를 대신할 만한 흔한 교통수단은 오토바이를 삼륜차로 개조한 '뚝뚝(ຕຸກຕຸກ)'입니다.

이러한 대중 교통수단들은 흥정을 아무리 잘하더라도 기본적으로 라오스 물가에 비해 매우 비싼 편입니다. 이 때문에 많은 배낭여행자들이 시내와 근교를 여행할 때 자전거나 오토바이를 대여하는 것을 선호합니다. 그러나 오토바이 사고가 빈번하므로 각별한 주의가 필요합니다. 출장 목적으로 라오스에 왔다면, 승합차(ລົດຕູ້)를 빌리는 것이 권장됩니다. 렌터카에는 기본적으로 운전 기사가 포함되어 있고 아침부터 저녁까지의 하루 일당으

© Ilya Plekhanov

로 계산됩니다.

도시 간 장거리 이동 수단으로는 버스가 있습니다. 일반 버스와 VIP 버스가 있는데, 일반 버스의 경우 직행 노선이라도 정류장이 아닌 곳에서 사람들이 타고 내리기 때문에 시간이 매우 오래 걸립니다.

© Clay Gilliland

VIP 버스도 비엔티안에서 루앙프라방까지는 10~11시간, 팍세까지는 12시간 정도의 긴 시간이 소요됩니다(장거리 구간은 침대 버스도 운영). 실제 거리가 멀지는 않으나 도로 환경이 워낙 좋지 않기 때문입니다. 같은 구간을 항공편으로 이동하면 30분~1시간 정도면 도착합니다.

라오스의 철도는 라오스 국경에서 태국 국경을 연결하는 3.5km 구간의 노선이 유일했으나, 2021년 12월 중국 쿤밍에서 비엔티안을 잇는 고속철도가 개통되면서 비엔티안-루앙프라방 구간이 2시간으로 단축되는 등 라오스 중부와 북부가 일일 생활권에 들게 되었습니다.

ບົດທີ

# 14

# ຫ້າມກິນເຫຼົ້າ ຈົນຫາຍເຊົາ

## 병이 나을 때까지 음주는 금지입니다.

학습목표

1. 건강 상태나 증상에 대해 말할 수 있다.
2. 어떤 행위를 금지하거나 제한할 수 있다.
3. ຖືກ 또는 ໄດ້ຮັບ을 이용하여 피동문으로 말할 수 있다.

## 대화 1

제인의 안색이 좋지 않은 것을 보고 쏨사이가 걱정합니다.

ສົມຊາຍ: ເຈົ້າເບິ່ງຄືບໍ່ສະບາຍ. ເປັນຫຍັງບໍ?
쏨 사-이: 짜오 브ㅓㅇ 크- 버- 싸 바-이 뻰 냥 버-

쏨사이: 몸이 안 좋아 보여요. 무슨 일 있어요?

ເຈນ: ມື້ວານນີ້ຂ້ອຍຖືກເຊີນໄປງານລ້ຽງ.
쩨-ㄴ: 므- 와-ㄴ 니- 커-이 트-ㄱ 스ㅓ-ㄴ 빠이 응아-ㄴ 리-양

제인: 어제 연회에 초대받았어요.

ຂ້ອຍຖືກບັງຄັບໃຫ້ກິນເຫຼົ້າຫຼາຍກໍເລີຍຍັງເຈັບຫົວ.
커-이 트-ㄱ 방 캅 하이 낀 라오 라-이 꺼- 르ㅓ-이 냥 쩹 후-아

술을 많이 권유받아서 아직도 머리가 아파요.

ສົມຊາຍ: ໄປຫາໝໍບໍ? ຂ້ອຍຊິພາເຈົ້າໄປ.
쏨 사-이: 빠이 하- 머- 버- 커-이 시 파- 짜오 빠이

쏨사이: 병원에 갈래요? 제가 데려다줄게요.

ເຈນ: ຂອບໃຈຫຼາຍທີ່ເປັນຫ່ວງ. ແຕ່ບໍ່ຕ້ອງໄປກໍໄດ້.
쩨-ㄴ: 커-ㅂ 짜이 라-이 티- 뻰 후-앙 때- 버- 떠-ㅇ 빠이 꺼- 다이

제인: 걱정해줘서 고마워요. 그렇지만 안 가도 돼요.

ລອງກິນຢາແກ້ເມົາເບິ່ງກ່ອນ.
러-ㅇ 낀 야- 깨- 마오 브ㅓㅇ 꺼-ㄴ

일단 숙취약을 먹어 볼게요.

ສົມຊາຍ: ຖ້າອາການໜັກຂຶ້ນ, ໂທຫາຂ້ອຍເດີ.
쏨 사-이: 타- 아- 까-ㄴ 낙 큰 토- 하- 커-이 드ㅓ

쏨사이: 만약 증상이 더 안 좋아지면, 저에게 연락해요.

ຂໍໃຫ້ດີຂຶ້ນໄວໆເດີ.
커- 하이 디- 큰 와이 와이 드ㅓ-

빨리 낫기를 바라요.

## 어휘

|  |  |
|---|---|
| ມື້ວານນີ້ [므- 와-ㄴ 니] | 어제 |
| ຖືກ [트-ㄱ] | ~당하다 |
| ເຊີນ [스ㅓ-ㄴ] | 초대하다, 청하다 |
| ບັງຄັບ [방 캅] | 강제하다, 강요하다 |
| ເຫຼົ້າ [라오] | 술 |
| ເຈັບ [쩹] | 아프다 |
| ຫົວ [후-아] | 머리 |
| ຫາ [하] | 1. ~에게 (가다, 전화 걸다 등)<br>2. ~까지(시간)<br>3. 찾다, 구하다 |
| ພາ [파] | 데리다, 동반하다 |
| ເປັນຫ່ວງ [뻰 후-앙] | 걱정하다 |
| ຢາ [야-] | 약 |
| ແກ້ເມົາ [깨- 마오] | 술에서 깨다 |
| ເມົາ [마오] | 취하다 |
| ອາການ [아- 까-ㄴ] | 증상 |
| ໜັກ [낙] | 무겁다 |
| ດີຂຶ້ນ [디- 큰] | 좋아지다 |

## 활용 표현

**ເບິ່ງຄື ~**
브ㅓㅇ 크-

~로 보이다, ~처럼 보이다(닮다)

**ພາ ~ ໄປ/ມາ**
파- 빠이/마-

~를 데리고 가다/오다

## 대화 2

유진이 병원에 가서 진료를 받습니다.

ໝໍ: ເຈົ້າເຈັບບ່ອນໃດ?
머-: 짜오 쩹 버-ㄴ 다이
의사: 어디가 아프세요?

ຢູຈິນ: ເຈັບທ້ອງຫຼາຍ ແລະ ຖອກທ້ອງນຳອີກ.
유- 찐: 쩹 터-ㅇ 라-이 래 터-ㄱ 터-ㅇ 남 이-ㄱ
유진: 배가 많이 아파요. 설사도 하고요.

ໝໍ: ເປັນມາຈັກມື້ແລ້ວ?
머-: 뻰 마- 짝 므- 래-우
의사: 아픈 지 며칠 되었어요?

ຢູຈິນ: ເປັນຕັ້ງແຕ່ມື້ຄືນວານນີ້.
유- 찐: 뻰 땅 때- 므- 크-ㄴ 와-ㄴ 니-
유진: 어젯밤부터 아팠어요.

ໝໍ: ຂໍກວດເບິ່ງກ່ອນເດີ້. ມື້ວານນີ້ເຈົ້າກິນຫຍັງ?
머-: 커- 꾸-앋 브ㅓㅇ 꺼-ㄴ 드ㅓ- 므- 와-ㄴ 니- 짜오 낀 냥
의사: 일단 진찰해 보겠습니다. 어제 무엇을 드셨어요?

ຢູຈິນ: ຂ້ອຍໄດ້ກິນອາຫານທີ່ໃສ່ຊີ້ນໝູ.
유- 찐: 커-이 다이 낀 아- 하-ㄴ 티- 싸이 시-ㄴ 무-
유진: 저녁에 돼지고기 요리를 먹었어요.

ໝໍ: ອາຫານເປັນພິດ.
머-: 아- 하-ㄴ 뻰 핃
의사: 식중독입니다.

ໃຫ້ກິນຢານີ້ມື້ລະ 3 ເທື່ອເດີ ແລະ ຫ້າມດື່ມເຫຼົ້າ.
하이 낀 야- 니- 므- 라 싸-ㅁ 트-아 드ㅓ- 래 하-ㅁ 드-ㅁ 라오
이 약을 하루에 3회 드세요. 그리고 음주는 금지입니다.

## 어휘

|  |  |
|---|---|
| ທ້ອງ [터-ㅇ] | 배, 복부 |
| ຖອກທ້ອງ [터-ㄱ 터-ㅇ] | 설사 |
| ຖອກ [터-ㄱ] | (액체를) 붓다, 마구 쏟아지다, 버리다 |
| ມື້ຄືນວານນີ້ [므- 크-ㄴ 와-ㄴ 니-] | 어젯밤 |
| ກວດ [꾸-앋] | 검사하다, 시험하다 |
| ໃສ່ [싸이] | (재료 등을) 넣다, (물건을) 담다, (옷/신발/모자 등을) 입다/신다/쓰다 |
| ຊີ້ນ [시-ㄴ] | 고기, 육류 |
| ໝູ [무-] | 돼지 |
| ອາຫານເປັນພິດ [아- 하-ㄴ 뻰 핃] | 식중독 |
| ພິດ [핃] | 독 |
| ຫ້າມ [하-ㅁ] | 금지하다 |
| ດື່ມ [드-ㅁ] | 마시다 |

## 활용 표현

ເປັນມາ

뻰 마-

(어떠한 사건/증상/존재 등이) 있어 오다, 지속되다

## 문법

### • 수동 표현(1) ຖືກ

'A가 B에게 ~당하다'는 수동 표현은 조동사 ຖືກ 트-ㄱ 을 사용해 [A+ ຖືກ 트-ㄱ +B+ ~]의 형태로 표현합니다. ຖືກ 트-ㄱ 은 주로 피해, 손해 등 부정적인 상황을 당했을 때 사용됩니다.

✔ 일부 예외: ຖືກເຊີນ(초대받다), ຖືກເລກ(복권에 당첨되다) 등

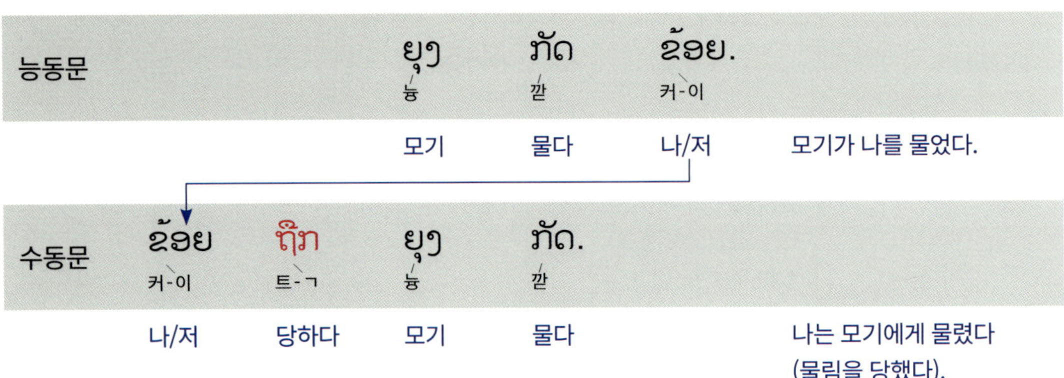

| | | | | | |
|---|---|---|---|---|---|
| 능동문 | | | ຍຸງ<br>늉 | ກັດ<br>깓 | ຂ້ອຍ.<br>커-이 |
| | | | 모기 | 물다 | 나/저 | 모기가 나를 물었다. |
| 수동문 | ຂ້ອຍ<br>커-이 | ຖືກ<br>트-ㄱ | ຍຸງ<br>늉 | ກັດ.<br>깓 | |
| | 나/저 | 당하다 | 모기 | 물다 | | 나는 모기에게 물렸다<br>(물림을 당했다). |

행동의 주체인 B를 생략하여 [A+ ຖືກ ~]로도 표현할 수 있습니다.

ກັດ (물다) → ຂ້ອຍຖືກກັດ

깓 → 커-이 트-ㄱ 깓

나는 물렸다.

ຈັບ (잡다) → ໂຈນຖືກຈັບ

짭 → 쪼-ㄴ 트-ㄱ 짭

도둑이 잡혔다.

## • 수동 표현(2) ໄດ້ຮັບ

'A가 B에게 ~ 받다'라는 수동의 의미는 ໄດ້ຮັບ 다̂이 합 (받다)을 사용하여 표현합니다. 특히 신세를 지거나 도움을 받은 경우에는 ຈາກ 짜̀-ㄱ (~로부터)을 사용하여 [A + ໄດ້ຮັບ 다̂이 합 + 명사 또는 동사의 명사형 + ຈາກ 짜̀-ㄱ + B]로 표현합니다.

동사의 명사형이란, 명사형 접두어(9과 참조) ຄວາມ 쿠와́-ㅁ , ການ 까̌-ㄴ 을 붙여 '~기, ~(으)ㅁ'의 의미를 가지거나(예: 먹다 → 먹기, 먹음) 또는 ຄຳ을 동사 앞에 붙여 '~하는 말'의 의미를 가지는 형태입니다.

| 능동문 | | | ແມ່ 매- | ຍ້ອງຍໍ 녀̂-ㅇ 녀́- | ເດັກ. 덱́ | |
|---|---|---|---|---|---|---|
| | | | 어머니 | 칭찬하다 | 아이 | 어머니가 아이를 칭찬했다. |
| 수동문 | ເດັກ 덱́ | ໄດ້ຮັບ 다̂이 합 | ຄຳຍ້ອງຍໍ 캄́ 녀̂-ㅇ 녀́ | ຈາກ 짜̀-ㄱ | ແມ່. 매- | |
| | 아이 | ~받다 | 칭찬의 말 | ~로부터 | 어머니 | 아이가 어머니에게 칭찬받았다. |

행동의 주체인 B를 생략하여 [A+ ໄດ້ຮັບ 다̂이 합 + 명사(또는 ການ 까̌-ㄴ /ຄວາມ 쿠와́-ㅁ /ຄຳ 캄́ 등 명사형 접두사 + 동사)]로도 표현할 수 있습니다.

ຍ້ອງຍໍ (칭찬하다) → ເດັກໄດ້ຮັບຄຳຍ້ອງຍໍ.
녀̂-ㅇ 녀́ 덱́ 다̂이 합 캄́ 녀̂-ㅇ 녀́

아이는 칭찬을 받았다.

ເຊີນ (초대하다) → ພວກເຮົາໄດ້ຮັບບັດເຊີນ.
스ㅓ́-ㄴ 푸̂-왁 하́오 다̂이 합 받 스ㅓ́-ㄴ

우리는 초대장을 받았다.

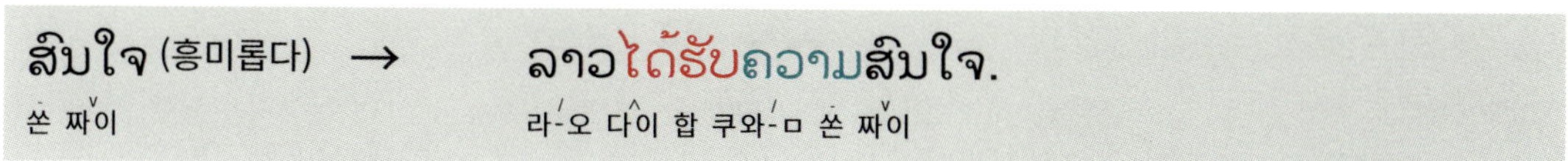

ສົນໃຈ (흥미롭다) → ລາວໄດ້ຮັບຄວາມສົນໃຈ.
쏜 짜̌이 라́-오 다̂이 합 쿠와́-ㅁ 쏜 짜̌이

그는 관심을 받았다.

| ອະນຸຍາດ → (허락, 허락하다) 아 누 야-ㄷ | ຂ້ອຍໄດ້ຮັບອະນຸຍາດ. 커-이 다이 합 아 누 야-ㄷ |
|---|---|

나는 허락을 받았다.

수동 표현 ຖືກ은 주로 부정적인 상황에서 사용되는 데 반해, ໄດ້ຮັບ 다이 합 은 긍정적인 상황, 부정적인 상황 모두 사용될 수 있습니다.

| ລາວຖືກບາດເຈັບ. 라-오 트-ㄱ 바-ㄷ 쩹 | = | ລາວໄດ້ຮັບບາດເຈັບ. 라-오 다이 합 바-ㄷ 쩹 |
|---|---|---|

그는 부상을 당했다.

## • ~어 가다/오다: 동사 + ໄປ/ມາ

이동을 표현하는 동사인 ໄປ/ມາ(가다/오다)를 동사구(동사+목적어/보어) 뒤에 붙이면 이동의 방향을 표시할 수 있습니다. 예를 들어 '데리다(bring with)/동반하다'를 뜻하는 동사 ພາ 파- 는 [ພາ 파- + (목적어) + ໄປ/ມາ]의 형태로 '~를 데려가다/데려오다'라는 의미를 표현합니다.

| ຂ້ອຍ<br>커-이 | ພາ<br>파- | ໝູ່<br>무- | ໄປ.<br>빠이 | | |
|---|---|---|---|---|---|
| 나/저 | 데리다 | 친구 | 가다 | | 나는 친구를 데려간다. |
| ລາວ<br>라-오 | ເອົາ<br>아오 | ປຶ້ມ<br>쁨 | ມາ.<br>마- | | |
| 그/그녀 | 가지다 | 책 | 오다 | | 그는 책을 가져온다. |
| ນິທານເລື່ອງນີ້<br>니 타-ㄴ 르-앙 니- | ມີ<br>미- | ມາ<br>마- | ແຕ່<br>때- | ບູຮານ.<br>부- 하-ㄴ | |
| 이 이야기 | 있다 | 오다 | ~부터 | 옛날/고대 | 이 이야기는 오랜 옛날부터 있어왔다. |

✔ 방향동사는 동사의 바로 뒤가 아니라, [동사+목적어/보어]의 뒤에 옵니다.

## • 방향동사 ຂຶ້ນ, ລົງ

형용사 뒤에 방향동사 ຂຶ້ນ(오르다) 또는 ລົງ(내리다)을 붙이면 상태의 변화('~어지다' 또는 '~게 되다')를 표현할 수 있습니다. 상승이나 증가를 나타내는 경우에는 ຂຶ້ນ을, 하강이나 감소를 나타내는 경우에는 ລົງ을 씁니다.

| | | |
|---|---|---|
| ຂຶ້ນ (올라가다)<br>큰 | ຕຸ້ຍຂຶ້ນ<br>뚜이 큰 | 살찌다, 살찌게 되다 |
| | ຫຼາຍຂຶ້ນ<br>라-이 큰 | 많아지다, 증가하다 |
| | ລາຄາແພງຂຶ້ນ<br>라- 카- 패-ㅇ 큰 | 가격이 비싸지다 |
| ລົງ (내리다)<br>롱 | ຈ່ອຍລົງ<br>쩌-이 롱 | 살빠지다, 살빠져간다 |
| | ໜ້ອຍລົງ<br>너-이 롱 | 적어지다, 감소하다 |
| | ລາຄາຫຼຸດລົງ<br>라- 카- 룯 롱 | 가격이 싸지다 |

## • 금지 표현 ຢ່າ, ຫ້າມ

'~지 말다'라는 금지를 나타내는 표현은 문장 앞에 ຢ່າ 야- 를 붙입니다. 문어체로는 ຫ້າມ 하-ㅁ 입니다. 즉, [ຢ່າ 야- + (주어) + 동사] 또는 [ຫ້າມ 하-ㅁ + (주어) + 동사]의 방법으로 나타냅니다. 금지, 명령의 화행에서도 주어는 대화의 청자이기 때문에 거의 생략됩니다.
이 외에도, 문장 끝에 ບໍ່ໄດ້ 버- 다이 를 붙이는 방법으로 '~를 할 수 없다(=하면 안 된다)'는 뜻의 부드럽고 덜 강압적인 금지를 표현할 수 있습니다.

ຢ່າເຂົ້າມາ.
야- 카오 마-

들어오지 마세요.

ຫ້າມສູບຢາ.
하-ㅁ 쑤-ㅂ 야-

흡연 금지입니다(=금연).

## 문형 연습

A: ເຈົ້າເປັນຫຍັງ?
짜오 뻰 냥

A: 무슨 일이에요?

B: ຂ້ອຍຖືກໝາກັດ.
커-이 트-ㄱ 마- 깓

B: 저는 개에게 물렸습니다.

A: ຫວາ?! ໃຫ້ຂ້ອຍພາເຈົ້າໄປໂຮງໝໍບໍ?
와- 하이 커-이 파- 짜오 빠이 호-ㅇ 머- 버-

A: 그래요?! 병원에 데려가 줄까요?

B: ບໍ່ເປັນຫຍັງ.
버- 뻰 냥

B: 괜찮아요.

ຂ້ອຍໄດ້ຮັບການປິ່ນປົວແລ້ວ. ຂອບໃຈ.
커-이 다이 합 까-ㄴ 삔 뿌-아 래-우 커-ㅂ 짜이

이미 치료를 받았습니다. 감사합니다.

1)

| | |
|---|---|
| ກະເປົາ / ໂຈນລັກ<br>까 빠오 / 쪼-ㄴ 락 | 가방 /<br>도둑이 훔치다* |
| ສະຖານີຕຳຫຼວດ<br>싸 타- 니- 땀 루-앋 | 경찰서 |
| ຄວາມຊ່ວຍເຫຼືອ<br>쿠와-ㅁ 수-아이 르-아 | 도움 |

2)

| | |
|---|---|
| ຂ້ອຍ / ຝົນ<br>커-이 / 폰 | 저 / 비** |
| ເຮືອນເຈົ້າ<br>흐-안 짜오 | 당신의 집 |
| ຄັນຮົ່ມ<br>칸 홈 | 우산 |

---

A: ຊ່ວງນີ້ຂ້ອຍຕຸ້ຍຂຶ້ນ.
수-앙 니- 커-이 뚜이 큰

A: 요즘 저는 뚱뚱해졌어요.

B: ຢ່າກິນຫຼາຍເກີນໄປ.
야- 낀 라-이 끄ㅓ-ㄴ 빠이

B: 지나치게 많이 먹지 마세요.

1)

| | |
|---|---|
| ລາຄາເຄື່ອງ / ແພງ<br>라- 카- 크-앙 / 패-ㅇ | 물가 / 비싸다 |
| ຊື້ເຄື່ອງຫຼາຍເກີນໄປ<br>스- 크-앙 라-이 끄ㅓ-ㄴ 빠이 | 지나치게 많이<br>쇼핑하다 |

2)

| | |
|---|---|
| ອາກາດ / ໜາວ<br>아- 까-ㄷ / 나-우 | 날씨 / 춥다 |
| ໃສ່ເຄື່ອງນຸ່ງບາງໆ<br>사이 크-앙 눙 방 바-ㅇ | 얇은 옷을 입다 |

---

* ກະເປົາຖືກໂຈນລັກ 가방을 도둑에게 도난당했습니다

** ຂ້ອຍຖືກຝົນ 저는 비를 맞았습니다

A: ຂ້ອຍໄດ້ຮັບປີ້ຮູບເງົາຈາກລາວ.
커-이 다이 합 삐- 후-ㅂ 응아오 짜-ㄱ 라-오

A: 저는 그에게서 영화표를 받았습니다.

B: ພໍດີຂ້ອຍຊື້ປີ້ຮູບເງົາມາຄືກັນ.
퍼- 디- 커-이 스- 삐- 후-ㅂ 응아오 마- 크- 깐

B: 마침 저도 영화표를 사왔습니다.

A: ພໍດີຄັກ! ໄປເບິ່ງເລີຍເນາະ.
퍼- 디- 칵 빠이 브ㅓㅇ 르ㅓ-이 너

A: 마침 잘 됐네요! 당장 보러 갑시다.

1)

| | |
|---|---|
| ເງິນເດືອນ<br>응으ㅓㄴ 드-안 | 월급 |
| ເອົາ / ເງິນ<br>아오 / 응으ㅓㄴ | 가지다 / 돈 |
| ໄປຊື້ເຄື່ອງ<br>빠이 스- 크-앙 | 쇼핑하러 가다 |

2)

| | |
|---|---|
| ຂອງຂວັນ<br>커-ㅇ 쿠완 | 선물 |
| ໄດ້ຮັບ / ຂອງຂວັນ<br>다이 합 / 커-ㅇ 쿠완 | 받다 / 선물 |
| ເປີດກ່ອງເບິ່ງ<br>뻐ㅓ-ㄷ 꺼-ㅇ 브ㅓㅇ | 상자를 열어보다 |

## 어휘 Plus

### • ຮ່າງກາຍ 신체
하-ㅇ 까-이

| | | | |
|---|---|---|---|
| 머리카락 | ຜົມ<br>폼 | 목 | ຄໍ<br>커- |
| 머리 | ຫົວ<br>후-아 | 귀 | ຫູ<br>후- |
| 얼굴 | ໜ້າ<br>나- | 손 | ມື<br>므- |
| 어깨 | ບ່າ<br>바- | 팔 | ແຂນ<br>캐-ㄴ |
| 가슴 | ເອິກ<br>으ㅓㄱ | 배 | ທ້ອງ<br>터-ㅇ |
| 등 | ຫຼັງ<br>랑 | 허리 | ແອວ<br>애-우 |
| 무릎 | ຫົວເຂົ່າ<br>후-아 카-오 | 엉덩이 | ກະໂພກ / ກົ້ນ<br>까 포-ㄱ / 꼰 |
| 발 | ຕີນ<br>띠-ㄴ | 피부 | ຜິວໜັງ<br>피우 낭 |
| 다리 | ຂາ<br>카- | 뼈 | ກະດູກ<br>까 두-ㄱ |
| 눈 | ຕາ<br>따- | 입 | ປາກ<br>빠-ㄱ |
| 이 / 치아 | ແຂ້ວ<br>캐-우 | 코 | ດັງ<br>당 |

## • ພະຍາດ ແລະ ອາການ 병, 증상

파 냐-ㄷ 래 아- 까-ㄴ

| (병에) 걸리다 | ເປັນ<br>뻰 | 아프다 | ເຈັບ<br>쩹 |
|---|---|---|---|
| 감기에 걸리다 | ເປັນຫວັດ<br>뻰 왇 | 배탈나다 | ເຈັບທ້ອງ<br>쩹 터-ㅇ |
| 몸살 나다 | ປວດໂຕ<br>뿌-앋 또- | 두통 | ເຈັບຫົວ<br>쩹 후-아 |
| 기침하다 | ໄອ<br>아이 | 열이 나다 | ໄຂ້ຂຶ້ນ<br>카이 큰 |
| 콧물이 나다 | ນ້ຳມູກໄຫຼ<br>남 무-ㄱ 라이 | 설사하다 | ຖອກທ້ອງ<br>터-ㄱ 터-ㅇ |
| 어지럽다 | ວິນຫົວ<br>윈 후-아 | 구토하다 | ຮາກ<br>하-ㄱ |
| 체하다 | ທ້ອງອືດ<br>터-ㅇ 으-ㄷ | 식중독 | ອາຫານເປັນພິດ<br>아- 하-ㄴ 뻰 핃 |

## 연습문제

### 1. 주어진 문장과 ຖືກ 트-ㄱ 을 사용하여 '~이/가 ~에게 ~당하다'라는 표현을 만들어 보세요.

1) ໂຈນລັກກະເປົາ. (도둑이 가방을 훔쳤다.)
쪼-ㄴ 락 까 빠오

→ ກະເປົາ________________________. (가방이 도둑에게 도난당했다.)

2) ໝາກັດໂຈນ. (개가 도둑을 물었다.)
마- 깓 쪼-ㄴ

→ ໂຈນ________________________. (도둑이 개에게 물렸다.)

3) ງູກິນໜູ. (뱀이 쥐를 먹었다.)
응우- 낀 누-

→ ໜູ________________________. (쥐가 뱀에게 먹혔다.)

4) ແມ່ຮ້າຍເດັກ. (어머니가 아이를 혼냈다.)
매- 하-이 덱

→ ເດັກ________________________. (아이가 어머니에게 혼났다.)

### 2. 다음 중 알맞은 것을 골라 '~아/어지다'라는 표현을 만들어 보세요.

| ຂຶ້ນ 큰 | ລົງ 롱 |
|---|---|

1) ດີ → ________ (좋다 → 좋아지다)
디-

2) ນ້ອຍ → ________ (작다 → 작아지다)
너-이

3) ຍາກ → ________ (어렵다 → 어려워지다)
냐-ㄱ

4) ງ່າຍ → ________ (쉽다 → 쉬워지다)
응아-이

5) ຍາວ → ________ (길다 → 길어지다)
냐-오

6) ສັ້ນ → ________ (짧다 → 짧아지다)
싼

## 3. 그림을 보고 [보기]와 같이 문장을 완성해 보세요.

[보기]

ສູບຢາ (담배를 피우다)
쑤-ㅂ 야-

ຢ່າສູບຢາ. (담배를 피우지 마세요.)
ຫ້າມສູບຢາ. (흡연은 금지입니다. / 흡연 금지)
ສູບຢາບໍ່ໄດ້. (담배를 피울 수 없습니다=담배를 피우면 안 됩니다.)

1)

ໃຊ້ໂທລະສັບ (전화를 사용하다)
사이 토-ㄹ 라 쌉

______________________.
______________________.
______________________.

2)

ຈອດລົດ (주차하다)
쩌-ㄷ 롣

______________________.
______________________.
______________________.

3)

ຖິ້ມຂີ້ເຫຍື້ອ (쓰레기를 버리다)
팀 키- 니으-아

______________________.
______________________.
______________________.

## 4. 그림을 보고 [보기]와 같이 알맞은 단어를 찾아 쓰세요.

| ຫົວ | ປາກ | ບ່າ | ແຂນ | ເອິກ | ທ້ອງ | ຂາ | |
|---|---|---|---|---|---|---|---|
| 후-아 | 빠-ㄱ | 바- | 캐-ㄴ | 으ㅓㄱ | 터-ㅇ | 카- | |
| ແອວ | ຫົວເຂົ່າ | ມື | ຕີນ | ຄໍ | ຕາ | ດັງ | ຫູ |
| 애-우 | 후-아 카오 | 므- | 띠-ㄴ | 커- | 따- | 당 | 후- |

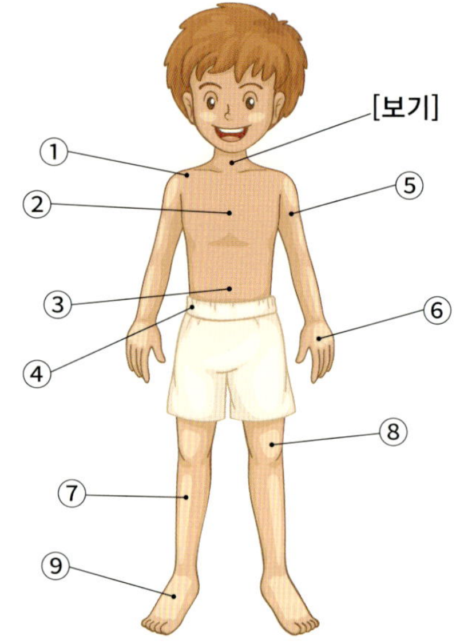


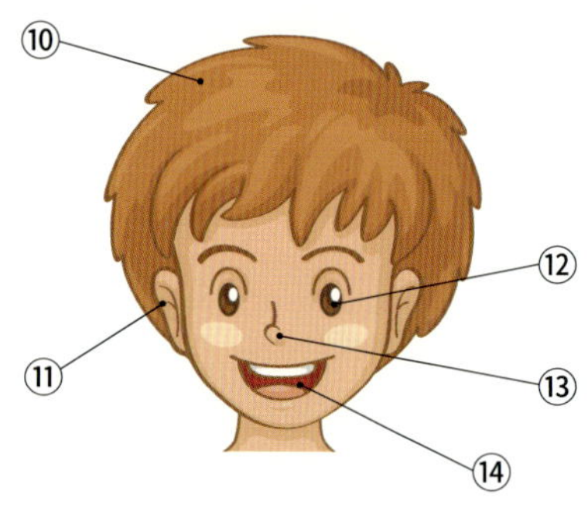


[보기] ( ຄໍ )

① (  )

② (  )

③ (  )

④ (  )

⑤ (  )

⑥ (  )

⑦ (  )

⑧ (  )

⑨ (  )

⑩ (  )

⑪ (  )

⑫ (  )

⑬ (  )

⑭ (  )

## 문화 들여다보기

# 신체와 쿠완, 그리고 바씨쑤쿠완

© Arian Zwegers from Brussels, Belgium

라오스 문화에서는 신체 부위에도 높고 낮음이 있습니다. 발은 대표적인 낮은 곳입니다. 따라서 발로 물건을 가리키거나 사람이나 음식 위로 건너가는 행동은 예절에 매우 어긋나는 행동입니다.

반대로 머리, 그중에서도 정수리는 신체 중 가장 높고 신성한 곳입니다. 이 때문에 누군가의 머리를 만지는 것은 물론이고, 어떤 물건을 집기 위해 누군가의 머리 위로 손을 뻗는 것도 무례한 행동으로 여겨질 수 있습니다. 이것은 사람의 정수리에 '쿠완(ຂວັນ, 영혼, 정신)'이라는 것이 깃들어 있다고 믿기 때문입니다.

쿠완이 몸에서 떠나가면 신체의 균형과 조화가 무너집니다. 이 때문에 라오스인들은 쿠완을 불러와 다시 깃들게 하는 회복의 의식을 거행합니다. 이것이 라오스 문화를 대표하는 전통 의식 '바씨쑤쿠완(ບາສີສູ່ຂວັນ)' 입니다.

라오스인들은 아픈 사람들을 치료할 때뿐만 아니라 귀한 손님의 환영회, 송별회 혹은 결혼, 출산, 연례 축제 때에도 언제나 바씨 의식을 행합니다. 마을의 학생이 유학을 가거나 귀향했을 때, 새롭게 사무실을 열거나 집을 이사할 때 등 라오스인의 인생에 중요한 순간에는 언제나 바씨 의식이 함께 합니다.

바씨 의식을 위해서 먼저 중앙에 '파쿠완(ພາຂວັນ)'이라는 제단이 준비됩니다. 파쿠완은 넓은 접시나 쟁반 위에 꽃과 바나나 잎사귀가 장식된 제단이며 하얀색 실이 걸려 있습니다. 이 하얀색 실을 사람들의 손목에 묶어 주며 축복을 비는 것이 것이 바씨 의식의 정점입니다.

# 부록

- 연습문제 정답
- 자모음 쓰기 연습

# 연습문제 정답

## 1과

**1.** 1) ຂ້ອຍ 2) ພວກຂ້ອຍ 3) ເຈົ້າ 4) ພວກເຈົ້າ 5) ລາວ 6) ພວກລາວ

**2.** 1) ສະບາຍດີ. ຂ້ອຍຊື່ດາວ, ມາຈາກໄທ.

2) ສະບາຍດີ. ຂ້ອຍຊື່ຢຸກິ, ມາຈາກຍີ່ປຸ່ນ.

3) ສະບາຍດີ. ຂ້ອຍຊື່ພອລ, ມາຈາກອາເມລິກາ.

4) ສະບາຍດີ. ຂ້ອຍຊື່______, ມາຈາກເກົາຫຼີ.

**3.** 1) ພາສາເກົາຫຼີ 2) ຂ້ອຍມາຈາກເຊອຸນ. 3) ລາວກໍຮຽນພາສາຄືກັນ.

## 2과

**1.** 1) ກະເປົາ 2) ແວ່ນຕາ 3) ຄັນຮົ່ມ 4) ໂມງ

**2.** 1) ໝວກຂອງເຈົ້າ 2) ຖົງຕີນຂອງລາວ

**3.** 1) ອັນນີ້ແມ່ນໂຕະຮຽນ. 2) ອັນນີ້ແມ່ນໂຕະຮຽນບໍ? 3) ອັນນີ້ບໍ່ແມ່ນໂຕະຮຽນ.

**4.** 1) ① 2) ②

## 3과

**1.** 1) ③ 2) ④ 3) ⑦ 4) ⑤ 5) ② 6) ⑥ 7) ①

**2.** 1) ຜູ້, ໃຜ 2) ຜູ້, ແມ່ນບໍ

**3.** 1) ເຈົ້າມີນ້ອງບໍ? 2) ຂ້ອຍມີນ້ອງ. 3) ຂ້ອຍບໍ່ມີນ້ອງ.

**4.** 1) ຂ້ອຍເປັນນັກສຶກສາ. 2) ເປັນພະນັກງານບໍລິສັດ. 3) ເປັນຕຳຫຼວດ.

## 4과

**1.** 1) ທະນາຄານ 2) ສະໜາມບິນ 3) ໄປສະນີ

**2.** 1) ຢູ່ໃນ, ແລະ ອື່ນໆ 2) ຢູ່ໃສ, ຢູ່ເທິງ 3) ຢູ່ນອກ, ມີ

**3.** 1) ໄປ 2) ມາ

## 5과

**1.** 1) ໂຕ 2) ເຫຼື້ອ 3) ຄູ່ 4) ໃບ

**2.** 1) ເກົ້າພັນແປດຮ້ອຍເຈັດສິບຫ້າ

2) ຫ້າໝື່ນ / ຫ້າສິບພັນ

3) ສອງແສນຫົກໝື່ນສາມພັນ / ສອງແສນຫົກສິບສາມພັນ

4) ເຈັດລ້ານຫ້າແສນສອງໝື່ນ / ເຈັດລ້ານຫ້າແສນຊາວພັນ

**3.** 1) ③ 2) ② 3) ①

## 6과

**1.** 1) ບຸນມີຕື່ນນອນ 7 ໂມງເຊົ້າ.

2) ເວລາພັກທ່ຽງ 1 ຊົ່ວໂມງ

3) ເລີກວຽກແລ້ວບຸນມີພົບໝູ່.

4) ບຸນມີເລີ່ມອອກກຳລັງກາຍຕັ້ງແຕ່ 6 ໂມງແລງ.

**2.** 1) ດຽວນີ້ ~ ໂມງ. 2) ມື້ນີ້ເລີ່ມຮຽນຕັ້ງແຕ່ ~ ໂມງ.

**3.** 1) ຫາກໍ 2) ເລີ່ມ 3) ໃກ້ຊິ 4) ເກືອບ

## 7과

**1.** 1) ຂ້ອຍຢາກກິນອາຫານເກົາຫຼີ. / ຂ້ອຍບໍ່ຢາກກິນອາຫານເກົາຫຼີ.

2) ເຂົາເຈົ້າຢາກຢູ່ວຽງຈັນ. / ເຂົາເຈົ້າບໍ່ຢາກຢູ່ວຽງຈັນ.

3) ລາວຢາກໄປທ່ຽວຫຼວງພະບາງ. / ລາວບໍ່ຢາກໄປທ່ຽວຫຼວງພະບາງ.

4) ເຈົ້າຢາກພົບພໍ່ແມ່ບໍ? / ເຈົ້າບໍ່ຢາກພົບພໍ່ແມ່ບໍ?

**2.** 1) ② 2) ④ 3) ③

**3.** 1) ຊ່ວຍອັດປ່ອງຢ້ຽມແດ່. / ກະລຸນາອັດປ່ອງຢ້ຽມແດ່.

2) ຊ່ວຍຖ່າຍຮູບແດ່. / ກະລຸນາຖ່າຍຮູບແດ່.

3) ຊ່ວຍແລກປ່ຽນແດ່. / ກະລຸນາແລກປ່ຽນແດ່.

## 8과

**1.** 1) ອາຫານເຄັມໜ້ອຍໜຶ່ງ. 2) ກາເຟບໍ່ຮ້ອນເລີຍ. 3) ລາຄາແພງໂພດ. 4) ຂ້ອຍມັກລາວຫຼາຍ.

**2.** 1) ລອງໃສ່ໝວກເບິ່ງ. 2) ຫຼຸດລາຄາໄດ້ບໍ? 3) ປຶ້ມຫົວລະເທົ່າໃດ?

**3.** 예: A: ໝາກໂມລາຄາເທົ່າໃດ?

B: ໜ່ວຍລະ 20,000 ກີບ.

A: ແພງຫຼາຍ! ຫຼຸດລາຄາໄດ້ບໍ?

B: ຄັນຊັ້ນ, ໜ່ວຍລະ 15,000 ກີບກໍໄດ້.

A: ຄັນຊັ້ນ, ຂໍ 2 ໜ່ວຍແດ່.

## 9과

**1.** 1) ເຈົ້າຕ້ອງສົ່ງເອກະສານ. / ເຈົ້າບໍ່ຕ້ອງສົ່ງເອກະສານກໍໄດ້.

2) ລາວຕ້ອງໃຊ້ຄອມພິວເຕີ. / ລາວບໍ່ຕ້ອງໃຊ້ຄອມພິວເຕີກໍໄດ້.

3) ຂ້ອຍຕ້ອງອາບນ້ຳ. / ຂ້ອຍບໍ່ຕ້ອງອາບນ້ຳກໍໄດ້.

4) ເຂົາເຈົ້າຕ້ອງໄປບາສີສູ່ຂວັນ. / ເຂົາເຈົ້າບໍ່ຕ້ອງໄປບາສີສູ່ຂວັນກໍໄດ້.

**2.** 1) ເປັນແນວໃດ 2) ແນວໃດ 3) ເປັນແນວໃດ

**3.** 1) ການ 2) ການ 3) ຄວາມ 4) ຄວາມ 5) ການ 6) ຄວາມ

## 10과

**1.** 1) ເປັນຫຍັງເຈົ້າຈຶ່ງຮຽນພາສາລາວ?

2) ເພາະວ່າພາສາລາວໜ້າສົນໃຈ.

3) ເປັນຫຍັງເຈົ້າມາຊ້າ?

4) ຍ້ອນວ່າຝົນຕົກຈຶ່ງມາຊ້າ.

**2.** 1) A ມ່ວນກວ່າ B. / A ມ່ວນທີ່ສຸດ. / A ມ່ວນກວ່າໝູ່.

2) A ໜ້າຮັກກວ່າ B. / A ໜ້າຮັກທີ່ສຸດ. / A ໜ້າຮັກກວ່າໝູ່.

3) A ແພງກວ່າ B. / A ແພງທີ່ສຸດ. / A ແພງກວ່າໝູ່.

4) A ຖືກກວ່າ B. / A ຖືກທີ່ສຸດ. / A ຖືກກວ່າໝູ່.

5) A ສູງກວ່າ B. / A ສູງທີ່ສຸດ. / A ສູງກວ່າໝູ່.

3. 1) ຈະໄປຕະຫຼາດ
   2) ຄົງຈະໄປຊື້ເຄື່ອງນຸ່ງ
   3) ອາດຈະບໍ່ຊື້ກະໂປ່ງ

## 11과

1. 1) ແກ້ວເຮັດກິນເປັນ.
   2) ແກ້ວໃຊ້ມືຖືສະມາດໂຟນບໍ່ເປັນ.
   3) ແກ້ວຫຼິ້ນເປຍໂນບໍ່ເປັນ.
   4) ແກ້ວຕີກ໊ອບເປັນ.
2. 1) ສໍາລັບ, ເພື່ອ　2) ຕັ້ງແຕ່, ຫຼັງ, ຕະຫຼອດ
   3) ກ່ຽວກັບ, ດ້ວຍ　4) ໂດຍ, ກ່ອນ
3. 1) ④　2) ③　3) ①

## 12과

1. 1) ເປັນຕາແຊບ　2) ເປັນຕາມ່ວນ　3) ເປັນຕາຮ້ອນ　4) ເປັນຕາຍາກ
2. 1) ໃຫ້, ໃຫ້, ເອົາ, ໃຫ້　2) ໃຫ້, ເອົາ, ໃຫ້, ເອົາ, ໃຫ້, ໃຫ້
   3) ໃຫ້, ໃຫ້, ໃຫ້　4) ອ່ານ, ໃຫ້　5) ສອນ, ໃຫ້, ສອນ, ໃຫ້
3. 1) ເຈົ້າເຄີຍເບິ່ງຮູບເງົາລາວບໍ?, ຂ້ອຍເຄີຍເບິ່ງຮູບເງົາລາວ.
   2) ເຈົ້າເຄີຍຟັງເພງເກົາຫຼີບໍ?, ຂ້ອຍເຄີຍຟັງເພງເກົາຫຼີ.
   3) ເຈົ້າເຄີຍດື່ມເບຍລາວບໍ?, ຂ້ອຍເຄີຍດື່ມເບຍລາວ.

## 13과

1. 1) ③　2) ②　3) ⑧　4) ⑦　5) ⑩　6) ①　7) ⑤　8) ⑥　9) ⑨　10) ④
2. 1) ຈິດຖາມວ່າມາຈາກໃສ.
   2) ຕຸ້ຍບອກວ່າມາຈາກຫຼວງພະບາງ.
   3) ຈິດໄດ້ຍິນວ່າຕຸ້ຍມາຈາກຫຼວງພະບາງ.

4) ຈິດຖາມວ່າຕຸ້ຍຮັກໃຜ.

5) ຕຸ້ຍບອກວ່າຕຸ້ຍຮັກລາວ.

3) ຈິດໄດ້ຍິນວ່າຕຸ້ຍຮັກລາວ.

**3.** 1) ໃຫ້ພໍ່ສົ່ງຈົດໝາຍ.

2) ໃຫ້ເອື້ອຍໄປປະເທດລາວ.

3) ໃຫ້ນ້ອງຕື່ນນອນ.

4) ໃຫ້ຂ້ອຍອະນາໄມທັງຫ້ອງຄົວແລະຫ້ອງນອນ.

## 14과

**1** 1) ຖືກໂຈນລັກ. 2) ຖືກໝາກັດ. 3) ຖືກງູກິນ. 4) ຖືກແມ່ຮ້າຍ.

**2.** 1) ດີຂຶ້ນ 2) ນ້ອຍລົງ 3) ຍາກຂຶ້ນ 4) ງ່າຍຂຶ້ນ 5) ຍາວຂຶ້ນ 6) ສັ້ນລົງ

**3.** 1) ຢ່າໃຊ້ໂທລະສັບ. / ຫ້າມໃຊ້ໂທລະສັບ. / ໃຊ້ໂທລະສັບບໍ່ໄດ້.

2) ຢ່າຈອດລົດ. / ຫ້າມຈອດລົດ. / ຈອດລົດບໍ່ໄດ້.

3) ຢ່າຖິ້ມຂີ້ເຫຍື້ອ. / ຫ້າມຖິ້ມຂີ້ເຫຍື້ອ. / ຖິ້ມຂີ້ເຫຍື້ອບໍ່ໄດ້.

**4.** ① ບ່າ ② ເອິກ ③ ທ້ອງ ④ ແອວ ⑤ ແຂນ ⑥ ມື ⑦ ຂາ ⑧ ຫົວເຂົ່າ

⑨ ຕີນ ⑩ ຫົວ ⑪ ຫູ ⑫ ຕາ ⑬ ດັງ ⑭ ປາກ

## 자모음 쓰기 연습

### 기본 자음

| 꺼- 까이<br>[ㄲ] | ①②③ ກ | ກ ກ ກ ກ ກ ກ |
|---|---|---|
| 커- 카이<br>[ㅋ] | ①② ຂ | ຂ ຂ ຂ ຂ ຂ ຂ |
| 커- 쿠와-이<br>[ㅋ] | ①② ຄ | ຄ ຄ ຄ ຄ ຄ ຄ |
| 응어- 응우-아<br>[응어] | ① ງ | ງ ງ ງ ງ ງ ງ |
| 쩌- 쩌-ㄱ<br>[ㅉ] | ①② ຈ | ຈ ຈ ຈ ຈ ຈ ຈ |
| 써- 쓰-아<br>[ㅆ] | ①②③ ສ | ສ ສ ສ ສ ສ ສ |
| 서- 사-ㅇ<br>[ㅆ/ㅅ] | ①② ຊ | ຊ ຊ ຊ ຊ ຊ ຊ |

| | | |
|---|---|---|
| 녀- 늉<br>[니] | ຍ | ຍ ຍ ຍ ຍ ຍ ຍ |
| 더- 덱<br>[ㄷ] | ດ | ດ ດ ດ ດ ດ ດ |
| 떠- 따-<br>[ㄸ] | ຕ | ຕ ຕ ຕ ຕ ຕ ຕ |
| 터- 통<br>[ㅌ] | ຖ | ຖ ຖ ຖ ຖ ຖ ຖ |
| 터- 퉁<br>[ㅌ] | ທ | ທ ທ ທ ທ ທ ທ |
| 너- 녹<br>[ㄴ] | ນ | ນ ນ ນ ນ ນ ນ |
| 버- 배-<br>[ㅂ] | ບ | ບ ບ ບ ບ ບ ບ |

| | | |
|---|---|---|
| 뻐- 빠-<br>[ㅃ] | ປ | ປ ປ ປ ປ ປ ປ |
| 퍼- 프ㅓㅇ<br>[ㅍ] | ຜ | ຜ ຜ ຜ ຜ ຜ ຜ |
| 퍼(f)- 폰<br>[ㅍ(f)] | ຝ | ຝ ຝ ຝ ຝ ຝ ຝ |
| 퍼- 푸-<br>[ㅍ] | ພ | ພ ພ ພ ພ ພ ພ |
| 퍼(f)- 파이<br>[ㅍ(f)] | ຟ | ຟ ຟ ຟ ຟ ຟ ຟ |
| 머- 매-오<br>[ㅁ] | ມ | ມ ມ ມ ມ ມ ມ |
| 여(y)- 야-<br>[이(y)] | ຢ | ຢ ຢ ຢ ຢ ຢ ຢ |

| 러- 라다<br>[ㄹ] | ຣ | ຣ ຣ ຣ ຣ ຣ ຣ |
|---|---|---|
| 러- 리-ㅇ<br>[ㄹ] | ລ | ລ ລ ລ ລ ລ ລ |
| 워- 위-<br>[우/오] | ວ | ວ ວ ວ ວ ວ ວ |
| 허- 하-ㄴ<br>[ㅎ] | ຫ | ຫ ຫ ຫ ຫ ຫ ຫ |
| 어- 오-<br>[ㅇ] | ອ | ອ ອ ອ ອ ອ ອ |
| 허- 흐-안<br>[ㅎ] | ຮ | ຮ ຮ ຮ ຮ ຮ ຮ |

## 기본모음: 단모음(short vowel)

| [아] | Xະ | Xະ Xະ Xະ Xະ Xະ Xະ |
|---|---|---|
| [이] | Xິ | Xິ Xິ Xິ Xິ Xິ Xິ |
| [우] | Xຸ | Xຸ Xຸ Xຸ Xຸ Xຸ Xຸ |
| [으] | Xຶ | Xຶ Xຶ Xຶ Xຶ Xຶ Xຶ |

| | | |
|---|---|---|
| [에] | ເXະ | ເXະ ເXະ ເXະ ເXະ ເXະ |
| [애] | ແXະ | ແXະ ແXະ ແXະ ແXະ ແXະ |
| [오] | ໂXະ | ໂXະ ໂXະ ໂXະ ໂXະ ໂXະ |
| [어] | ເXາະ | ເXາະ ເXາະ ເXາະ ເXາະ |
| [으ㅓ(ə)] | ເXິ | ເXິ ເXິ ເXິ ເXິ ເXິ ເXິ |

## 기본모음: 장모음(long vowel)

| | | |
|---|---|---|
| [아-] | Xາ | Xາ Xາ Xາ Xາ Xາ Xາ |
| [이-] | Xີ | Xີ Xີ Xີ Xີ Xີ Xີ |
| [우-] | Xູ | Xູ Xູ Xູ Xູ Xູ Xູ |
| [으-] | Xື | Xື Xື Xື Xື Xື Xື |

| | | |
|---|---|---|
| [에-] | ເX | ເX ເX ເX ເX ເX ເX |
| [애-] | ແX | ແX ແX ແX ແX ແX ແX |
| [오-] | ໂX | ໂX ໂX ໂX ໂX ໂX ໂX |
| [어-] | Xໍ | Xໍ Xໍ Xໍ Xໍ Xໍ Xໍ |
| [으ㅓ-(ə)] | ເXີ | ເXີ ເXີ ເXີ ເXີ ເXີ ເXີ |

## 이중모음: 단모음(short vowel)

| [이야] | ເXັຍ | ເXັຍ ເXັຍ ເXັຍ ເXັຍ ເXັຍ |
|---|---|---|
| [으아] | ເXຶອ | ເXຶອ ເXຶອ ເXຶອ ເXຶອ ເXຶອ |
| [우아] | Xົວະ | Xົວະ Xົວະ Xົວະ Xົວະ |

## 이중모음: 장모음(long vowel)

| [이-야] | ເXຍ | ເXຍ ເXຍ ເXຍ ເXຍ ເXຍ |
|---|---|---|
| [으-아] | ເXືອ | ເXືອ ເXືອ ເXືອ ເXືອ ເXືອ |
| [우-아] | Xົວ | Xົວ Xົວ Xົວ Xົວ Xົວ Xົວ |

## 특수모음

| [아이] | ໄx | ໄx ໄx ໄx ໄx ໄx ໄx |
|---|---|---|
| [아이] | ໃx | ໃx ໃx ໃx ໃx ໃx ໃx |
| [암] | xໍາ | xໍາ xໍາ xໍາ xໍາ xໍາ xໍາ |
| [아오] | ເxົາ | ເxົາ ເxົາ ເxົາ ເxົາ ເxົາ |